旧東欧世界

祖国を失った一市民の告白

プレドラグ・マトヴェイェーヴィチ 著
土屋良二 訳

le monde《ex》—confessions

未來社

旧東欧世界❖目次

第一部：「旧」世界

第二部：私の属するこの「旧」世界

凡例

（i）本書は Predrag Matvejevitch, *Le monde《ex》-confessions*, Editions Fayard, Paris 1996 の全訳である。

（ii）原文中の（…）は原則としてそのまま、引用符部分は「…」、イタリックは、書名、作品名を示す場合は『…』、それ以外は場合に応じて〈…〉、字体を変える、ポイントを小さくするなどして表記した。

（iii）固有名詞を片仮名で表記する場合には、原音を尊重したが、一部で慣例に倣ったところもある。

（iv）本文に挿入した割り注［…］は訳者によるものである。

旧東欧世界——祖国を失った一市民の告白

第一部：「旧」世界

「旧」という呼び名

今世紀の終末を告げる数々の出来事が起きて私たちの多くは〈除籍者〉となった。冷戦後、東欧世界の一部はいわば過去の遺産となってしまった。ひとつの帝国、複数の国家、そのあいだで結ばれた同盟・条約、あれほど多くの社会とイデオロギー、市民権と階級意識、そして反体制活動までもが、もはや過去のものとなってしまったのである。当然、〈旧〉をつけて呼ばれること、あるいは〈旧〉と自称することはいったい何を意味するのかが問題となる。ようやく解放された旧東欧、崩壊した旧ソ連、破壊された旧ユーゴスラヴィアの出身者ということなのだろうか。社会主義者、共産主義者、東ドイツ人、チェコスロヴァキア人、党員や抵抗運動の同志などではなくなったということなのだろうか。要するに、以前にそうであった、あるいはそうであると見なされていた身分を失うこと、あるいはそれを否認することなのだろうか。

〈旧〉という肩書の意味は外見よりも重い。この肩書はそれを背負う者には一種の刻印、時には傷痕と感じられる。そのせいで不本意に束縛されることもあれば、それを利用して嫌なことと絶縁することもできる。いわば、世界との一種の関係を示しているのだが、曖昧になりやすく、一般に正負二面をもっている。〈かつてそうだった〉と定義されるものの意味とそれに対する態度は場合によってまちまちである。旧ソ連の崩壊に対する悲嘆と、旧ユーゴ、ボスニアの悲劇に対する同情とのあいだにはほとんど共通点がない。これはそこに住む人々にもあてはまる。

〈除籍者〉になると、身分が定かでなくなると同時に、不快感も覚える。そうなるのは本人にも、共同体にも、また、そのアイデンティティにも、生活様式にも関係がある。「かつて何を望んでいたのか」と重層的、遡行的にかかわってくるのである。それは政治（あるいは地政学）的、社会的、空間的、心理的現象であり、精神面での問題提起として、それまでの倫理観が問われる。私はかつての同胞に数多く出会ったが、彼らはまだ旧ユーゴスラヴィアと言うのをためらっていた。（旧という不愉快な接頭辞に彼らの舌はもつれるのだった。）別の人たちは復讐の喜びを感じながらこの語を口にし、相手が言い落としたりするとわざわざ訂正した。父方の親戚たちはブレジネフ時代のソ連で、ソビエトに対する帰属意識が強化されて自分たちがロシア人やウクライナ人でなくなってしまうのを恐れていたが、今になって私にはその気持ちがよくわかる。最近では、悪魔払いする、あるいは浄化するという意味で〈脱ソ連化する〉という動詞も生まれた。私たちは過ぎ去った人生を遡らねばならないのだろうか。

ひとつの世紀が終わるにあたってその総括をすることはよくある。しかし、すでにまとめてしまったことをふたたび総括して何になろう。私たちは、歴史よりも実際の経験からすでに問題点をすべて学んでしまったのである。東ヨーロッパだけが独占的に〈旧〉という身分を名乗っているわけではない。西ヨーロッパとその他の地域にも、旧スターリン主義者、旧植民地主義者、六八年五月革命の旧参加者、新右翼となった旧左翼、「ネオリベラリズム」に転向した旧保守派がいる。左右両派に分かれた旧キリスト教民主主義はキリスト教を貧弱にしたが、民主主義を豊かにもしなかった。旧社会民主主義は、支持基盤との絆を断たれた旧西欧社会主義と心を入れかえた共産党を取りこんでだめになった。旧ドゴール主義は過去にしがみつこうと苦労し、旧ゴルバチョフ主義は国内に過去も未来も見いだせなかった。かつて修正主義と言われたものが今やどんなものでも正当とされ、さらにはかつて偏向思想と見なされたものが「公認路線」とまで言われている。今後はおそらく、ECとEUが実際に機能する以前のヨーロッパについて語られるとき、かってのヨーロッパ大陸は活気がなく優柔不断、さまざまな点で有罪だとして否定されるであろう。ヨーロッパには〈旧体制〉の匂いが、樟気と梅毒の匂い——新聞に載っていた表現だ——がする。社会の倫理は、無数の方法を用いて現在に順応し、それまでの生き方に背を向け、どんなに過酷な状況も過去の名残だと考えているように思われる。

人は最初から〈除籍者〉として生まれてくるわけではない。あとになって〈除籍者〉となるのである。過去や現在に対するあれほど多くの否定や手直しが今行われている。路線の正当化や修正、過去や未来への逃避、生涯のあるいは少なくとも半生の作り直しや解体などである。旧東欧の何人かの「新知識人」は、崩壊したかつての社会の中心人物だったのだが、彼らはこうした懐柔や言い逃れがうまい。旧ソ連の特権階級の人々——高官や司祭、企業の責任者や精神的指導者——はいったんは退場したが、ふたたび歴史の舞台に戻ってきている。たしかに、旧制度はその終焉をまったく予感させなかった。かつての政府組織は姿を変えて手に入れた勝利を享受している。今、学者を悩ませているのは歴史の意味や合目的性に関する問いなのである。

かつて東欧と呼ばれた国々で起きた出来事がその地の人々に与えた衝撃は、予想もしない、荒々しいものであった。しかし、確実なものとは言えない段階的な移行がいまだに続き、容姿を大きく変貌させるほどの変化とはなっていない。みずから大きく変わろうというのは容易なことではなく、実現してもグロテスクな姿になってしまうことが多い。みずからの存在を強く主張する民主主義は多くの場合、〈民主独裁体制〉（この語は民主主義と独裁政治の混合体を示すために数年前に筆者が作った造語）の形をとって現れる。貧弱なポピュリスムはいつもこの種の体制に手を貸してきた。旧東欧世界では政教分離はあまり意識されなかった。「国民の玩具」はここでは今も魅力を失っていない。民族文化が国家イデオロギーに豹変しては、民族主義者の思うつぼである。

破綻したのは、西欧の中心で生まれ、突然東欧に移植された壮大なユートピアだけではない。このユートピアを生みだした価値観もまた信用を落とした。解放思想は見向きもされなくなった。これはたんに状況の変化を示しているだけではない。ひとつの世界全体が、その表と裏がともに時の流れの外に押しだされてしまったのである。この世界の住民は、祖国を捨て異国に逃れた人々をも含めて、これからずっと旧世界の傷痕を抱えて生きていかねばならない。私は一種の告白の形を借りてその傷痕の証言をしようと思う。

私たちの言説にズレが生じるのは避けがたいことだ。そのときには重心も移動する。何かを批判するとき、言葉は裏切りと侮辱の板挟みとなる。とりわけ複数の民族に関する話ではそうだ。自分の民族を批判することは裏切りと見なされ、相手の民族を批判することはその名誉を傷つけることになるからだ。裏切りと侮辱のあいだに挟まれると批判そのものも疲れ果てて、時には力を失う。この状態はエスカレートするものだ。上手な言い方はないものだろうか。

かつて活動した空間、環境から首尾よく身を引き離せればそれだけ、批判の言葉はアジールと亡命のあいだというなおさら気詰まりな立場に追いこまれる。疎外されるかあるいは何も言えなくなる危険に身をさらすことになる。良識はたいていの場合あまり批判の助けにはならない。そうした例はいくらでもある。民族主義によって眩惑されなかったごく少数の知識人たちについて言うなら、彼らの支持者は〈過去〉をいずれも失敗や幻滅として引きずっている。この気持ちを私はいつも連禱の形で並べることにしている。

全体主義体制は打ち倒されたが
　私たちは全体主義に相変わらずつきまとわれている
私たちは今という時を手に入れたと思ったが
　過去を克服することができない
私たちは歴史の闇を暴いたが
　歴史主義に今も裏切られつづけている
私たちは民族の遺産を守ったが
　今や自分たちの身も守らねばならない
私たちは記憶を保護したかったが
　今では記憶が私たちを懲らしめているようだ
国土の分割は避けられないが
　もはやほとんど分けるべきものがない

旧東欧世界には、遺産のない相続人、たがいに相いれないさまざまな神話、過去と現在の焼きなおし、ぞんざいに張りあわされたちぐはぐな絵、あいだに置かれた障壁、うまく書きこまれていない一覧表など、その定義からして難しい言葉があふれている。もはやとり返しのつかない過去を飾る装飾品の中にユートピアと救世主待望論が並んでいる。信仰と道徳の〈近代化〉は限られた枠内でしか続かない。ポスト・モダンが芸術と思想に幅を利かせ、ついこのあいだまで現代的なものとして歓迎されていたものにとって代わろうとしている。かつてのモダニズムはたしかに批判されるべきものであったが、無意味ではなかった。みずからの役割を主張し、それを果たしてきた前衛は今や「見限られ」ている。象徴を生みだしてきた偉大な文学の泉は干上がってしまった。〈脱構築〉の形式が、総合にとって代わろうとしているが、これも十分とはいえず、あまり希望はもてない。〈新しい歴史〉は、それまでの歴史がしてきたように出来事の尺度で時間を整理することはしない。旧態依然とした大学は改革に成功していない。「権力を目指す想像力」は今や忘れ去られた。旧文化の担い手にできることは、先端技術が差しだす、あるいは強制する改革の寄与をかろうじてとり入れることだけだ。

それぞれのケースで私たちは、過去となってもなお尾を引く現実に直面している。この現実は耐えがたいが、乗り越えることもできない。幾多の時代が過去と現在が並存する同じような状態を経験してきた。これは私たちの時代の際だった特徴のひとつなのだ。私たちの時代は「旧」という語でみずからを締めくくろうとしているように思われる。百年前、〈世紀末〉は生きつづけ、人々の生活様式を決定していた。二十世紀のポスト・モダンは先に存在した形式を私たちからとり上げ、どれも具現化しないのだ。

ex（旧）という語は、まず、政治あるいは社会、さらには時として歴史の分野での出来事に用いられる。ex（旧）という小辞の用法ははっきり定まったものではない。語頭にも付けば、語尾にも付き、どちらを選ぶかは分類方法による。ハイフンで結ばれることもある。接頭辞としてあるいは接尾辞として、ハイフンを付けてあるいは付けずに、下線とともにあるいは他の方法で強調され、この小辞は、あるときはすでに完了したプロセスを表す形容詞として、またあるときは一種の囲いを意味する副詞として現れる。また、〈かつてそうであった者〉、「除籍者」といった名詞にもなる。私もそのひとりである。

これはさまざまな差異が交わる場所、文化の交点や境界で特によく見られる現象である。最近トリエステに滞在したときのことだが、「国境のアイデンティティ」が顕著に感じられるこの町で、クラウディオ・マグリスは、かつての〈中央ヨーロッパ〉の生き残り、グレゴール・フォン・レツォーリとの対話について私に語ってくれた。かつてオスマン・トルコ帝国からハプスブルク帝国へ「譲渡され」、後にガリツィア王国に併合され、続いてハプスブルク家の支配する王国の属国となり、ルーマニアそしてソ連の都市となったあのブコヴィアのユダヤ人家庭で生まれ、「ツェルノポール（レツォーリの同名の小説に現れるツェルノヴィッツの別の時代の名前のひとつ）の白貂」の主役であり、作家であるレツォーリは、次のように言った。「一般に現代人は自分が疎外されていると感じている……疎外感は作家にとっては大きなプラスとなり、旧オーストリア＝ハンガリー帝国の民間伝承に屈することはないだろう。作家は、あるがままの現実に対峙し、現実の物事に対してつねに〈身を離している〉ように私には思われる。マルクス主義の場合だけでなく、あらゆるイデオロギーは再考されねばならないし、今やすでに過去のものとなっている。［……］壁が、カーテンが、虚言が崩れ去るのを見た今となっては、旧東欧の人々が我々西ヨーロッパのうちに真実を見いだそうするのは大きな誤りであり、我々もまた彼らの幻滅の償いをしなければならないのだ。旧世界は我々すべての前から消え去るだろう。そして我々はみなよりどころを失った者となるのだ」。

私がこの話を聞いたのは、序文を書き終えようとしていたまさにそのときだった。彼の話を長く引用したのは、それが旧東欧に限らず私たちの多くが抱いている気持ちを反映しているからだ。「あらゆるイデオロギーを再考すること」、このような仕事をいったい誰が、どのようにしてなし遂げうるのだろうか。これほどの幻滅を味わった後で、再度それにとり組むことができるのだろうか。前世紀の終わりに、いつでも「来るべき時代」を迎え入れることができるように、現在に対峙したニーチェは自分が「現代から離れた存在」でありたいと望んだ。しかし今日の〈よりどころを失った者〉たちの「非現代性」は、うまく脱出できずにいるただひとつの過去とだけ結びついている。それはあたかも、ユートピアの罠にはまるのを恐れるあまり未来に向けた計画の受けいれを拒んでいるかのようだ。「あたかも」という言葉と「旧」という言葉は、隣りあった文脈でしばしば並行して用いられる。「あたかも」は「旧」に先行するように思われる。未来があたかも過去の焼き直しであるかのように、私たちにはもはや未来に立ちむかう勇気はない。悔い改めるだけでは十分ではない。それでも、私たちは何度も予告された歴史の終焉から遠いところにいる。旧世界はおそらく歴史のひとつのステップにすぎないのであろう。私たちが今後もこの世界で無力な主役を続けるのか、それとも不本意ながらもこの世界を葬り去る者となるのか、私にはわからない。しかし、私自身はこの世界を葬る役目は負いたくない。

*

すでにお気づきのことかと思うが、本書は私の生まれと関係が深い。すなわち、いにしえのロシアと旧ユーゴスラヴィアである。ロシアは私の父の出身地であり、私は今はなきボスニア＝ヘルツェゴビナの破壊された町モスタルで生まれた。父は子供時代に故国でフランス語を完璧に習得し、まだ小さかった私にもフランス語とロシア語を教えこんだ。おそらく私たち親子はいにしえのロシアの「もうひとつの言語」であったフランス語がわかる、今となっては珍しい存在であろう。私には自分がまるで恐竜のように思われるときがある。

旧世界に関するこの本を書くために私は外の世界に属する言語を選んだ。どのような危険に身をさらすことになるのかは承知の上だ。しかしこうすることが、もはや私たちの手に負えなくなった現実にふさわしいように思われる。とりわけスターリン時代に、時には圧力に抵抗し、危険を冒しつつも守りつづけてきたフランス語は、私が旧ユーゴを離れてからというものずっと私を助けてくれた。移住し、パリとローマで暮らしているこの数年間は、もっぱらのようにフランス語を使い、できる限り自分のものとしてきた。かつての移民の子には往々にして同じ運命が待ちうけている。

移民は遅かれ早かれその地に定住する。当然のことながら私もそうなるであろう。今までに私は多くの旅をしてきたし、今も旅を続けている。本書は先に発表した『もうひとつのヨーロッパからの書簡』と（また、『アジールと亡命の間で』とも）関連する。旧体制下、東欧で危機に瀕している知識人たちを擁護しようと書いた公開書簡のところどころに書き加えた考察を、本書では形を変えてふたたびとり上げた。作者の意図しなかった構成をとる本もあるものだ。

旧世界に関する議論が深まることを願って、私はこの序文を一九九四年にパリ（『ル・モンド紙』）とモスクワ（『モスクワ・ニュース紙』）でほとんど同時に発表した。その他の外国雑誌にも何度か掲載された。この告白録は一種の内省録であり、「旧」がつく多くの人々がどこにいても必要と感じているものなのである。

旧共産主義者

共産主義体制の崩壊後、私はロシア、ベラルーシ、ウクライナを旅した。東ヨーロッパのいくつかの国を巡り、それぞれの首都にゆっくり滞在し、地方都市にも脚をのばした。ドナウ川に沿って黒海まで下り、父の生まれた都市、オデッサも訪ねた。そこは、かつての姿とは似ても似つかぬ、もはやほとんど見覚えのない都市になっていた。ヴォルガ川を航行した時に両岸で目にしたものは際だった貧困と混乱だった。プラハとワルシャワも再訪したが、ワルシャワには失望し、プラハには元気づけられた。そのつど、私は旅の印象を書きとめはしたが、これらの国々に起きた変化を論じようとは思わなかった。図書館にはあまり行かず、街に出てそこを仕事場とした。共産主義の歴史については多々書かれている。私の関心をひいたのは、東西ヨーロッパでかつて共産主義者だった人々のことである。

ベルリンの壁崩壊後の喜びは長くは続かなかった。喜びはやがて不安に変わった。共産主義からポスト共産主義にいたる道のりは考えていたよりも険しいものであることが明らかになったからだ。これほど早くソ連が瓦解するとは誰も予想していなかった。連邦の瓦解を望み、そのために躍起になっていた人々でさえそうだった。そしてあっという間に共産主義者たちは「時代遅れの人間」となったのである。私の知る旧共産主義者には、旧体制下からの知り合いもいれば、新体制になって初めて出会った人もいるが、私は彼らの言葉、身ぶり、行動を通じて、彼らがこれまでしてきたことと今していることを比べてみた。以前の自分の姿を忘れ、周囲にも忘れてほしいと望んでいる人は多く、自分のふるまいと自身のありさまを素直に認める人は少なかった。私はロシア、ベラルーシ、ウクライナで、東ヨーロッパで、そして西ヨーロッパでも、あらゆるタイプの共産主義者と旧共産主義者に会った。

周知のように、共産主義を選択した理由は国と時代によって異なる。いつ、どこで共産主義者になったのか、また、なぜ、どのように共産党から離れたのかという点から見るとこの相違は大きい。いつの時代にも「変節者」、「反体制派」、「異分子」などと呼ばれる人々がいた。ある者はみずからの意志で共産主義運動から離れ、他の者は心ならずも排除されたのだった。彼らの違いは、なによりもまず、権力の側についているか、それとも権力と対立しているかという点にあった。ソ連があるあいだは皆、この国の「共産主義社会の建設」という問題に直面し、ある者はそれを支持し、ある者はそれと闘っていたのだ。たしかに過去にも、断絶を生む事件はあった。しかし、私たちが先頃経験した、おそらくは決定的な断絶に匹敵する事件はいまだかつてなかったであろう。

共産主義の想像の世界は、思想とそれを担う人物たちと彼らのなし遂げた偉業が創りあげたものである。たとえば、マルクスと『共産党宣言』、レーニンと十月革命、『アヴローラ』紙、「スパルタクス団運動」、スペイン内戦時の国際義勇軍、赤軍の勝利、ドイツ帝国議会上にはためく鎌とハンマーの旗があった。ヨーロッパではファシズムに対するレジスタンスがあり、中国では「毛沢東の長征」

と「大躍進」があった。さらには、チトーとスターリンの抗争、フィデル・カストロとヨット「グランマ号」とシエラ・マエストラ山中のゲリラ戦、ホーチミンとベトナム戦争、グラムシの『獄中ノート』、ボリビアの森で書かれた「チェ・ゲバラ」の手記があった。他にもそれぞれの国で代表的な例を挙げることができよう。文学と芸術が共産主義の魅惑に力を貸すこともあった。たとえば、マクシム・ゴーリキーの『母』、ブレヒトの『肝っ玉おっ母』、バーベリの『騎兵隊』、『戦艦ポチョムキン』、マヤコフスキーと未来派、二十年代にロシアその他で広まったあれほど多くの分野と言語における前衛芸術運動などがそれである。共産主義思想と共産主義の神話は、あらかじめよく検討もせず強引に同一視された。「社会主義リアリズム」は生身の革命家を、中身のない「実利的英雄」に変貌させた。かつて共産主義者で反体制派でもあったある亡命哲学者の証言によれば、ソ連で暮らしていたときには「共産主義の理想を信じる者には一度も会ったことがなく、そんな狂信的な人物がいたらスターリン時代に追放されていただろう」（A・ジノヴィエフ）という。しかしながらそういう人物は東ヨーロッパにも西ヨーロッパにも間違いなくいたのであり、そのうちの何人かが並はずれた大胆さと特別な犠牲的精神を発揮したのである。ところが「スターリンがシチェーチンからトリエステに引いた鉄のカーテン」がようやく開かれたとき、鉄のカーテンとともにその舞台裏も持ち去られたので、そうした人物は舞台にほとんど残らなかったのである。

反共産主義もまた、共産主義を否定的に考えた。クローンシュタットと政治訴訟と三十年代の「粛清」、コヨアカンでのトロツキー暗殺、ソ連の強制収容所、カティンの森、一九五六年のブダペスト、一九六八年のプラハ、アドリア海のゴリ・オトク、ベルリンの壁、ポルポトと「クメール・ルージュ」、「文化大革命」と天安門広場の虐殺などである。文学がこれらの事件の証言となった。時には、ドストエフスキーの『悪霊』とザミャーチンの『われら』、共産主義者だったことのあるケストラーとオーウェルの作品、スヴァーリンとジラス、我が友ダニロ・キシュの『ボリス・ダヴィドヴィチの墓』、ソルジェニーツィンの『収容所群島』などのように、文学が事件を予告することもあった。

共産主義の現実は夢を裏切った。私たちが見たものは本当に共産主義だったのだろうか。たんなる亡霊ではなかったのか、という疑念が生じるのは避けられない。どんな答も共産主義を正当化することはできないだろう。共産主義の終焉によって、それ自体とその推移、そして、その起源に対する判断までもが変った。旧ソ連では、共産主義を、地表にできた亀裂に流れこんで消えた川にたとえる者もいる。歴史の地表にはこうした亀裂がいたるところにある。

共産主義者たちの行動は昔と今では変化している。トロツキストのアイザック・ドイッチャーは「共産主義の擁護をやめて、共産主義の人間性を擁護する」人々のことをすでに書いている。彼によれば「こうした人々はかつて共産党に誤りがないと考えていたように、今でも自分たちは間違っていないと思っている」という。今や共産主義の人間性を擁護する必要はない。各国の共産党はそれまで仕えてきた制度の失敗をみずから認めたからである。もはや過去の行いを自分たちがしてきたこととは言えず、大部分の共産党は名前までも変えてしまった。東ヨーロッパにも西ヨーロッパにも、以前の名で呼ばれるのを望まない旧共産主義者があふれている。

旧共産主義と新共産主義とは接点はもつが、同一ではない。また、ポスト共産主義はそのどちらの同義語でもない。ポスト共産主義は多くの場合、共産主義そのものとのあらゆる関係を消そうとしている。

ロシア、ベラルーシ、ウクライナをまわりながら、ソビエト共産主義の何が今も残っているのか、何が崩壊後もなお生きのびることができるのか考えてみた。あれほど多くの努力、自己犠牲、さらには自己懲罰は、たんなる貧困や失敗や屈辱よりは価値がある。ドン川のほとりのロストフで、ソビエト共産主義の流れと源がドン川にたとえられるのを聞いたことがある。ベルジャーエフは、「共産主義の源」が本当に存在し、それはロシア民族それ自身のなかにあると信じていた。すなわち「苦しみと犠牲」への傾向、「神の手を借りずに世界を救おう」という知識人たちの願望、「宗教のエネルギーを宗教と無関係なことに利用しよう」という要求、「裏返しの神権政治」が共産主義を生みだしたのだと信じていたのだ。私はその痕跡を探ったが見つからなかった。大河はすべてを深淵へと運び去ったらしい。大地の亀裂のあちこちに残っているのは小さな湖や川の支流で、時には沼だけのこともあった。多くの人は共産主義が受けた打撃をロシア自体に対する侮辱のように感じた。「いったいロシア人以外のどんな民族が、外国からもたらされた思想のために自己を犠牲にするだろうか。しかもその思想をヨーロッパ自身はみずからの社会に適用する勇気がなかったのだ」。かつて共産主義者だったか否かにかかわらず東欧の多くの人の口からこの言葉を私は何度も聞いた。西欧では反対に、共産主義者に限らずさまざまな人が、十月革命とソビエト連邦の力がなければ、資本主義は、近代民主主義の特徴となるあの社会と政治の冒険に労働者社会が踏みだすのをけっして許さなかっただろうと言う。「自身の利益のためというよりは他人のために我々はこのように働き、苦しんできたのではないか」。そう信じ、またそうした考えを支持するロシア人は多い。

まだ新体制に屈服していない――それゆえ「教条主義者」、「狂信者」、あるいはもっと簡単に「スターリン主義者」として扱われる――共産主義者の悲劇は普通、諸々の出来事の陰で展開する。この悲劇を経験したのはかつての特権階級ではない。特権階級は窮地をきり抜け、自分の立場を維持することができた。政府機関もまた、その機能の大部分を保持できた。もし勝利というものがあるなら、彼らは勝利を勝ちとったのである。ジャーナリストのスヴェトラーナ・アレクセイエヴィチは『死に魅せられた人々』という著書で、自殺の瀬戸際に追いこまれ、生と死の境で、ときには決定的な一歩を踏みだすこれら共産主義の古参兵とも言うべき人々に関する証言を集めている。『今日』誌は「空想書簡」を発行し、こうした人々の一人に二〇一〇年の世界に向けてこう書かせている。「私たちの時代を構成してきたものすべてが見境なく葬り去られました。そこには、喜びや苦しみとともに、誇りと恥辱とともに我々の生活の一部があったのです。すべては無に帰しました。私たちはゼロからやり直さねばなりません……私たちは、いつかはふたたび誰かが私たちを必要とするようになるのだと、なにがあっても期待しつづけました。それこそが私たちの悲劇なのです」。

一九九四年の秋、ソルジェニーツィンが追放先から戻ったとき、私もモスクワにいた。彼は議会に招かれて講演した。この反体制派、反共産主義者の老人が批判の矛先を向けたのは共産主義にとって代わった現体制だった。その演説に喝采した大多数は、いまだ自分を、彼を追放したのと変わらぬ共産主義者だと考えている人々であった。反対に、彼の意見にもっとも反応が悪かったのは、共産主義体制を転覆させた、あるいは終わらせようとした人々であった。こうした予想もつかない、信じがたい矛盾は往々にしてあるものだ。

ロシア、ベラルーシ、ウクライナには旧共産主義者の若者はいないと言ってもよいだろう。旧体制は背後に焦土を残した。老人と若者のあいだにはほとんど乗り越えがたい溝がある。無から始める人はしばしばなんでも受けいれる。「彼らが持ちこんだサブカルチャーが無意味なのは彼ら自身が無意味だからだ」。（はっきり覚えていないが、キエフではこういう言葉を耳にした。）過ぎ去った時代の象徴――彼らとの関係を絶たれ、彼ら自身も意味を誤解している象徴――の助けを借りて空白を埋めよう努める〈父と子〉は滑稽でもあれば悲劇的でもある。過去への後戻りはもはや不可能で、過去が再来するならばそれは不幸なことだ。悲劇の一部始終はこのように進行した。舞台は台無しで、役者たちは役をこなしきれていない。

それでは民衆はどうなったのだろうか。

民衆という語を一種の警告や威嚇の言葉として、大声であるいは小声で口にする人々がいる。「民衆はそっとしておくにこしたことはない」。「帝国の防衛も、ロシア皇帝の暗殺も民衆の名においてなされた」。「迫害を受けた民衆は迫害者の埋葬に涙した」。「多くのことが民衆のためになされたが、彼らの助けにはならなかった」。これらは四半世紀をソ連の強制収容所で過ごしたある老人の言葉である。私は二十年ほど前オデッサ近郊でこれを聞き、私のロシア書簡集『アジールと亡命の間で』に一部書きとめた。東西ヨーロッパからもたらされた幾多の証言が、民衆の悲惨と彼らが希望を失っている姿を描いているが、それはロシア、ベラルーシ、ウクライナの現状を明らかにしてくれる。ブルガリア、ルーマニア、アルバニアなど他の国々も同じではないが、よく似た状況にある。一九九五年の春、専門家たちがクラクフに集まり、何を基準としたのかはよくわからないが、ソ連と東欧諸国の共産主義体制下では「約八百万の市民が深刻な貧困のなかで暮らしていた」こと、そしてその数は今日では「五千八百万人以上になっていること」(彼らはこのように概数で語る)を確認した。

結局、共産主義の運命を変えることは可能なのだろうか。少なくとも今までのような形態では、おそらくは無理だろう。ソビエト型の社会制度は単純な「改革」すら実行できなかった、そのシステムが遺産として残した悲惨で混沌たる状況に、制度自体がなしえなかったことを実現する力があるだろうか。矛盾するようだが、これを認めないわけにもいかない。このような逆説的状況はロシアの歴史と無縁ではない。非常に広い階層の生活条件がかつてないほど耐えがたい状態にあり、意欲の衰退と形而上的な敗北感（スラブ人のあいだに広まった精神状態）は、民族主義者や東方正教信者と手を結ぶかつての「改革派」共産主義者の進出に好機を与えることになろう。「キリストが山の上で行った説教は共産主義の演説にとても近いものだ」と旧共産党のニューリーダーの一人で一九九五年の国民議会選挙の勝者ゲンナジ・ジウガノフは述べる。ここでは、反スターリン的な作品で知られる映画監督ニキータ・ミハルコフの言葉を記しておこう。「もし勝者の陣営を選ばねばならないのなら、私は共産主義者のところに行くであろうに」。

いずれにせよ、共産主義は復活の機会をすべて奪われてしまったわけではないが、息を吹きかえしはしてもどこも、旧ソ連でさえ、もとどおりにはならなかった。多くの旧ソビエト共産主義者が真の社会民主主義よりもボルシェビスムに近い立場をとりつづけているように思われる。このことはロシア、ベラルーシ、ウクライナでは、他の地域よりも改革の機会が少ないことを意味するわけではない。作られた状況は彼らのために機能しているようにも見えるが、彼らの後継者たちにいっそうの価値があるわけではない。

かつての特権階級は混成の新政府に旧共産党系のリーダーを一人ならず送りこんだ。ロシアのボリス・エリツィン、ウクライナのクラフチュクとクチュマ、ベラルーシのスタニスラフ・シュシュケヴィッチといった人物がそれであり、ホーネッカーの東独政府に決定的打撃を与えたギウラ・ホルンはハンガリーで重要な地位を占めている。旧東ドイツ政府機関の重要メンバーの数人は〈統一ドイツ〉の代議士となった。リトアニアでも、アルジルダス・ブラザウスカスが国民議会選挙に勝利した。

ペトロウ・ロマンとイリエ・イリエスクは他の東欧諸国より共産主義的性格が強く残ったルーマニアで権力の座に着いた。ウラジミル・メキアルはスロバキアの分離独立に成功した。多言語を見事に使いこなすヤン・ヴィデノフはブルガリアで政権を掌握した。アレクサンデル・クワスニエフスキはポーランド教会の支持を受けたワレサに勝った。ミロシェヴィチやトゥジマン、クチャンやグリゴロフといった旧ユーゴスラヴィアの各勢力の指導者たちのことも忘れずに挙げておこう。彼らもまた今ではたがいに性格を異にしているが、みなかつては、当時の修正主義の先鋒、ユーゴスラヴィア共産主義者同盟のメンバーだったのだ。このように名前を挙げると莫大な数になる。「どんな革命でも旧体制の復古があるものだ」と我が友アダム・ミシュニックは皮肉な笑みを浮かべながら指摘する。共産主義は終焉を迎えたわけではないのだ。それを喜んでいる人もいる。それを恐れている人はもっと多い。

資本主義のもっとも原初的な——資本主義自身でさえ捨ててしまった——形態への回帰は真の再建の助けにもならなければ、望まれた再生の励みにもならない。旧東欧諸国がとり入れようとしているブルジョワ民主主義の成果のすべてに普遍的価値があるわけではない。変革者たちはこの点を疎かにしたし、この分野に関する彼らの知識は限られていた。ペレストロイカは旧共産主義の枠のなかで収まるはずであった。

権力の座に踏みとどまった旧共産主義者たちは、自分たちがかつてとは違う存在になれるのだ、要するにもう共産主義者ではないのだと言って周囲の説得に努めている。国家が果たすべき義務を負うことができる政府機関の創造あるいは改革には困難を伴うが、これを彼らは言い訳に利用している。共産主義はそれ自身のうちに選択の余地を残してこなかったし、他者に対しても政権交替勢力となることを許さなかったではないかと言う。民主的選挙が行われた国で、かつての共産主義者が権力に復帰したということは、残っている人々、あるいは戻ってきた人々の価値以上に、新しい政治家たちの無能さを物語っている。

旧共産主義者自身、その姿はさまざまである。かつての自分たちの姿、共産主義者となった理由を否認しない者もいれば、過去と決別し、過去の否認を正当化するために、しばしば正反対の理由を見つけた者もいる。特に後者のような人々はヨーロッパの東にも西にも非常に多い。新体制が曖昧であるがゆえに彼らはそのようにふるまうのである。共産主義崩壊後登場した政治家や政党に忠実な言葉と行動の数々は漠然としていて、平凡である。各々は自分のこれまでの活動から肯定的な時期や細部を見つけ、それを利用するだろう。すなわち、当時の「路線」に同意しなかったり、厳しい「政策路線」に反対したことがあったとか、不興を蒙った人物を守ろうとしたり、街頭で自分の妻を称えたりしたことがあったというのである。それがどれほど無意味であっても、こうした特徴は強調され、誇張され、弁明や証明の材料とされる。その精神的要求の度合いを見るなら、各国の新体制はまったく差がない。とにかく新体制を支持すれば十分であり、新体制自体が旧体制の名残を背負っている。「旧共産主義者」は、周囲が本当ならもちろん、見せかけでも、過去を忘れてくれることを期待し、また、ポスト共産主義の特徴であるレベルの低い新聞報道や、新政府が自分たちを保護あるいは支持してくれる傾向をあてにしてもいる。彼らのうちでもっとも野心的な人々は、名誉を挽回し、自分は役に立つ、他の人物では代わりは務まらないのだ、と何としてでも示そうと、最近まで自分たちもそのメンバーであった党、自分たちもその歯車となっていた体制、彼ら自身が説き広めていたイデオロギーを攻撃するのである。他方、過去を否定しない努力をしながら、前以上に評価され、いっそうの信頼に値する旧共産主義者の人々にも私は出会った。いずれにせよ、これだけでは真の再生には十分ではないだろう。

「祖国の祭壇の前で」もっとも容易に名誉を回復できるのは、民族主義が国家の再生を奪いとったときである。教条主義的な共産主義者は苦もなく民族主義のドグマをとり入れる。そのために精神構造を変える必要はなく、目的や言葉は変化しても、姿勢は以前と同じように厳格で硬直したままである。その例は数多い。ロシア、ベラルーシ、ウクライナだけでなく、いろいろな場所で私はこうした状況を確認した。共産主義を信奉していた者が祖先の信仰に戻っている。時として真摯なこともあるが、たいていは偽善的な信仰だ。彼らの多くはいとも簡単に、『共産党宣言』と聖書を、赤い星と十字架を置きかえてしまう。「人民の阿片」は「神の言葉」に場所を譲る。さらに顕著な場合は、自己批判は告白や改悛になり、名誉回復は免償や贖罪にとって代わられる。そうすることは、誰からも要求されないだけになおさら、精神の一貫性を示すのに欠かせないのだ。私はさまざまな国で、カトリックや東方正教の、また別のところではイスラームやユダヤ教の典礼に列席したことがある。そこでは、かつて共産主義者だった人々が新たな役割を担い、以前拒絶していたそのままの姿でその宗教を利用していた。東欧では啓蒙思想はしばしば異議を唱えられた。政教分離が優位に立ったことは一度もないのである。

大衆の教化はどの国でも、明晰な精神の持ち主たちがかつて考えたような「社会主義のための教育」に代わることはできなかった。共産主義体制はそれが機能するために多くの人の手を必要とした。一九四八年から一九八九年のあいだに八百万人以上の市民がチェコスロヴァキア共産党に入党したことを私はブラチスラヴァで知った。共産党に入党しなければ、社会的地位の向上は望めなかったのである。特にソ連ではそれが著しかった。ここでは、党からの追放は有罪判決を受けたのに等しかった。ある時期、追放は破滅と直結していた。

西ヨーロッパの共産主義運動では、離党は危険でもなければ、異常なことでもなかった。時には離党することが栄誉とされ、評価されさえしたのである。「こちら側」と「あちら側」とでは共産党員であることの意味は大きく違っていたし、それは今でも変わっていない。西側の共産党員は東側の場合よりも容易に自己を正当化できる。すなわち、自分たちは政権の座になかった以上、東側の共産主義独裁政権が行ってきたことに対して責任は負えない。我々は野党であり、我々の国の労働者がさらなる権利を獲得する手助けをしてきた。我々に特権などなく、活動は犠牲を伴った。我々は反対派の投獄などしたことはなく、逆に我々の多くが牢につながれたのだ、などと言うのである。いくつかの政党では、ほかの人々以上に共産党員が積極的に参加したレジスタンス運動の価値が強調されている。このように説明されると納得しやすいものだが、西側諸国の共産党が、党員やその他の人々に対してソビエト共産主義の罪を隠す共犯者であったという事実を忘れさせるものではなかろう。それぞれの国で圧力に抗しながら、共産党は世界でもっとも抑圧的な体制の一つを長い間支持してきたのである。反対派だけでなく、東側からやってきた人々の証言にも耳を貸さず、「人をまごつかせる嘘をつく国」(反対派の一人で、我が同胞のアンテ・ツィリガの言葉。彼はユーゴスラヴィア共産党設立者の一人だったが、党から追放された)で彼ら自身が見聞きしたことしか語らなかった。共産党は東側からやってきた人々を「裏切り者」「スパイ」あるいはたんに「右」の人間として扱った。民主的な国であればありふれているような右と左の関係をスターリン主義がどれほど壊してきたか、西側の共産党の人々にはわかっていなかった。彼らは断定的で、物事の一部分しか見ず、実践しようとすることは多分に共産主義理論の本質さえ否定するものであった。

西欧の共産党離党者にもさまざまなタイプがある。何が問題なのか、早くから理解していた者もいれば、後になってようやく気がついたり、結局わからずじまいの者もいる。早くから危機感を抱いていた者は私たちの立場に近いが、彼らの自己満足にいつも荷担するわけにはいかない。というのもその満足は簡単に傲慢へと変わってしまうからである。この意味で、東ヨーロッパと西ヨーロッパのかつての共産主義者のあいだには類似点が多い。彼らの「旧共産主義者」としての立場は同じ意味をもつ。

世紀末にあたり、私たちの生きている世界は明らかに、革命にとって不利になる改革を選んだ。革命は歴史と発展の余白に追いやられた。共産主義と社会民主主義との抗争では社会民主主義が勝利を収めた。「一般総括」は長い間（「裏切り者」として）顧みられなかったカウツキーの正しさを認め、台座に立ったレーニンを否定した。西ヨーロッパの共産党員がこのことを認めたのは遅くなってから、あるいは条件つきのことである。彼らのなかには東ヨーロッパで銅像が台座から引き倒された後になってはじめて気がついた者もいる。もっと早くそうすることができたのにだ。労働者階級の解放に対しては、彼らも社会民主主義者と同じくらい貢献しているのだから。現在では労働者階級自体が以前と同じではなくなった。「第三世界」からやってきた肌の色の違う移民労働者がヨーロッパの街路を掃除している。世界は変化したが、共産主義者はほかの人々よりも世界に寄与しなかった。今日までに生じた変化は共産主義者が約束したものではない。

東ヨーロッパに関する考察を一般化するさいには十分な慎重さが必要である。今まで述べてきた印象は、私が訪れた国々すべてに等しく関係するわけではない。あらゆる種類の事情が見受けられる国もあれば、ロシアのように、驚くべきことはもはや何もない国もあった。私はいつも自分自身について問いなおそうと心がけた。(これは「かつてそうであった者」たちのあいだでは、一般にそうであるほどに普通のことではない。) 差しだされたこの鏡に映る自分の顔を見ないでいる理由はない。私は自分がどのように共産主義者となり、その後どのように共産主義と決別したのか告白することが義務のように思われる。このような状況にいたった者にはそれぞれ歴史がある。しかし、そのなかで自分自身が重要な役割を果たしているのは稀である。

＊

私は子供の頃から「アイデンティティの問題」に直面していた。そういう呼び方があることは私自身も周囲の親族も知らなかった。私は、自分が誰なのか、誰に属しているのか、どんなところがほかの人と違っているのか、ただそれだけを考えていた。おそらく、それは私の受けついだ遺産の一部だった。父はウクライナ出身だったが、ウクライナの言葉を習ったことはなかった。帝政ロシアの学校はすべてロシア人の学校であり、教育全体がロシア化されていた。父が生まれた、黒海に面した町オデッサには、ウクライナ人よりもロシア人のほうが多く、ほかにも、ユダヤ人、ポーランド人、ギリシア人、アルメニア人が暮らしていた。出身と使う言葉のずれ——自分が属する民族としてのウクライナと自分を育てたロシア文化とのあいだの溝——がロシア革命以上に父を移住へと駆りたてた。父をのぞいて親戚はみな、オデッサに残り、そのうちの何人かは収容所で死んだ。

父は二十歳のときにクリミアで、ヴランゲリ将軍の白軍とともにイスタンブールに向から船に乗ってユーゴスラヴィアに着き、そこで非常に親ユーゴスラヴィア的なクロアティア人一家の女性と結婚した。母も出身がはっきりしていなかった。私のアイデンティティは父より母に近かった。私はクロアティアの民族主義者とは無縁のクロアティア人、「統一ユーゴスラヴィア主義」をもたないユーゴスラヴィア人になった。父はまず、ロシア語とロシア語のなかにある主体性を、それから、父が子供の頃にロシアで習ったフランス語を私に伝えた。私は明らかに国際主義者になる運命にあった。私の原罪——コスモポリタニズム——は民族主義者にも共産主義者にも好かれるものではなかったにちがいない。私はごく早い時期から罪の意識を感じはじめ、その後もその意識は大きくなるばかりであった。この意識が私の子供時代を辛いものにした。時が経つとこの状態にも慣れてきたが、すっかり忘れてしまうようなことは一度もなかった。そして、今度は私自身が、かつての父のように移住することになった。

おそらく、そうした状況から逃げだしたのだ。

私が生まれた町、モスタルには三つの民族と三つの宗教が隣りあって存在していた。それぞれの宗教は民族主義以上に他者に対して排他的だった。宗教的性格を与えることで民族主義を形成してきたのは、じつは宗教自身なのだ。このように教会が分裂した空間で、父は教会統合論者だった。ベルジャーエフやロスキーと手紙のやりとりをし、ソロヴィヨフやシェストフに敬服していた。その父の同意を得て、私は母と同じカトリックとなった。当時の私にはそれが自分の身を守ってくれる一種の自己主張、正当化だ思われたからである。

いずれにせよ、それはほとんど民族とは関係のない私のアイデンティティを形成するうえで重要な要素であった。

その頃、バルカン半島と中央ヨーロッパの一部ではファシズムに変化する兆しを見せる民族主義が、長いあいだ追いまわし禁じてきた共産主義よりも危険性を増してきた。私の周囲の若者たちは民族や宗教の特殊性を乗り越える必要を感じ、当時は地下組織だった共産主義青年同盟に加わった。第二次世界大戦中、モスタルでは三つの民族と三つの宗教からなる多くのパルチザンが組織された。彼らは私より十ほど年齢が上で、私は彼らを羨ましく思うと同時に恐れてもいた。

共産主義に対する私の不信感は父からもたらされたものだ。異民族の結婚で生まれた私には、自分が「民族的に純粋」でないことはすぐ理解できた。「民族的に純粋」という言葉は、民族と宗教の新たな抗争によって最近この町が瓦礫の山と化すまで、モスタルでは一度も使われたことがない。ほとんど同じ意味をもつ別の言葉もあり、私は身を守るためにそれらの語を病的なまでに敏感に自分に対して使っていた。自分自身よく知らない自分の身元をなんとしても隠したかった私は、自分の生まれの話をでっちあげ、家系を勝手に作っていた。なぜそのようなことをこんなに早い時期から始めたのだろうか。私がそうしなければならない深刻な事情は何もなかったし、誰かを苦しめたことは一度もないと確信していたのだが。

（純粋でないことを恐れる気持ちは自我以上に大きかったのだ。）

より「純粋」であるために、私は信仰に傾倒した。私が通ったカトリック系の学校で、私は一番のお人好しだった。アメリカ軍の爆撃を受けたとき、私はみなのように地下室に避難せず、教会に逃げた。そこには私と、ザグレブの生まれで、母のように私を愛してくれ、無償でピアノのレッスンをしてくれた老修道女のシスター・セシリアしかいなかった。戦争中の四年間を父はドイツで強制労働をして過ごした。父は反ファシストであり、また反共産主義者でもあった。（後に、ほかの多くの白ロシア人と同様、ドゴール派になる。）私は、誰かが父の居場所を暴き、そのために私たち家族も罰せられるのではないかと心配した。私の心はその不安でいっぱいだった。「彼ら」は本当のことを知らないと考えて、私は自己正当化のためにふたたび自分の話を捏造した。私は送るあてのない父への手紙を書きつづけた。こうして私はものを書きはじめたのである。

（私のほとんどすべての著作は一種の書簡集あるいは弁明集である。）

一九四三年夏、私はボスニアで、サラエヴォから遠くないところにある小さな鉱山の町カカニにいた。母は食糧と衣服を多く持つ友人の家に私を疎開させていたのである。私は、国籍はクロアティアだがイストリア生まれの炭坑技師イヴォ・ティヒの家庭で一緒に夏休みを過ごした。彼の家族の一方は、スロヴェニアやトリエステに通じる国境沿いの「カルスト」地帯出身で、もう一方はクルク島（ヴェグリア）出身だった。私は会ってすぐに彼がほかの人々と違うことを感じとった。その美しい顔、青い目、遠くを見つめる眼差しを私は覚えている。私たちはよく小川で泳いだ。川の名前は忘れてしまったが、水が澄んでいて冷たい川だった。（ロシア民話に出てくるように川岸に沿って柳の木が並んでいた。）仕事から戻ってくると「イヴォ小父さん」（私は彼をそう呼んでいた）はハイネをドイツ語で読み、訳してくれた。彼はこう言ったものだ。「これはマルクスお気に入りの詩人なんだ」。

マルクスの名を聞いたのはそれがはじめてだった。

当時、私たちは父の家族がソ連の強制収容所で迎えた悲劇をまったく知らなかった。ほどなく、カカニの労働者はほとんど全員がパルチザンに参加した。ティヒは秘密の使命を担ってサラエヴォに残った。彼は家でも私たちを避けていた。彼が謎めいていて、何かを心に決めているように見えたこともあるが、少年の想像力ではそこまでだった。翌年、ゾラの『ジェルミナル』を翻訳で読んだ。私はスヴァーリンになり、ストライキを扇動し、金鉱山に爆発物を置いていた。(記憶ではそれはアラスカのどこかだったと思う。)

一九四五年初頭、パルチザンがモスタルに入った。バルカン半島での戦争はヨーロッパより長く、ユーゴスラヴィアの一部の地方では秋まで続いた。パルチザンの軍隊は宣伝部隊を編成し、そのなかには演劇グループを抱えるものもあった。私はそうした部隊のひとつ「ヘルツェゴヴィナ第二十八分隊」とともに出発し、ボスニア各地を回った。(十三歳だった。)痩せてひ弱な私は、戦争中に両親と離れてとり残された子供の役を演じた。私たちの芝居を見て女たちは涙を流し、男たちはパルチザンに加わった。私の母は世界で一番不幸な女だった。収容所の父とはまったく連絡が取れず、息子は「パルチザンの基地」に行ってしまったからである。幸いなことに、非常に多くのことを見、経験したあとで私は母と再会した。しかしそのような経験をするには私は若すぎた。

私は信仰から離れた。

共産主義青年同盟(SKOJ)に加入しなかったのは、私の「原罪」のせいだけではない。私は共産主義者の言語を拒んでいたからである。それはすでに権力者の言語になっていた。権力は今も昔も私には無関係だった。ユーゴスラヴィアがコミンフォルムの採択とスターリン本人に逆らったとき、それまでユーゴスラヴィア共産主義者同盟に賛成しかねていた私の態度も徐々に柔らぎ、とうとう抵抗感がなくなった。異端として扱われ、共産主義運動から排除されていたこの党と接触する決心をしたのだ。私一人では何もできず、「同志とともに、スターリンの狂気に対する戦いを支持」せねばならないと納得したからである。

（明らかにあの時代の紋切型の表現が戻ってきている。）

私は、ベオグラード大学鉱山学校の教師となったイヴォ・ティヒに再会した。彼は一九四八年のソビエト政府による「チトー派」の糾弾を、無念な思いで受けとめていた。しかし、彼の共産主義に対する態度は変わらなかった。（当時の日記を読みかえしてみると、彼と会って話した時のことが次のように記されている。）「犯罪は行われたのだ。その名に値しない共産主義者はこの責任を負わねばならない。そうしたところで共産主義の思想それ自体から価値を奪うことにはならないだろう」。ティヒは、共産主義思想を認めた、あるいは支持した「偉大な精神の持ち主」の名をいくつも挙げて、そこに真理の証を見ていた。「さまざまなシンパがいたんだ。アナトール・フランスのような懐疑主義者やバーナード・ショーのようにシニカルな男も。ガルシア・ロルカも。チャップリンやアインシュタインもそうだった。もっとも、これは正確にそうとは言いきれないが。でも、ピカソとネルーダ、ジョリオ＝キュリー、エリュアール、ルカーチらは生涯共産党員だったじゃないか」。

なぜ彼はこれらとさらに多くの名を引きあいに出したのだろうか。おそらく、彼自身が共産主義に対する信頼を失い、疑いはじめていたからではないだろうか。どうであれ、ティヒは共産主義を捨てなかった。彼は一九九五年のはじめ、彼がそれまで信じていたものすべて、その思想と理想を破壊した戦争の最中に死んだ。セルビアの民族主義者は彼をクロアティア人として無視し、クロアティアの民族主義者は彼をユーゴスラヴィア人として顧みなかった。聞いたところでは、彼は生前、ひとりにしてくれるよう望んでいたという。彼は泣いていた。彼の死は自殺ではなかった。私はベオグラードでの彼の埋葬に立ち会うことができなかった。

（ふたたび戦争があり、このとき私はすでに移住していた。）

これが私の「民族的経験」の一部である。どれほど多くのユダヤ人が、ロシア、ベラルーシ、ウクライナで、またポーランドやオーストリアで、ユーゴスラヴィアでも、民族主義に対する恐怖から共産主義を支持したことか。ある者はそこにアイデンティティを求め、ある者は救いを求めた。それを望んだ者もいれば、そうせざるをえない者もいた。私はダニロ・キシュを兄弟のように愛し、彼の小説に描かれたソ連での「粛清」が非難されたときには彼の弁護にまわった。私が最初に読んだサルトルの著作は『ユダヤ人問題に関する考察』だったし、私の最初の著書はサルトルに関するエッセイだった。六〇年代末に私はパリでサルトルと知りあった。彼はイタリア共産党の「トリアッティ路線」を無条件で支持していた。この路線は私にももっとも共鳴できるものに思われた。(ただし、サルトルの過ちには失望した。彼は特に東ヨーロッパの事情を見誤っていた。)「ユーロコミュニズム」に関しては、そのヨーロッパ中心主義が好きではなかった。ロシアはスターリン主義(スターリン主義はかつてもそうだったし、今もまだ私につきまとっている)から解放されるなら、「欧亜的」総合をなし遂げうると思っていた。ドストエフスキーが私の幻想を打ち砕いた。『悪霊』は『カラマーゾフの兄弟』以上に私に影響を与えた。対談集を発表することになったミロスラフ・クルレジャとの出会いは、私の多くの錯覚をただしてくれた。「これらの若き革命家たちもまたいずれどうなるかわかるだろう」。三〇年代に共産党から離れた彼は一九六八年に私にこう予告した。ユダヤ人でオーストリアの共産主義者カルロ・シュタイナーはシベリアで七千日を過ごし同名の本を書いたが、彼との交友は二十年あまり続いた。(二人を結ぶ絆については『もうひとつのヨーロッパからの書簡』と『アジールと亡命の間で』で触れた。)シベリアの生活について知らねばならないことはすべて彼から学んだ。後戻りはもはや不可能だった。

ユーゴスラヴィア共産主義者同盟に加入する前にすでに、私は共産主義から離れるのに必要な条件を満たしていた。しかも、状況がこれを助けた。ザグレブ大学で教えながら、私はある哲学者たちのグループと親しくなった。彼らは雑誌『実践《プラクシス》』を発行し、コルチュラ島で「サマースクール」を開催していた。共産党から特別の攻撃を受け、民族主義者からは蔑まれていた彼らは、グループの執行部に加わらないかと私を誘った。そこが私には脱共産主義を学ぶ場となった。（ソ連はこのグループをはっきり「敵」と決めつけたが、それこそ、私がこのグループを選ぶ必然性と意味を明確に示すものであるように思われた。）

コルチュラ島での会合で私が出会った人々には、東ドイツから西ドイツに亡命した老エルンスト・ブロッホ、一九六八年には栄光の絶頂にあったヘルベルト・マルクーゼ、ナンテールで六八年の五月革命に参加した者たちに囲まれていたアンリ・ルフェーブル、「アメリカのヨーロッパ人」と呼ばれていたエーリッヒ・フロム、まだ道を模索していたユルゲン・ハーバーマス、オイゲン・フィンク、リュシアン・ゴールドマン、ピエール・ナヴィル、ロンバルド・ラディーチェらがいる。その他、ユーゴスラヴィアのあらゆる民族の哲学者や社会学者がたくさんいて、なかにはルディ・シュペクとガイオ・ペトロヴィチのように後に友人となった旧共産主義者もいた。初期のシンポジウムには、一九六六年にポーランド共産党を除名されたレスツェク・コラコフスキと「プラハの春」の後で追放されたカレル・コジクも参加していた。かつてはギリシア共産主義青年同盟の書記をしていた哲学者コスタス・アクセロス、『論証』『社会主義か野蛮か』といったパリで発行されていた雑誌の大勢の協力者たちもいた。ブダペストのアグネス・ヘラー、フェレンツ・フェハー、ギオルギ・マルクスは、あらゆる「修正主義」に対してかなり警戒心の強いルカーチと私たちを結びつけてくれた。サルトルは一度も来なかったが、ローマの「グラムシ研究所」と関係の深い友人たちを送ってよこした。イタリアで「ユーロコミュニズム」について語られはじめる前には、彼らだけが、共産党と関係のある、西ヨーロッパからの参加者だった。エルネスト・マンデルのまわりに集まったトロツキストたちとダニエル・ゲランのアナーキストたち、レリオ・バッソのような自由思想家たちはおのおの異説を唱えていた。「フランクフルト学派」の創始者マックス・ホルクハイマーとテオドール・アドルノはこの「異端派」に共感を抱いていた。私たちは多くの比較を行った。たとえば、マルクスとマルクス主義者の翻訳、カウツキーとレーニン、レーニンとミイラ化したレーニン主義、二月革命と十月革命、革命の理想と「裏切られた革命」、新左翼と極左、多元主義のユートピアと一党独裁のシステム、自主管理と全体主義、さまざまな形で理解されているが明確には定義できない「人間の顔をした社会主義」といわゆる「現実社会主義」等をそれぞれ比べてみたのでだった。

この時代が私の修業時代であった。（私には特別な師はいなかった。）ここに集まった友人や仲間の多くと意見が一致しない点も多々あったが、ここより良い場所は私のまわりには見あたらなかった。「マルクス主義の問題」に関するある種の討論よりは人間の権利を守るための活動がしたかったのだ。なかでも、クロアティアの民族主義者として重い懲役刑を宣告された詩人で哲学者のヴラド・ゴトヴァクの保護を求めていたが、これは実現しなかった。この分野の活動は私自身が自分の責任で引き受けた。コルチュラ島での会合のさいにヘルベルト・マルクーゼは次のような発表をした。「人間の欲求を満足させることが解放の目的である。しかし、この目的に向かって進んでゆくと自由それ自体が欲求になる」。私はこの考えに近かった。知的自由主義には自立のために必要な条件を、一種のアナーキズムには党派心に対する抑止力を、実りのないことが多い表現の自由には自由の表現の保証を私は思い描いていた。そしてハイデガーを読んだとき、彼の政治的態度が曖昧だったにもかかわらず、マルクーゼ以上に心を動かされたのである。

（左翼の人間がどのようにして自由な人間になるのか考えていたのだ。）

その結果、当然のことながら共産党との関係を絶つことになった。親しい友人たちがそこにいて、ユーゴスラヴィアの共産主義者が、特に、私がつねに評価してきた「非同盟世界」で重要な役割を担っていただけに、なおさら共産党との断絶は私にとってつらいものになった。不幸なことに「このもっともリベラルな社会主義国家」でさえも法治国家ではなかった。投獄された、あるいは追放された、ユーゴスラヴィアや東ヨーロッパの知識人たちを擁護しようと私は考えた。たとえば、サハロフ、ソルジェニーツィン、ナデージダ・マンデリシュターム、ブロツキー、ハヴェル、「連帯」のメンバー、「七七年憲章」に署名した人々などである。思想を同じくすることは稀だったが母国の多くの「反体制派」や「民族主義者」も擁護した。七〇年代初頭にチトーがまずクロアティアの、つぎにセルビアの急進的指導者たちをつぎつぎに解任したとき、私は公開書簡を送って、無邪気にも、辞職するようチトーに促した。チトーの業績を評価しなくなったわけではなかったが、彼がソ連で身につけた政治文化は真の民主化には不十分だと考えていたのだ。中央委員会は私の行為を厚かましい行為、あるいは奇妙な行為と見なした。私の手紙はチトーの手元に届かなかった。私は、最初の手紙よりも適切な表現で同じ考えを表明した二通目を書き、回覧に出した。

（私は恐れの混じった自由の眩暈のようなものを感じていた。）

私は文化相とその手下との闘いに入った。私は公に「反体制派」として名指された。共産党に近い新聞各紙は、私のことを今日では信じられないような表現で書きたてた。「P.M.は社会民主主義派あるいは右派の民族主義者、いずれにせよ反共産主義者だ」、「斧を振りまわす狂人」、「悪霊」、「シャーマンあるいは導師だ」、「彼の論文はエイズと同じくらい危険だ」、「彼は人喰いに関心がある」などと書かれたのだ。さらには「死人をもう一度殺せる他人の血を郵便小包で無償で配っている」とか、「彼が相手の喉を切るときには切れないナイフを使う」とか、「彼はまだ生きている人間の頭皮を剝ぐ」などと言われたのである。

これらの例は本当とも思われないが、しかし、実際に書かれ、公表されたものなのである。私は自殺の瀬戸際まで追いこまれた。そのとき、地中海が私を救ってくれた。私の島に逃れて『地中海、ある海の詩的考察』を書きはじめたのである。

(これで私の半生の話は終わる。十分な自己批判がないというお叱りを受けるだろう。)

*

このような話には当然続きがある。ザグレブやアドリア海に面したリガ、タリン、さらにはバルト海沿岸に滞在したさいに、スロヴァキア、スロヴェニア、ハンガリー、ブルガリアを旅して書きとめたノートをいくつかつけ加えておく。以下の意見は私の意見ばかりではない。すでに知られているものもある。私は、あちこちで何度もそう言われるのを聞いた後、それらが広まっているがゆえにそれを書きとめたのである。

(この種の語り方の著作ではくり返し自体が意味をもっている。)

今や東ヨーロッパでは、共産主義と決別した人々の数が、以前の共産主義者の数よりも多くなっている。その大多数は自分たちの過去をほとんど気にとめていない。過去ゆえに苦しんでいるのはごく稀である。おそらくそれがポスト共産主義の最たる特徴のひとつであろう。ヨシフ・ブロツキーはこれを「人間の心に内在する卑俗さによるもの」と説明する。

これはまた別の問題でもある。

世界に広まることで共産主義はまとまりとして失ったものを広がりとして獲得した。さまざまな相違に直面したが、そのときはまだそれに対応する準備はできていなかった。共産主義文化は主導権を確保し相手にも強要しようとして、他の革新的な文化を拒否した。東欧では共産主義は労働者文化との多くの関係を絶った。労働組合運動、とりわけ「評議会《ソビエト》」そのものとの関係を絶ってしまった。権力を維持しているつもりでも、じつは、少なくとも価値観のレベルでは、残せるものは何もなくなっていたのだ。共産主義は未来の見取り図たろうとしたが、過去に追いやられてしまった。

共産主義は——(私が見ることのできた国々でしばしばくり返し言われたことだが)——政治運動であり、社会秩序であった。秩序の崩壊が運動の意味を変えた。運動と秩序に共通した性格は意志の共有であった。しかし今ではばらばらになってところどころに郷愁を残すばかりである。意志はエネルギーをひとつにまとめるが、郷愁は思い出にしか結びつかない。以前は、党内の地位を放棄したり、そこから降格させられたりしても、共産党員は、その思想、打ち立てようとしていた秩序、支持してきた運動に助けを求めることができた。しかし、思想は危うくなり、秩序は廃され、運動は解体した。あらゆることが試みられ、計画され、投資されたにもかかわらず、ほとんど何も残らなかったのである。

しかしながら、共産主義はまだ葬り去られたわけではない。

共産主義はある人々にとっては人生の選択であり、世界観であり、さらには一種の終末論であった。

信念であると同時に信仰でもあった。共産主義とはすっかり決着がついたと考えるのは間違っている。「世界を変えよう」と心から願っていた共産主義者はごくわずかだった。多くは変化から利益をひき出そうとする人々で、彼らが党内の多数を占めていた。彼らのなかには今もなお国家の中枢にいる者もある。反体制派ウラディミール・ブコフスキーは、ロシアには帰らない、なぜなら自分を断罪した者たちが今も同じ地位にあるからだと言っている。ベラルーシやウクライナ、その他の旧共産主義諸国でも、すべての人が同じ地位に残っているわけではないが、このような現象は続いている。たしかに、共産主義の多くのモニュメントが解体され、シンボルが消された。それでもやはり現実とその飾りにすぎなかったシンボルや銅像を混同してはいけない。

共産主義はひとつのイデオロギーにすぎなかった。「共産主義に反対することは、すなわち民主主義に賛成することだ」。これは現在東ヨーロッパに広まっている偏見で、共産主義を利用してきた者には役にたつ。最後まで仕えてきた党を否認してしまったので、かつての共産主義者は簡単に自分が民主主義者だと思いこんでしまう。どうすれば民主主義者になれるのか、あるいは、なぜ民主主義者にならねばならないのかなど考えもしない。威厳を損なうことなく新しいポスト共産主義国家の大統領になった数少ない指導者のひとりは次のような判断の基準を示している。「共産主義者として、他人の権利を侵害した者がいるかどうか確かめてみるがいい。それ以外は歴史が決めることだ」（ミラン・クチャン）。この言葉では、共産主義に腐敗しか見ない人々は満足しないし、共産主義を必要としている人々の自己正当化の役にもたたない。ポスト共産主義の現実は曖昧にならざるをえないのである。

共産主義は「資本主義のもっとも高度な段階」でさえ提示できないある可能性を労働者に保証した。

すなわち、職を減らさずに労働時間を減らす試みだ。(これがマルクスの娘婿ポール・ラファルグが「怠惰の権利」と呼んでいたものではないだろうか。)「過渡期の」ポスト共産主義社会で労働者の脅威となっている雇用不安に直面して、この成果はおろそかにできないが、かといってなんらかの後戻りができるようなものでもない。このことは、かつての共産主義をいまだに守りつづける人々にも理解できた数少ない事情のひとつだ。自分の過去を忘れ、周囲も忘れてしまったかのようにふるまう人々の行動には少なからず驚かされた。以前強硬派だった共産主義者が共産主義を捨てなかった人を非難している。時には、それが新しい社会に受けいれてもらうために、あるいは許されるために必要な条件になっている。この条件に従うことは、時として旧共産党への服従よりも屈辱的に思われる。

旧共産主義知識人たちの——(そのような知識人が本当にいるとするならばだが、そしてそれもまた逆説でないとすればだが)——ある種の行動はもっとも下劣なもののなかに数えられる。前体制下で活動したこと、排他的な前政権に加担したことを気にもかけなければ呵責も感じない人々が多い。彼らは自分たちが表明した思想と占めていた地位についてまったく責任をとらない。終わったこと、「過ぎ去った」こと、というわけである。過去と現在のあいだにはまだ解明されていない闇が口を開けている。しかも、このことの説明を誰も求めようとしない。新体制はこの点に関して厳しさに欠ける。

かつて政府の御用作家だった人々は今では民族のために文学を書き、批評家がこれを支持している。歴史家は民族を正当化する根拠を過去の歴史からひき出そうとして、民族の系譜の探求に余念がない。ほとんどすべての人々が不意に訪れた変化に対応しようと努力している。「民族問題」をおろそかにしたと言って、かつてのマルクス主義者がマルクスを非難する。他の誰もマルクス主義それ自体をもはやまじめに扱わなくなり、嘲笑の的とならないよう、マルクス主義については口にしないほうがよいと言われる。東ヨーロッパではカール・マルクスの「私生児」のことが話題になっている。『資本論』の作者を擁護する人がわずかに残っているのは西ヨーロッパだけだが、その数は次第に減っていて、旧共産主義者のなかにあってもごくわずかである。誰の目にも明らかであるはずのことが、これまで長いあいだ外見でごまかされ、表向きのイデオロギーに口を塞がれてきたが、今や、しばしば荒々しい態度を見せる復讐心によって明るみに出されている。

（なぜ、このような現象がこれほど長いあいだ、しかもこんなふうに幅を利かせて続きえたのであろうか。）

共産主義、特にスターリン主義は、犯した罪から見てファシズムと比較され、時には同じものと見なされる。アウシュヴィッツとコリマの間には、近代的か否かという技術的な違いしかない。文句なしに両者は似ているが、いわゆる現代史に照らしてみると、いくつかの違いがあることを見誤ってはならない。すなわち、共産党軍、特に第二次世界大戦中の赤軍とナチスを混同することは、多くの場合、私たちの根底にある価値観を侵害することになりかねないからである。ファシズムに対するレジスタンス、それ自体も「ご都合主義」に流れたり、あるいは儀式化してはいても、やはりこの運動を消し去ることはできないだろう。

「より良くより公平な社会」の実現に対する希望を叶える場は少しずつ狭くなっている。共産主義が長いあいだこの希望を養ってきたが、とうとう葬り去ってしまった。私たちの進歩の観念は分裂し、対立した。解放思想は現在の私たちの考えからは遠いものになり、あらゆる革命的な変化は無縁になった。将来これらの代わりとなるのは、より限られた範囲の要求だろう。すなわち、あまりにも重い過去の重みを世界からとり除くこと、共産主義とだけ関係があったわけではない「旧」のレッテルの重みを除いてやることである。
　このような要求でさえ、それがどれほど控え目であっても、今世紀末には傲慢な、あるいは滑稽なものに見えるであろう。

*

　以上のような指摘は、ヨーロッパの東西を問わず、かつて私の仲間であった、あるいは今も友人である、現役の、あるいはかつての共産主義者にとっては辛辣だと、あるいは、正しくないと思われるだろう。私はこの本を告白の場とした。自己弁護のために言っておくと、共産主義は変質する以前はもっとも急進的な批判のひとつだったのだ。共産主義がかつてどうだったのか、そしてどうなったのかを冷徹に検討しなければ、もはやなにも生産できず、何であれ変化させることはできないのだ。

かつての反体制派

〈東ヨーロッパ〉という呼び名は地理的、文化的な呼び名というよりも、第二次大戦と冷戦によってつけられた政治的な呼び名としての性格が強い。この名は今や時代遅れの「旧称」になった。今では〈中央および東ヨーロッパ〉と言い方が変わったが、これもまた不正確な呼び名である。いわゆる中央ヨーロッパには――オーストリアやスイスといった――旧東欧共産圏に属さない国々も含まれるからだ。

〈別のヨーロッパ〉も、おそらくは意図的に対象をぼかした呼び方だ。ヨーロッパのこの地域の何が〈別〉なのだろうか。この別の世界のどこがヨーロッパ的なのだろうか。ヨーロッパの全体像はもはや昔と同じではない。第三世界と呼ばれる世界もまた変化した。第四世界あるいは第五世界について考えるべきだと言う者もあるくらいだ。

別のヨーロッパの一部は今日、どうやらかつての第三世界に属しているらしい。ソビエト帝国の残骸、昔のロシア、ベラルーシ、ウクライナの名残、崩壊した旧ユーゴスラヴィアの廃墟、ブルガリア、アルバニア、ルーマニアさらにはギリシアやトルコも含めたバルカン半島の境界域などがそれである。突然の変動の後、結局、中央および東ヨーロッパという概念は二極化したように思われる。もし事態が違った展開を見せていればこの語もうまく使えるのだが、今は難しい。

別のヨーロッパという呼び名が曖昧なら、この語が覆っている現実もやはり曖昧である。現在、私たちはこの現実がかつてどうだったのか、そしてこれからどうなっていくのかに目を光らせている。政治はこのどちらともとれる現実に甘んじ、むしろその両義性を利用している。レトリックが濫用されているのである。

反体制派という概念もまた今では混乱しかけている。西ヨーロッパから持ちこまれたこの言葉は、旧東欧諸国の、特にロシアの知識人の一部がたどった運命を示していた。ロシア語では体制に従わぬ強情な知識人（知識人ばかりではない）を当初「別の考え方をする人々」と呼んでいたが、後になって〈反体制派〉と呼ぶようになったのである。

いつまでも用語の問題に手間どってはいられない。

全体主義からポスト全体主義へ、あるいは一党独裁から複数政党制へと移行する間に、いわゆる東ヨーロッパでは多くのパラドクスが生じた。〈過渡期〉と思われた状態は予想以上に長く続き、いつまでも本当の〈変革〉にいたらない。変革というものは時には奇妙に思えたりグロテスクに見えたりするものだ。それはちょうど、さまざまな出来事がめまぐるしいばかりに連続して起きた後では、過去にもしばしば現れた〈泥沼〉が生じるのは避けられないかのようだ。ロシアの詩人ヨシフ・ブロッキー宛に書いた手紙のなかで、私はこれまでに味わった幻滅を箇条書きにしてみたことがある。

我々は国境がヨーロッパに向けて開かれることを望んだ。しかし今日、この国境開放を恐れているのはヨーロッパ自身だ。

我々は民族の自由を要求した。しかし現在、いたるところで民族主義が台頭している。強制収容所を生みだしたボルシェヴィキとスターリンの思想は、二つの世界大戦をひき起こしアウシュヴィッツを可能にしたイデオロギーにとって変わられる。

民主主義が宣言されたが、民主的社会は樹立されていない。多くの場合、「民主独裁体制」の誕生に立ち会っているだけである。

いたるところで自由市場の必要性が説かれているが、多くの国でもっとも基礎的な商品が不足している。

我々は宗教の信仰を尊重するよう要求したが、まったく寛容さに欠ける原理主義と衝突している。

人々と市民（この悲愴な語を用いることをお許しいただきたい）の尊厳を擁護をしてきたが、旧東欧諸国を軽蔑したり、みずから卑下する人々によく出会う。

我々は反体制的（ここでは象徴的な意味で）文学、独自の言語で批判と対決している文学を守るために全力を尽くしてきたが、結局、その文学もわずかの例外をのぞいて真の文学というよりも意見の相違にすぎなかった。（すでに意識してはいたが、故意に黙っていた。偽善的だといわれてもしかたがない。）

このように旧東欧諸国の将来像は不規則な線と暗い色調で描かれている。誇張しているわけではない。主導観念や信頼できる目標の不足、定まった価値観やたしかな模範の欠如、イデオロギーの破綻、政治に対する不信、さらには信仰の喪失や転向などがその特徴である。いたるところに不確実、非常識な言動があり、散乱と混乱が起きている。これはもはやたんなる文化の危機ではない。文化における信頼感の危機なのだ。たしかに国によって多くの違いはある。過去はどこでも同じ重みをもつわけではない。

安易な一般化は慎まねばなるまい。

別のヨーロッパにおける知識人と反体制派の立場と役割は相当変わった。社会と政治に対する批判は、今では町の広場で、新聞で、議会で行われており、もはや文学作品だけのものではなくなってしまった。文学にとってはよいことだ。書物はもはや「寓意的」と言われた暗号もトリックも必要としなくなった。しかし紋切型は、形は変えても内容はあまり変わらないまま、相変わらず残っている。

国家によるイデオロギーの検閲はなくなったが、検閲が今でもまだ残っているところでは、別の国家、違うイデオロギーに役立っている。道徳心にしか従わない自己検閲もたしかにある。

旧体制に対する反対運動のような形の抵抗は、もはや不可欠ではなくなったように思われる。(将来ふたたび必要になるだろうが、それは別の問題である。)「政治のためばかりにことがなされたわけではない」。ヴァクラフ・ハヴェルは少しも臆することなくそう言う。そんなことは誰が見ても明らかで、あえて言うまでもなくみな承知していた。新たな反体制の責任を負うべきは、じつは民主主義なのだが、これが簡単ではない。「民主主義の実践」が望みどおりに進展しない、あるいはうまく復興しないといった事態に陥っているのだ。今まで、作家は都市生活にかかわる責務を果たしていたが、これからは、その仕事も文学の領域に限られる。かつてと同じやりかたで、是が非でも、自分の芸術と引きかえにでも反体制派の姿勢を貫こうとする者は、作家としていかがなものかと怪訝な目で見られる。主流から離れることで、あるいはそのおかげで作品を生み出した作家は少なくなった。著作の質よりも態度の表明で自己主張した作家が文学界では相応の地位を占める。資金を提供してくれる人物は変わったが、芸術自体が要求するものは変化していない。新たな事態が生じるまで、とりあえずはこのままであろう。しかし、それを認めようとしない作家はいたるところで見うけられる。あたかも今までに起こったすべてのことから何も学ばなかったかのようだ。

そうした人々が今後も書きつづける文学にとって、これは残念だがしかたのないことである。

現在進行中の変化について書くことは文学よりもジャーナリズムに近いように思われる。この考えには慣れなければならない。当然予想されたことだ。扉は大きく開かれており、もはやそれを突き破る必要はない。こうした行為にはあまりふさわしくない道具の助けを借りることはないのだ。人々の目を覚まし、教化するという、作家がかつて果たした役割はもはや過去のものとなっている。このことははっきり認めておきたい。全体主義体制下では、知識人は〈真実の人質〉（私はかつてサハロフに対してこの言葉を使った）となる可能性があった。かつて知識人には〈辱められた人々〉を擁護し、少数派の人々や社会から疎外された人々の側に立ち、権力と階級制に立ちむかう機会があった。ところが現在のような事態の進展状況ではそうした役割を担うケースは稀どころか、皆無に等しい。今の唯一の仕事が過去を葬ることだけではしまいには意気消沈してしまうが、作家が今後、政治と文学の（新たな）関係のなかで特に重要な位置を占めることになろうなどと期待してはならない。これは作家としての技量が試されるひとつのチャンスなのである。

私たちが経験してきたことは私たちに教訓として役立つにちがいない。

東ヨーロッパをまわったこの前の旅で、私はロシアにいるかつての反体制派の友人たちと再会したかったが、彼らを探しだすのは難しく、所在がつかめないことも多かった。私は彼らの境遇を問いあわせてみた。「共産主義体制下での彼らの勇気に対して他の人々はあまりにも臆病だった。彼らは今も嫌われている」。こう語ったのはロシア奥地に引きこもってしまったある大学教員だそうだ。（私はプスコフからこれを聞いた。）ポーランド、チェコ、ハンガリー、旧東ドイツそのほかの国々でそれぞれで事情が違うことは私も知っているが、こうした後ろめたさはロシア人だけが感じていることではない。

亡命生活ののち祖国に戻ってきた反体制派の人々は時として、自分と祖国とのある種のつながりが切れていることを忘れて、世界で見てきたことをそのまま祖国に当てはめようとする。帰国をできるだけ遅らせよう、それどころか戻るのはやめようと決心した人々――そのなかには最重要人物の何人かも含まれている――は多い。これも悪い解決策ではなかろう。たぶん、そうこうしているうちに彼らは「帰る場所を失った」のではなかろうか。ガリラヤには多くの預言者が現れた。今のところもう預言者は必要なくなった。ガリラヤは預言者より荒野を好むのだ。ソルジェニーツィンの帰還に関するある優れた知識人の意見をつけ加えておこう。「ソルジェニーツィンがソビエト連邦を離れたとき、文学は共産主義イデオロギーによって規制されていた。したがって彼はトルストイのように、ロシアの長い伝統のなかに出現する預言者だった。彼が語った一言一言が福音書の言葉のように扱われた。彼は収容所に入れられ、生命を脅かされた。それゆえ彼は尊敬されたのだ。今日、彼はもはや検閲のない国に戻ってきた。作家は本来の姿に戻った。すなわち、物書きに戻った。しかし、この立場はソルジェニーツィンには不十分なのだ。純粋で善良なロシア、彼が預言者として、市民の良識として活動できるロシアを彼は夢見ている。しかしもはやそうはならないのだ」。

反体制派の大部分はその思想よりも態度で意志を表明していた。彼らが対決していた体制は異議の申し立てを認めなかったので、こうした反体制派は西ヨーロッパで解されている意味での反対派にはならなかった。また、政権交替のできる勢力でもなかったし、旧体制自体それを認めなかった。反体制派には政府の方針に反対だということ以外に共通した方針があったわけではない（これはロシアだけに限ったことではない）。突然訪れた変化の後、旧反体制派の一部が表明した政治思想からは、彼らがなにかを主張するよりも反論するばかりで、議論を構築するよりも破壊する傾向がかつてどれほど強かったかを明らかにしている。そのうえ共産主義体制下では、特にソ連では、異議を申し立てるのも難しく、前もって定められた「計画」の枠内でなければ、何かを築きあげるのは不可能だった。それゆえ、焦土を歩いているような新世代が想像する以上の気概と個人の犠牲が、当時は必要だったのである。

反体制派だけでなく、より広くは「危機に瀕した人々の連帯」（ヤン・パトチュカ）が大きく失敗したのは、倫理的要求（「政治色のない政治」）と、妥協を伴わざるをえない権力の行使とが両立しないからだ。ページをめくり、今までのことにこだわらずに先に進まねばならないという言葉をしばしば耳にする。これに対して「歴史のページをめくる前には、やはりそのページを読まねばならない」と旧体制派の一人は述べた。彼は今もまだ名前を伏せたがっている。

全体主義体制の崩壊――これほど早くやってくるとは思わなかった――の後、私たちの多くは地下室の奥のようなどこか人目につかぬ場所にいたいと思った。かつてない苦しみから生まれ、それゆえに当然栄誉を受けるべき遺産となった特別な原稿が、焼失を免れたとしても、今どこにあるのかわからない。前代未聞の事態である。数も少なく、それほど重要でもない文書は警察の資料室から見つかった。NKVDやKGBが文章の価値を決めていたとは思えない。反体制派は共産主義の抑圧下で力を使いはたしてしまった。あちこちで引き出しのなかは空になっていた。旧東欧諸国の大部分では「攻撃文書でなくなった」文学はほとんど重要性を失い、それではもはや誰の気持ちを捉えることもできなくなった。とはいえ、国内に居場所はなくなってしまったが、外国は珍しがらず受けいれている。

歴史の舞台で起きた多くの混乱の後、反体制派のなかには政府であるいは政界で高い地位についた者もいる。しかしながら、それは、彼らはかつてそれに対立し、その打倒のために努めた旧体制下で果たした功績が評価されてのことである。作家が新しい社会にどのように役立つのかはわからない。仕事にあぶれることはまずないだろう。とは言え、「物書き」に何が期待されているのか、そして作家自身何を期待しているのか知る必要があるのだろうか。どんな危険が、義務が、反発が、そしてどれほどの自由と狂気が待ちかまえているというのだろうか。

新たな政治指導者の凡庸さや虚栄心、民族主義の傲慢さや錯乱、信仰やイデオロギーの薄弱さ、原始的なポピュリスムやあやまった救世主待望論、私たち自身がその証人であり犠牲者でもある悪趣味な政治演説とデモ、私たちが使わされた記号や象徴の氾濫、それらを私たち作家のなかでも特に大胆な者は皮肉をこめて語ってくれよう。民族意識と宗教心のこの新たな高まりが拡大し、厳しく押しつけられれば、新たな反体制運動は、民族主義に反対し、宗教からも離れていくだろう。時代に合わなくなった儀式や滑稽な儀式、自己中心的なあるいは自民族中心的な偏った態度、思想に欠ける指導者のためにそれを作ってやる思想家などがあふれているなかで、それらを軽蔑するのは容易ではないし、危険も伴うだろう。『大佐に手紙は来ない』、と言う言葉がラテン・アメリカの有名な小説の題名にある［ガルシア・マルケス著、一九六二年］。悲しいことに、この仕事をいつでも引き受ける用意のできている人がいる。作家連盟や科学・芸術アカデミーやいわゆる「良心的知識人」たちが今までいろいろなやりかたでこの役を果たしてきたし、必要となれば今後もそうするだろう。象徴の氾濫がそれを容易にしているだけになおさらである。新たな反体制派（ふさわしい別の呼び名が見つからないので、とりあえずこの語を用いることにする）は、真に根底から状態が変化するのはごく稀でどれほど困難かを最初に実証することになろう。

不幸なことに、旧体制派に代わって一種の動物が住みつき、私たちの忠実な供となっているようだ。ポーランドの小説家アンドレイ・ザニエフスキは「ある種のネズミ」がふたたび群をなし、乱痴気騒ぎに耽っている場所をリストアップした。「地下倉、倉庫、屋根裏、ごみ箱、ダストシュート、ごみ捨て場、馬小屋、兵舎、監獄、下水溝、台所、柵、ガレージ、いずれもが居場所の目印となり、来るべき新たな文明の揺り籠にさえなっている」。イメージはたしかに誇張されているが、こうした比喩は旧社会の抜け殻の隣でそれとともに新たな生活を送っていると感じている人々の気持ちをよく表している。

私は、恐ろしく残酷な戦火が吹き荒れる国を離れた。このような事態になろうとは誰も予想しなかった。この地域ではそれまで人々の憎しみを目にすることはあっても（これについてはかつて一冊を費して述べたことがある）、憤怒にいたることはなかった。ヨーロッパと地中海のなかでも、キリスト教の分裂とイスラームの浸透によって断層のできたこの地域は寛容ではない。しかし、今回爆発的に拡大したような妄想が生じうるとは思いもよらなかった。私の姿勢は——そう呼んでよければ、私の〈反体制活動〉は——国家の統一を求めていたのであって、国家の分裂は望んでいなかった。ヴコヴァルの廃墟に残る残骸を襲撃者の一団が歌いながら踏みつけていくのを目にするまで、私は、南スラヴ人の統一、その共同生活、「共生」を無条件で支持していた。サラエヴォ、スレブレニツァ、モスタルの後で何を語れよう。反体制活動は苦しみの前では完全に意味を失った。ある種の出来事の前では反体制活動も不道徳になってしまうのだ。私は、旗を振りまわすのも、国家の紋章の前に恭しく頭を下げることも、私を不安にさせるほどの喜びようで多くの人々がしようとしている行動をとることも拒否する。ヨーロッパがとるべき責任について、無策を言葉で埋めあわせようとするその傾向については、何も言わずにおこう。ここでは私個人の経験を述べるにとどめたい。

反体制活動の中心人物の何人かは自分が活動に参加する道徳的価値を最後まで保てなかった。また、それを意義あるものと考えたり、新たな理由に役立てることができない人々もいた。これについては、私の失望を書き添えておきたいが、亡命中の友人たちはあまりそうは思わないようだ。周知のとおり、チェコスロヴァキアはチェコとスロヴァキアに分裂した。ヴァツラフ・ハヴェルはこの分裂を阻止し、国家の統一を守ろうとした。彼の政治的意図の根幹はそこにあった。彼は失敗したが、それでもチェコ共和国の大統領として残った。その時点で彼は身を引くべきだったのだ。彼の辞職は、中央および東ヨーロッパのみならず多くの国々にとって、ひとつの手本となったはずである。それこそ、彼がかつて示した態度にふさわしい模範となったのだが。彼は自覚していないが、おそらく彼も権力に毒されているのだ。彼はもはやかつて私たちが擁護してきたハヴェルではない。

〈知識人の裏切り〉とでも言うべきことも私は目にしてきた。

別のヨーロッパの運命はもはや以前のように旧ソ連に依存しているわけではない。それでも、ロシア新政府の将来とその影響力に懸念を抱きつづける人々は多い。実際、今後のロシアはどうなるのだろうか。一九九一年、ゴルバチョフが政権を離れねばならなくなった時、私は公開書簡を出してこの質問を彼にぶつけてみたことがある。以前のように伝統にこだわり保守化するのか、それとも近代的でリベラルな国になるのかと尋ねたのだ。「神聖な」あるいは世俗的な、東方正教で統一するのか、それとも各宗派に分裂するのか、革命の赤より宗教の白を選ぶのか、それとも反対に、〈親スラブ主義〉よりも、〈西欧主義〉の道を選ぶのか、ヨーロッパにもアジアにもともに目を向けるのか、独自のやりかたで「ポピュリスト」となるのだろうか。それどころか（十九世紀に詩人チュッチェフが語ったように）「理性では理解できない、ただ信ずるのみのロシア」、あるいはアレクサンドル・ブロークが革命中に詩に書いたような「頑丈で太った」ロシアとなるのだろうか。「キリストとともに」進むのか、あるいは「十字架なし」の道を選ぶのか、神秘主義的であると同時にメシア信仰をとるのか、結局は宗教から離れて世俗の世界に属するのか。真の民主主義を目指すのか、それともたんなる「民主独裁体制」となるのか、ロシア人の国になるのか、「全ロシア」を含む国となるのか。どうなろうとも、ロシアは、旧ソ連が残してくれたものと、おそらくは永久に奪われてしまったものをすべて考慮に入れねばなるまい。この問題を疎かにしたり過小評価したりすると、ロシアは自身の歴史について考えられなくなるだろう。

これほど多くの保守的ふるまいや旧弊な態度、時代に逆行する精神状態を、旧共産主義諸国、東ヨーロッパやその他の地域で目の当たりにして、私たち自身もまた同様の問いかけをしなければならない。国家にも政府にもそのイデオロギーにも歯に衣着せず対決する新しい形の社会・文化批評で武装しなければならない。

したがって、ある種の反体制活動は今も必要であり、またもや不可欠になってきている。

瓦礫の下の紋切型

もうひとつのヨーロッパに幽霊が出没している。プロパガンダの決まり文句と化した言葉は共産主義体制後も生き延びた。紋切型は旧体制に忠実に仕え、墓まで供をし、たぶんその先の世界にもついていくのだろう。おそらく紋切型は、民族主義者と改革派、保守派と進歩派といったかつての対立を乗り越えて、人々の語る言葉と結びつき、生き延びることだろう。

紋切型は共産主義だけが発明したものでもないし、共産主義だけが操るものでもない。共産主義は必要に応じてこうした言葉を作り、ふさわしい形で世間に広めたのだ。共産主義以外の政治運動もやはりゆがんだ道具を用いた。政治運動ほど言葉の影響を受けたものはない。歴史家はそれを考慮する必要がある。左右両派の政治言語の歴史的な比較は今後の課題だ。それは政治の質そのもののいっそうの理解に役立つだろう。

新世界は「新たな言語を介して」出現するはずであった。それが合言葉になっていたのだ。新たな言語の務めは現実の生活を描写することではなく、この現実から生まれるユートピアを語ることだった。このユートピアを優先させるように言葉の枠組みは設定された。「呪詛と約束と予告の言葉、あらゆるジャンルのアピールとスローガンが大量に、ひきも切らず、日常生活のあらゆる次元で、社会の隙間に入りこみ、ユートピアを生む役目を果たしていた。ユートピアの世界では精神は催眠状態に、理性は麻痺したかのようになっていた」。（これは書くよりも語るほうが好きなある研究者の言葉だ。）

ある言いまわしが執拗に使われて広まると、公に認められたものとなる。使わざるをえなくなったこの言葉は次第にすり切れてくる。「現実から意味が失われると言葉からも意味が失われる」とある言語学者は言っている。「記号表現と記号内容」の結びつきが失われ、「指向するものと指向されるもの」の関係が曖昧になる。言語全体がこの影響を受ける。ソ連で控え目な緊張緩和が告げられるとすぐに、リベラルな『新世界《ノーヴィ・ミール》』誌の編集長をつとめた詩人のアレクサンドル・トワルドフスキーは、社会全体が、もはやほとんど治療できない「言語喪失」の状態にあるという診断を下した。かつては孤高の人物の警告など誰も聞こうとはしなかった。たとえば、マンデリシュタームは逮捕される少し前に、「言語研究を通じて倫理概念を形成」してはどうかと述べ、グミリョーフは粛清される前に「死んだ言葉の吐き気を催させる臭い」がすると言っていた。

このような例を私は以前から事あるごとにくり返し語ってきた。これらは強迫観念となっている。七〇年代に初めてソ連を訪れたさいに私は、まだ検閲を逃れて地下出版《サミズダート》されていたソルジェニーツィンの著作の抜粋を読んだ。「我々の思想は鋳型に流しこまれた。もはやそれは思想ではなく、決まり文句だった。双子のようにうりふたつの言葉が大量に再生産され、ラジオや新聞を通じて我々に毎日詰めこまれ、政治集会では噛んで含めるように教えこまれるのだった。このために我々の手足はもがれ、精神はことごとく被害を受けた」。

スターリン主義者はその話し方と身ぶりでそれとわかった。「鋳型」の効果はスターリン主義と闘った大部分の人々の言葉や身ぶりにも明らかに現れていた。堂々と使われると紋切型は人を安心させるようである。紋切型は特殊よりも一般を好み、質よりも量を気にかける。くり返しは邪魔にならず、むしろ言葉が積み重ねられると説得力が増し、紋切型は堅固なものになるようだ。その語彙は限られていて、判断も相対的だ。比喩は（「魂の技師」のように）初歩的なもので、結論は単純化される。この言葉は皮肉を含まず、その代わりに物事を戯画化する。非難や拒否に対しては威嚇や罵倒で答える。「狐と豚のあいだにできた子」、これはブハーリンの裁判でヴィシンスキー検事総長が口にした言葉である。

しかしながら、いつ、あるいは、どんな状況で言葉がそのように変質しはじめるのか、「時流から遊離した」言葉に、硬直した言葉になるのか見きわめるのは難しい。また、何が、どのような条件で加わると紋切型になるのか見きわめるのも難しい。一度使われただけでは何もわからない。言葉が「消耗」すると紋切型になるというわけでもないのだ。

共産主義のステレオタイプの増殖に関して、マルクスやレーニンといった人物にはどの程度責任があるのだろうか。その答を彼らの著作に求めることはできないだろう。ウラジミール・イリッチ編『レーニン全集』最新版に目を通していて、私が見つけた例は私の予想に反するものだった。『何をなすべきか』で著者は問題の害悪を自覚していたのだ。彼は革命の最中にあっても「革命的な文」を痛罵し、官僚に対してはその「官僚的な無駄口」を批判、「演説口調」で「崇高で荘厳な大げさな言葉」や「凝った言いまわし」を用いる演説家を揶揄している。なかでも政府委員たちの「演説の長さ」は耐えがたいと感じていた。彼の辛辣な論文には「文の害悪について」という題が付いたものもある（ロシア語といくつかのスラヴ系言語では「文」という言葉は強い軽蔑のニュアンスを含んでいる）。

興奮した革命家たちが使う「革命」、「蜂起」、「コミューン」といった言葉の頭文字をむやみやたらと大文字で強調することにも非難の矛先を向けている（思いがけない批判だが「それはジャコバン派の場合と同様、本当に恐ろしいものだ」と彼はつけ加えている）。ボルシェヴィキの創設者レーニンは共産党の事務局から出た宣言文を「シピアギーネの古い回状」と比較し、「…その十分の九は無意味な役所の隠語で満たされている」と言う。一九一九年、『偉大な主導権』という題の小冊子で、彼はこの問題をふたたび取りあげ、さらに激しい口調で語る。「革命の諸問題に対して美辞麗句を並べたてるという、ブルジョワ知識人特有のとり組みかたの痕跡がたえず甦ってくる」。彼の文章を注意深く読むと、直接行動で表現できる言葉を生みだそうという意志が読みとれるのである。

ボリス・シクロフスキーとの対談で、彼は彼自身や他の「フォルマリストたち」（エイヘンバウム、トマシェフスキー）がレーニンの言葉につけた注釈について触れた。彼らはレーニンの言葉に「紋切型を排除しようとする」傾向を認めている。「扇動的な著作に決まり文句が表れた場合、レーニンはそれをくり返さぬよう努めた。彼は〈革命的な文章〉を避けるか、あるいはそうならぬよう書きあらためようとしたのだ」。

『国家と革命』の著者を組織のなかでしか通じぬ言語の生みの親だと非難するのは間違っていよう。しかしながら、ある種の指示や宣言の激しい口調が、独裁政治が言葉を選ぶさいの拠りどころとなったのもたしかだ。レーニンが若い頃大きな影響を受けたチェルヌイシェフスキーは禁欲的なまでの単純さの信奉者だった。ネチャーエフの『革命家の教理問答』はそうした単純さを絶対的に要求していた。ベルジャーエフの言葉を信じるならば、ロシア人は「言葉を飾りたてたり、修辞を駆使したりしているように見えるものすべてが嫌いだった」。このような傾向が、紋切型が生まれる前提となる

「言葉の通俗化」を抑制したのかそれとも助長したのか容易に推測できる。「フランス大革命前後のフランス語」に関するポール・ラファルグのエッセイが一九一二年に再版されたさいに、カール・カウツキーは危険がそこまで迫っているのを予感したことだろう。「自由主義者あるいは〈泥まみれの詩人〉と評された作家たちが用いる言語は、たまたま出来上がったわずかな言葉をのぞいて」大革命以前からすでにあるものだった。それらは通俗化し、その後「浪費」されたのだ。コルチュラに集まった哲学者たちの夏期セミナーで、私は友人数人と共同でマルクスの著作のスラヴ語訳、「最初の社会主義国」で普及している訳書の分析を試みた。分析しやすくするために、著作を構成と内容に区別して分類した。もっとも近づきやすい第一段階は、労働運動の闘争の武器となった「直接行動するマルクス主義」の段階(『共産党宣言』が典型的な例である)、第二段階は、挑戦的な著作が多く書かれた「大衆に知らしめる」段階(『哲学の貧困』、『フランスの内乱』、『ルイ・ボナパルトのブリュメール十八日』その他同様の作品数点)、第三段階は経済技術論の段階(『経済学批判』、『資本論』、その他の断章)、最後の第四段階は人間哲学の段階とも言えるもの(マルクスは『概説』『ドイツ・イデオロギー』と並行して『資本論』をまとめなおしている)である。有機的に結びついた各部分をこのように全体からきり離す危険は意識しつつ、これらのカテゴリーそれぞれで起こる変形と単純化の様式をより明確に分けることができた。人間哲学の性質をもった著作の大部分は、マルクスの生前には未完成、あるいは未発表のままだったので、スターリンによる読解は、「間違った意識」や「カメラ・オブスクラ」といった言葉でのイデオロギー批判、あらゆる逸脱行為に適用しうる「疎外」の観念など都合の悪い部分を簡単に削除してしまった。「直接行動主義」と呼ばれるマルクス主義はもっとも近づきやすく、扱い方も簡単で、操作しやすいものだったため、決まり文句には大変便利な支えとなった。

これについてカール・マルクス本人を非難する必要があるのだろうか。モスクワのマルクス＝エンゲルス学院の校長となったダヴィッド・ボリソヴィッチ・リアザノフは広範囲に拡大しつつあった紋切型の伝染に気づいて、彼自身粛清の対象となる前に、示唆に富む例を側近に明かしている。彼によれば「同志カール・マルクス」は、『共産党宣言』の執筆が遅れたという理由で、ブリュッセルの名もない役人たちによって共産党から除名されそうになったという。マルクスはこの労働運動憲章に長続きのする完全な形を与えたかったのだ。マルクスの書簡からはその気持ちが伝わってくる。「何であれ、すべてが完成する前に発表する決心はできません。その欠点がどんなものになろうとも私の著作は芸術作品と見なされるだけの特殊性をもっているのです」。（長い間未公開だったリアザノフの古い資料から、一八六五年七月三十一日付の手紙、ロシア語訳から引用。）

それゆえカール・マルクスもまた硬直した言葉の生みの親ではない。私生児の父親探しは難しい。マルクス主義や共産主義から想を得た文章は百年以上ものあいだ、強力なプロパガンダの方法をとって広まった。その「ジャンル」（こう呼んで良ければだが）は、新聞やパンフレットの記事、声明、請願、論文、反論、発言、「結論」や「決定」や「決議」を出す会議、方針とそれに対する批判などさまざまである。その多くは啓蒙思想とフランス大革命に起源をもち、ジャーナリズムと文学、熟慮と反論、理論と実践を結びつけた明晰な文章であった。

社会民主主義と共産主義運動の新聞には、マルクスとエンゲルスの短命だった『ライン新聞』からカウツキーの『新時代』まで、ジョレスの『ユマニテ』からグラムシの『オルディネ・ヌオーヴォ』まで、プレハーノフの『ザリア』からレーニンとトロツキーの『イスクラ』あるいは『プラウダ』まで、といったように十月革命の前後で長い歴史がある。他にもそれぞれこの時代の一翼を担う多くの

「機関誌」があったことを忘れてはならない。たとえば『赤旗』、『前進』、『デイリー・ウォーカー』、『人民日報』、『ルーデ・プラーヴォ』、『ウニタ（統一）』、『闘争（ボリヴァ）』、『プロレタリア』などである。これらはみな同じような語彙と構文を用い、同じ文句を使い、同じ文献を参照していた。パルチザンや戦士を作りあげる言語は、当然のごとく明らかによく似ていた。それは必要で避けがたいことと考えられていたのである。

「ジャーナリズムの文体を使うとどうしても不都合が生じる」とあるフォルマリスト（トマシェフスキー）は二十年代末に語っていたが、彼の国ではすでに手遅れだった。他の国も一か八かこれを打破しようと試みたが効果はなかった。ドイツでは、自分たちはマルクスの後継者だと思いこんでいる新聞記者たちを指して、動詞 murksen（いい加減に片づける、下手にするの意）からムルキストという語が生みだされた（ベルトルト・ブレヒトは日記にこの形容詞を何度も書きつけて憂さを晴らしている）。政党が用いる特に難解な言語のことを、ドイツでは Parteikinesisch［派閥力学］、もっと一般には Katzenjammer［二日酔い］と呼んでいる。似たようなあだ名は、たとえばイタリア語の il politichese［政治的語法］のように、どこの言語にもあった。こう呼ばれても国際的な、国を越えた紋切型の「鋳型」が増殖をつづけたことに変わりない。いつか回想録を書くことがあれば、私は自分のなかにある自他双方に対する闘いで引き裂かれた気持ち、今は亡き友ダニロ・キシュがしばしば話していた、屑を出さずに（外にあふれさせることなく）学び書くためのあの努力のことを語るだろう。本書がフランス語で書かれたのは偶然ではない。別の言語で書くことが高くつくとしても母国語から逃れたかったのである。

そう思われているのとは反対に、この種の変質を引きおこすのは「基本的な」あるいは「基礎的な」文章ではない。変質するのはその用法であり、文章は磨滅するだけなのだ。全体主義の権力とその体制によって捏造あるいは強制された言語（オーウェルの言う「新言語」）と、拘束力をもった制度やイデオロギーのためにそれ自体消耗させられた言語とのあいだにはさまざまな形態が介在している。

東ヨーロッパの旧世界で支配的だった二つの言説、それぞれ、時として境界を定めるのも分類するのも難しい数多くのさまざまな形態をとる二つの言説は、最近まで区別することができた。ひとつは共産主義イデオロギーと関係があり、このイデオロギーと完全に一致するか、あるいはその「変形」に対してある程度距離を置いていた。もう一方は西欧社会の中心で拝金主義とさまざまな形で結びついた。両者は釣りあいがとれていなかった。今は前にもましてそうである。そのうちのいくつかの言葉の影響から完全に逃れることは容易ではなかった。

紋切型はひとつだけではない。

ツァラトゥストラは「純粋な眼差しをもち誠実に話す」人間を探したが無駄だった。今度は私たちが新制度下でそれを待ち望んでいる。「旧」時代には言葉は借りものだった。このような借金は百害あって一利なしだ。

白海と黒海およびバルト海からアドリア海への航海や、ロシア、ベラルーシ、ウクライナを旅をしたときに、私は、共産主義崩壊後作成された、あるいは作りなおされた、国家元首たちの演説をそれが値する以上に注意深く聞いた。二十世紀末にも紋切型は生き残り抵抗している。東ヨーロッパでこれほど変わらないものを私はほかに見たことがない。

しかしこの幽霊はもうひとつのヨーロッパに出没するだけではないのだ。

中央ヨーロッパの幻想

四十年以上ものあいだ、ヨーロッパの中央部分は境界線によって分断され、いわゆる東側諸国は西ヨーロッパから切り離されていた。第二次世界大戦とその後の冷戦が引いたこの線は、地理的というよりむしろ政治的で、文化的というよりイデオロギーによる境界線だった。ソ連の支配からの解放、特に、一九六八年のプラハ占領以降の屈辱的状態からの脱出、それが、「誘拐されたヨーロッパ」とその特性をめぐってくり広げられる論争の主たるモチーフとなった。この「ロシアとドイツに挟まれた、小民族の集まる不安定な地域」（クンデラ）に関心が集中した。しかし、この話題は東ヨーロッパでは「反体制的」とみなされた。まどろむ〈中央ヨーロッパ〉、私たちの夢のなかの眠れる森の美女は王子のキスを待ったが、王子はなかなか現れなかった。

とうとう王子はやってきた。しかし彼に美女を目覚めさせる力はなかったのだ。

中央ヨーロッパの国々は昔から、政治的な問題に対して、文化だけでは解決できないのに、あえて文化のなかで考えようとする習慣がある。しかしこうした議論は、実際には一種の挑発にとどまり、この「海のない大陸」の性質について、歴史があれほど何度も引きなおし、もつれさせた境界線の性質について真剣に考えることにはならなかった。ハプスブルク帝国のほうがソ連の全体主義よりはるかにましだった。帝国のオーストリア側とハンガリー側に分かれて昔からくり返されてきた争い、オーストリア人とハンガリー人、その両者とクロアティア人、それぞれの間でかつて起こった衝突、ウィーンと「他の首都」との競争、それらが突然歴史から除かれ、忘れ去られたのだ。そこでは過ぎ去った快適な日々の思い出が蜃気楼となって沈鬱な現在と輝きのほとんどない未来を覆っていた。当時の私は、議論のゆくえを危うくする場当たりの判断に対しては慎重な姿勢を示しつつも、このような議論に参加するのは有益だと思った。中央ヨーロッパの表明は望ましいことであり、それが反ソ的態度を示すはけ口となったのも当然だった。しかし、この二つを混同することはできなかった。前世紀のロシア文学とソ連の戦車とのあいだには何の共通点もなかったからである。

　ミラン・クンデラは攻撃的な激しい語調でエッセイ『誘拐されたヨーロッパ、あるいは中央ヨーロッパの悲劇』（一九八四年）を著した。「今日、中央ヨーロッパは、小国オーストリアをのぞいて、みな、ソ連に隷属している。そのオーストリアも必然的にというよりはたまたま運良く独立を確保したのであり、中央ヨーロッパの風土から遠ざけられて、その特性の一部を失い、まったく取るに足らぬ国となってしまった」。この亡命チェコ人作家の意見に他の作家たちがすぐに同調した。「ウィーンの近代性」に関するいくつもの展覧会が西欧のあちこちの首都で開催され、これに並行して豪華なカタログや雑誌の特別号が発行された。こうした状況のなか、さまざまな時代の埋もれていた数多くの本が発掘され、出版された。このようにしてかき集められた資料からは、表現主義の詩と絵画、音楽、建築、言語学、社会民主主義、精神分析、天井装飾などがつぎつぎと再発見され、〈一九〇〇年代の芸術〉、〈ゼツェッション〉といった名前で呼ばれた。

この発見は人々の好奇心を刺激し、たんなる流行にとどまらない高まりを見せた。突然甦った世界を目の当たりにした人々のなかには、今まで見誤っていたことを後悔する人もいた。この世界に対してそれまで漠然と後ろめたさを感じてはいたのだ。そもそも、対抗心から、ハプスブルク帝国を崩壊させて、帝国が体現していたこの「中央」ヨーロッパ（Zwischeneuropa）の輝きを失わせたのは、ヨーロッパの旧列強諸国――フランスやイギリスのような古参の民主主義国家と帝政ロシア――ではなかったのだろうか。しかし、この後悔も――後悔したとしてだが――表面的なものだったようだ。

中央ヨーロッパに関する言説は東西関係をめぐる些細な事柄だけに単純化されてしまうおそれがあった。次第に現在の政治に従属するようになったのである。それゆえ、この問題をよく知る知識人の何人かは早々に手を引いてしまった。ペーター・ハントケ（当時はまだユーゴスラヴィア内にあったスロヴェニアのヴィレニツァで私は彼に会ったことがある）は中央ヨーロッパに対して否定的態度をとり、彼を支持していた多くのスロヴェニア人やクロアティア人を失望させた。彼は鋭い皮肉を込めてこう語る。「中央ヨーロッパ。それは私にとっては気候を表す概念でしかないのだ。ユリースケ・アルプスを歩きまわって私はそう思った。アルプスの南に立ち、山頂にかかる雲を見て、私には中央ヨーロッパが裏側にあるひとつの国のように思われた。そこは雨が降り、霧に覆われているのだ。私は自分に言い聞かせたものだ。ほら、おまえは北からやってきてここにいる、カルストの高原には風が吹き、太陽が輝き、松や無花果の木が生えている……中央ヨーロッパ――イデオロギー的な意味で私がこの語を用いることはけっしてないだろう――この言葉は気候風土と結びついたものなのだ」。スロヴェニア人の母をもち、ドイツ語を使うこの作家は、オーストリアを離れパリに移住するよう促してきたものすべてに対して、こう言ってけりをつけたのである。

共産主義体制下で「反体制派」として扱われたギオルギー・コンラードは、中央ヨーロッパに「避けることのできないしぶとい怪物」がいるのを見てとった。これなくしては中央ヨーロッパの大都市も「鉄道の終着駅や国境の町、さらには前線の町のようなもの」になってしまう。ユダヤ人の血を引くこのハンガリー人作家は、世界のこの地域にもユダヤ人が暮らしていたことを忘れてはいなかった。共産主義に反対する彼には、彼から自由を奪う東ヨーロッパが容認できなかったのだった。

同様にダニロ・キシュも、旧ユーゴスラヴィアで今にも戦闘を始めようとしている民族主義に対して嫌悪をあらわにしていた。ユダヤ人、モンテネグロ人両方の血を引く彼は「自分の国籍はユーゴスラヴィア人」だと明言し、民族主義にアイデンティティを求める人々の嘆きに疑念を呈するエッセイを書いている。「これほど多くの民族文化と多様な言語に覆われ、さまざまな要素からなるこの広大な地域全体を、今日ひとつの同じまとまりと見るようになったのは、特に、相違点には目をつむり、類似点を際だたせるという、ある種の簡略化の結果であろう。ところが民族主義者は正反対のプロセスをとった。彼らは類似を無視し、相違ばかりを強調したのだ」。キシュのいくつもの作品に登場する人物E．S．はホロコーストの犠牲者だった。子供の頃ハンガリーに逃れたキシュは中央ヨーロッパのこの地域を覆った執拗なユダヤ人排斥運動に苦しめられた。

拙著『ミロスラフ・クルレジャとの対話』に収録した対談のひとつで、オーストリア゠ハンガリー帝国統治下のまだアグラムと呼ばれていたザグレブで一八九三年に生まれたこのクロアティア人作家に、青年時代の〈中央ヨーロッパ〉についてどう思うか、また、そこで自分をどのように位置づけていたのか、と私は尋ねた。彼の答は（対談は一九六八年に行われた）少しも曖昧なところのないものだったが、苦渋に満ちていた。「地理的、人口統計学的に言うならば中央ヨーロッパというアマルガムは、私にとって、美的な面では、中央アメリカ、中央アジア、中央アフリカといった複合体と同様、文学的見地からは何の意味もないものと思われる概念で、特殊な世界ではない。〈中央ヨーロッパ〉の統合をめぐってナウマンが好んで用いた表現は、あるときは（今世紀初頭の汎ゲルマン主義、あるいはオーストリア帝国主義の）政治的口実として使われ、あるときは、スペインにオーストリアの王朝が築かれた時代にまで遡るような過去への甘美なノスタルジーとして使われた。〈アランフェスの素晴らしき日々は過ぎ去った……〉という具合である。しかしカフカ、リルケ、ムージルらの作品が残っている」。

クルレジャは自分を「豪華な四輪馬車に繋がれてた駄馬」のように思い、クロアティア人とスラヴ人の視点からカカニを「民族の牢獄」と見なした。私は、たがいにかなり性格の異なった借家人たちが、ときとして窮屈な思いをしながらも、不満を抑えて一緒に住む「共同住宅」のイメージを描いて見せたが、彼はこれをまったく認めず、これについてなかなか話しあおうとはしなかった。一方、クンデラは、クルレジャとは違い、オーストリア＝ハンガリー帝国崩壊後に生まれ、一九六八年をプラハで経験した世代だった。彼はソ連軍によって占領された祖国から脱出しなければならなかったのだ。

これらのケースでは、それぞれが、遠まわりをしつつも個人的には問題に決着をつけている。ヤロスラフ・ハシェクなら「シラミのわいた歴史」のヴィジョンと、反帝国主義の消極的抵抗を象徴する「勇敢な兵士シュヴェイク」を通じて、中央ヨーロッパについてどう考えただろうか。おそらく彼の考えはクンデラはもちろんクルレジャの考えとも大きく異なっていただろう。一九一四年のオーストリアと中央ヨーロッパ全体とを同時に狙ったガヴリロ・プリンツィプの銃弾は南スラヴ民族とその統合の名のもとに発射されたのだ。

旧ユーゴスラヴィアの西側、クロアティアとスロヴェニアでは、特に七〇年代以降、中央ヨーロッパの主張はすべて、連邦からの分離を画策するものと当局から見なされた。一方セルビアでは、ユーゴスラヴィア統一を見なおす機会として中央ヨーロッパをとらえていた。文化の領域で次第に勢力を拡大する分離独立派と徐々に力を失ってゆく政治官僚のどちらにも反対する人々は、孤軍奮闘していた。(私やキシュやその他多くの「よそ者」の場合がこれにあたる)。一九八五年、リュブリャナで、国民的作家イヴァン・ツァンカル(今世紀初頭、彼は反ハプスブルク帝国派だった)の名をとった建物を本部会場としてスロヴェニア文化に関する大会議が開かれた。そこで行われた討論は反ユーゴスラヴィア色が非常に強い中央ヨーロッパ的傾向をとったので、私は会議から退席することにした。この会場で私が最後に耳にした言葉は次のようなものだった。「我々スロヴェニア人は、死ぬときはもうひとりではない。中央ヨーロッパという漠然とした名をもち、トリエステからバルト海にいたるいささか均整のとれていないこの地域全体も道連れとなるからだ。クロアティア人も、チェコ人も、スロヴァキア人も、ハンガリー人も、ポーランド人も、おそらくはバヴァリア人も含めて、中央ヨーロッパの文化によって深く特徴づけられたすべての国家と民族も我々とともに死ぬだろう。もう我々だけでは死なない。中央ヨーロッパの他の民族よりも数が多く、したがってより多くの危険にさらされ、死体焼却炉の煙と消えたこの地域のユダヤ人も一緒だ」。

崩壊前のソ連で、他のどの民族よりも隷属的だった「ロシア民族」の死についても同じような話を聞いたことがある。今から思えば間違っていたようだが、こうしたやりかたで歴史にとり組む姿勢に私は反対し、七〇年代にソ連を旅行したときには、帝政ロシア滅亡の原因となったもので今のロシアを生き返らせることはできないと私はくり返したものだ。それは――当然、相違はあるが――中央ヨーロッパにも当てはまる。ハプスブルク帝国のスラヴ人は、もし先祖が嫌っていたものを受けいれるなら、自分たちのもっとも深い伝統を否定しなければならなくなるだろう。民族主義者たちは超国家的な共同体に統合されることをけっして承知しないだろう、とダニロ・キシュは語っていた。複数の国家と複数の文化を含む中央ヨーロッパという思想が当時の地方主義者や分離独立派のイデオロギーとまったく相いれないのは明らかだと私たちには思われた。このような判断をあえて公表する者は、たとえ控え目に述べたとしても、どの民族からも裏切り者と見なされたのだった。

ついにベルリンの壁が崩れた。中央ヨーロッパとその統一という幻想も消滅した。旧東ヨーロッパの作家たちはより自由に表現する権利を手に入れた。以下の意見は、彼らと出会ったときに私が書きとめたものと、彼らの出版物（『オートゥルマン』誌、パリ、一九九一年、参照）から集めたものである。「中央ヨーロッパはなくなるだろう。なぜなら、民族主義がいたるところで勝利を収めるからだ」と、かつて名高い反体制派だった哲学者ギオルギー・ベンスは指摘する。「中央ヨーロッパは少数派を守る権利法典をまず作らねばならない」――こう呼びかけたのは、やはり哲学者でブタペスト新自由民主主義者同盟を率いるヤノス・キシュである。「中央ヨーロッパは知識人にとっては旅まわりのサーカスだ」とウイーンのヨゼフ・ハスリンガーは皮肉をこめて語る。「現実と言うよりはむしろイデオロギーで、数年前は、共産主義の境界線をねじ曲げようとした保守派の試みと重なっていた」と彼は説明する。同郷のギオルギー・ベンスはもっと辛辣だ。「中央ヨーロッパは悪趣味な政治と切っても切れない関係にある」。

「東と西はどこでも会える。出会いの場としてウィーンのような都市はもはや必要ない」と、ガリツィア生まれのユダヤ人作家ペテル・シクロフスキーは判断する。ドイツの週刊誌『デア・シュピーゲル』の特派員マルティン・ポラックによれば「ユダヤ人がいなくなって中央ヨーロッパも終わった」という。「中央ヨーロッパの文学は我々中央ヨーロッパの作家の空想だ」と述べたのは、スロヴァキアでは少数派にあたるハンガリー人の知識人ラヨス・グレンデルだ。ポーランド人スタニスラフ・バランチャックは、それでもなおもあえて「精神の王国」としての中央ヨーロッパを擁護した数少ないひとりだった。また、最近亡くなったアンドレイ・クスニエヴィッチは、もっとも節度ある態度でこれに協力したひとりだ。彼にとって「中央ヨーロッパの思い出」が残っているのは文化の次元だけだったのだ。私は中央ヨーロッパを、古い比喩を使って、耳を当てるといにしえの微かな波音がたえず聞こえる貝殻にたとえることが何度もあった。「歴史の汽車」(奇妙な喩えだが)はもうほとんどこの駅に止まることはない。ベルリンの壁崩壊の数年前には想像もできなかったこのような繰り言はこれぐらいにしよう。

国民の大半がナチズムを支持していたのに、第二次世界大戦終結直後から「ナチズムの最初の犠牲者」を自称したオーストリアに対して向けられた非難を誰も忘れてはいない。「権力も名声も捨てて昔を懐かしむ」わずかの人々を除いて、中央ヨーロッパに関する計画を実行しようとまじめに考える者はもはや誰もいなかった。いくつかの書類だけが官庁によって作成された。オーストリア政府にはヨーロッパ規模の政策を実行するだけの度量も技能もなかった。その文化は大部分が古風で型にはまっており、その文学はよく知られていない。

ウイーンは魅力の多くを失った。オーストリア人は隣国のゲルマン人たちと違いを明示できずにいる（ドイツ系スイス人はこの点でまったく別である）。選択肢の大半は歴史によって退けられるか、政治によって破棄された。多民族国家や国民国家、〈連邦国家〉や〈上部国家〉、メッテルニヒのオーストリア構想やビスマルクの汎ゲルマン的ヴィジョン、さらに最近では中立や同調政策がそれである。どんな〈共同住宅〉もこの「陸に囲まれた島」では計画されなかった。「ドナウの鍋」はもはや新たなアイデンティティの出現を目にすることはなく、既存のアイデンティティもはっきり示すのに苦労している。

中央ヨーロッパは自分自身の姿に縛られているわけでもないのだが、みずからの特殊性を意識できるのも国境線の内側でだけだ。それらの構成要素は、真の「歴史的主題」としてよりも「歴史の逸脱」として受けとられている。中央ヨーロッパはアイデンティティの確立をほとんど記憶に頼っている。その過程で、過去の見直しが困難だということが明らかになる。（最近では、クルト・ワルトハイムがオーストリア大統領に選ばれたことがその例だ。ほかにもクロアティア、ガリツィア、スロヴァキア、スロヴェニアでいくつも例が挙げられる。）

オーストリアが地域にかかわるいくつかの紆余曲折（アルペン＝アドリア問題、五ヵ国問題、六ヵ国問題）ののち、完全な権利を得てEUに加盟できるように必要な手続きを組みたてた人々には、こうした事情が理解できたはずだ。多くの市民はこの選択を支持し、「ハプスブルク帝国の神話」に背を向けた。こうしていくつかの希望は裏切られたが、結局その希望自体が偽物でしかなかったのだ。

ヨーロッパでは、ヨーロッパ文明を普遍的な文明と混同する傾向が高い。中央ヨーロッパに対して、それまで限られた機会に一部しか与えられなかった特権を認めようという考えは、同じ意識に由来するものだ。新大陸から来た賢者（ボルヘス）が描いて見せたものは、まさしく、もはや存在しない中心、あるいはそこが中心だと考えられているからこそ存在する中心だった。これはとりもなおさずヨーロッパのことだが、それにもまして中央ヨーロッパにも当てはまることだ。

〈中央ヨーロッパ〉の新たな信奉者たちが今も育みつづけている古いユートピアは、中央ヨーロッパに身を置く批評家が書く――憤慨の程度は同じだがまったく逆の意味をもつ――もっと現実的な判断と突き合わせねばならないだろう。祖国の解放を見る前に早世したハンガリー人の政治思想家イシュトヴァン・ビボは、今世紀中に彼が観察することのできた、「中央ヨーロッパと東ヨーロッパの小国の悲惨」の莫大な日録を作成した。私は彼の診断をところどころ補ってみたが、彼が捉えた中央ヨーロッパと東ヨーロッパの国々の現状は、共産主義崩壊後も変わっていないように思われる。「民族主義の偏狭で攻撃的な性格」は、「当事者の民族がたがいに抱く嫌悪感」あるいは「非常識で理解しがたい」言語論争や突飛で子供っぽい「時代遅れの発想」を伴った「知的活動の範囲を狭めてしまう共同体のヒステリー」と同様、さまざまな形をとって今また現われている。加えて、いつになっても「現実感覚に欠ける傾向」があり、「要求を主張し特権に頼ろう」と躍起になっている。さまざまな不平と相互非難があり、「もっぱら国家の意に従った」公の場のデモが行われ、「共同体の生活を飲みこむ」混乱した理論と哲学が出現し、「間違ったカテゴリーにもとづく、混沌とした雄弁と思想」、「ヨーロッパの抱える諸々の大問題に対する無責任」、「表象を特に好む上品ぶった見せかけの姿」があり、そして当然の結果として、「個人の解放を伴わない国家主義による国家の横どり」が生じているのだ。

語調は厳しいが、こうした告発はゆえなきものではなく、ヨーロッパの中心をとりまく国々でたえず確認されていることなのだ。「時として共同体のほぼ全域におよぶこの混乱」、緊急に扱うべきこの混乱について触れると、イシュトヴァン・ビボはユダヤ人なのかと私は何度も尋ねられた。その場しのぎの論拠にもとづいて最近中央ヨーロッパの擁護を始めた人々には、ビボが列挙した数々の特徴は考慮の対象にならなかったのである。
（批判的な書き方をしたが、私はヨーロッパのこの部分が擁護する価値がないと言っているわけではない。）

*

文化の境界線の問題は一般に中心と周縁の問題に結びついている。中央ヨーロッパには厳密な意味で中心がない。たしかにウイーンがあるが、プラハ、ブダペスト、ミュンヘン、チューリッヒもまた中心である。「中心は周縁にある」。この機知に富んだ言葉は、オーストリア＝ハンガリー帝国とその統一の熱心な支持者だったユダヤ人の小説家ヨーゼフ・ロートのものだ。いかにも中央ヨーロッパらしい場所はほかにも、ウイーンとブダペストからザグレブ、ノヴィ・サード、ベオグラード、サラエヴォへと伸びる回廊地帯、大陸とつながったヴェネト州の一部、ルウォウからオデッサに伸びる海岸線などたくさんある。ブカレストも中央ヨーロッパ、さらにはその先のパリと繋がっている。ブラスティラヴァ、クラクフ、そして「北のエルサレム」ヴィルニュスでさえ中央ヨーロッパから除くことはできない。ベルリンは首都としてではなく、間違いなくまったく別の形で中心となっている。チェスワフ・ミウォシュはヨーロッパの中心にいつまでも交わることのない二つの軸を見る。「私が特にアメリカでその考えを広めた中央ヨーロッパなるものは二つの大きな集合体からなる。南ではかつてのハプスブルク帝国がそれであり、北ではポーランドからリトアニアにいたるイギリス連邦の遺産およびロシア帝国がそれであった。それぞれは違った伝統をもっている。それゆえ中央ヨーロッパにははっきり異なった二つの地域があるのだ」。それらは本来の意味での中央ヨーロッパと比喩的な意味での中央ヨーロッパなのだろうか。

ある見地からすれば、かつての中央ヨーロッパはアドリア海まで広がっていたことになる。トリエステ、リエカ（フィウメ）、ハプスブルク家のかつての保養地、オパティヤ（アバズィア）、ヴェネツィアのリド島、先のバルカン戦争で被害を受けたドゥブロヴニク市外の一部もこれに含まれる。地中海を抜きにして中央ヨーロッパの境界線は考えにくい。海岸のなかにはたしかに地中海的でない場所もあるが、沿岸部は滑らかに内陸部へと続いている。カトリックとプロテスタントの対立という形でヨーロッパの特徴が現れている北部では、線状の変化に代わって「必要に応じて変わる」段階的な変化が認められる。ハンブルグ、アムステルダム、コペンハーゲンにはウイーンだけでなく、ミュンヘンやチューリッヒとも共通した部分がある。中央ヨーロッパはガリツィア、ウクライナ、パンノニアにも入りこみ、ドナウ川の流れに沿ってルーマニアにまで達している。

中央ヨーロッパがどこで終わるのか、誰にもはっきりしたことは言えないのだ。

ハプスブルク家の中央集権制にもかかわらず、〈中央ヨーロッパ〉にはいくつもの中心があった。地理的にはヨーロッパ大陸の中心に位置していても、そこはヨーロッパの真の中心ではなかった。主としてオーストリア的あるいはオーストリア＝ハンガリー的ではあるが、ここには他の地域的、民族的、文化的要素が集まっている。ウイーンはヨーロッパを魅了し、ひとつにまとめあげようとしたにもかかわらず、独自の位置を占める首都だった。しばしば引用されるカール・クラウスの言葉を用いるなら「破壊の実験室」だった。ヨーロッパの中心には、表には現れてこない求心性の願望と中央集権を嫌う反民族主義的傾向があった。これほど連邦制に関心を抱いた地域はほかにない。ハプスブルク帝国の社会民主主義者たちはその教義でレーニンやマサリクを育てたのである。

ユダヤ人はこの「不安定な地域」で触媒の役割を果たした。カフカ、フロイト、マーラー、ヨーゼフ・ロート、ヴィトゲンシュタイン、クラウス、ズヴェーヴォ、サーバ、ホフマンスタール、カウツキー、オットー・バウアー、ほかにも幾多の例が挙げられよう。民族主義を恐れてその国に同化する者もいれば、自分たちの相違点を守りつづけようとする者もいた。みな、イデオロギーに変化した民族文化によって、地方主義の小国よりも統一国家や共通文化の脅威に対抗しようとしたのである。しかし、中央ヨーロッパにおける民族を越えた文化に果たしたユダヤ人の貢献だけではカカニのなかで決定的に分裂したままのものをふたたび結びつけることはできなかった。

中央ヨーロッパの特殊性はまず文化面でいくつかの特徴として見てとれる。他の地域で発展したものとは異なる古いゴシック様式、散発的に遅れて出現したルネサンス、他の地域よりも豊かな独特のバロック、文学、美術よりもつねに優位にある音楽、宗教改革と反宗教改革の変遷の痕跡が刻まれた宗教芸術、中流ブルジョワ階級の風俗を反映したビーダーマイヤー様式、絵画と建築におけるゼツェッションやユーゲントシュティルの作品群、ヨーロッパ絵画の頂点に達した表現主義、いろいろな様式が入り交じり創意工夫に富んだ料理法、洗練度では文句のない生活術などがそれだ。

中央ヨーロッパの文学だと言いきれる文学はあるのだろうか。この答にはためらいを感じる。中央ヨーロッパに、熱心な支持者たちに囲まれた大作家が何人もいることは否定できない。彼らの作品の特徴のなかには、おたがいによく似ていて、関連があるものもある。共有の分割できない遺産となっているのだ。題材に境界を引くことはできない。

しばしば忘れられているひとつの分割線を、このさい示しておいたほうがよいだろう。「ヤギエロの盾」と呼ばれたもので、最初はバルト海からアドリア海にかけて引かれたカトリックの古い境界線である。起源はおそらくカロリング朝に遡り、〈キリスト教世界〉を表すヨーロッパをおおむね含んでいる。ドイツ司教団の助けを借りて教皇選挙会議がポーランド人のヴォイチワ枢機卿を教皇に選出したとき、新教皇は〈突き出た門〉(Ostra Brama)に言及し、北に張り出したカトリックの岬とたとえた。事情に通じた人々は、教皇が中央ヨーロッパのいくつかの伝統を再評価してくれるだろうと考えた。ガリツィアのギリシア・カトリックの大司教ヨシフ・スリピイ、ポーランドとリトアニアの首座司教ステファノ・ヴィシンスキ、プラハの大司教ヨーゼフ・ベラン、ハンガリーの枢機卿ヨーゼフ・ミントセンティ、トランシルヴァニアの司教アロン・マルトン、クロアティアの大司教でのちに枢機卿になったアロイシウス・ステピナッツなど、カトリック教会の高位聖職者と枢機卿たちが共産主義と対決しなければならなかったのはまさにその点だったからだ。彼らのうちの何人かは第二次世界大戦中に「対独協力者」と見なされる行いをした人物である(スリピイ、ステピナッツ)。ほかにも保守的民族主義を主張する者(ミントセンティ)もいればレジスタンスに加わった者もいる(辺境軍付の司祭だったヴィシンスキ、ベランもそうだ)。これら聖職者とそれぞれの責任に対してどのような眼差しを向けるにせよ、彼らが反共産主義の姿勢を示したことは認めざるをえない。彼らはチャーチルやドゴールとは違い、ファシズムに対抗するために共産主義と同盟を結ぶようなことはできなかった。この地域ではよく知られた聖職者至上主義の古い伝統と結びついていると思われるこのような厳格さは、中央ヨーロッパおよび東ヨーロッパの政府と教会との関係に影響を与えた。ローマ・カトリックと東方正教会とのあいだでふたたび対立が生じるとき、この分割線は無視できなくなるだろう。

〈中央ヨーロッパ〉は「すべてとその反対を意味する」両義的な言葉である、と『ドナウ川』の著者は複雑な思いで述べる。クラウディオ・マグリスは、中央ヨーロッパを扱う時にはいつも、歴史的にどの時代を参照しているのか明示するよう示唆している。実際、たがいに補完的でありながら相反する特徴、個性と分析に向かう傾向、「哲学の大系と統一的な綜合に対立する意志」、言語学的事象のもつ特別な意味、歴史の不安や進歩の曖昧さに対する独特な感覚、中心と周縁が及ぼす影響、「世界史の原動力」あるいは変化の「基礎原理」に関する問題提起、自我の危機、批評とパロディーを好み、時には反乱までも好む性質、これらが中央ヨーロッパの多様性を表している。もっとも、こうした特徴はどれほどまで一般化できるかわからないが。

〈中央ヨーロッパ〉に関する論議はまだ終わってはいない。今後は文化よりも政治の分野で議論が深まるだろうが、それこそ用心しなければいけないところだ。冷戦の後遺症、不安定なポスト共産主義、未完成のアイデンティティと民族意識のいらだち、隣国が行使する新たな覇権に対する不安と無力感、自己形成しようとする国家の性質と国家がふたたび明示するイデオロギーの性質、バルカン半島で燃えあがり、周囲に拡大する恐れのある国家間や民族間の紛争、これらすべての要因は過去と現在両方の世界と関係する。すなわち「旧世界」の問題なのだ。中央ヨーロッパが、時としてノスタルジックな思い出に耽り、昔の伝統に新たな輝きを与える準備の整っていない中央ヨーロッパを脅かす地方主義に困難な闘いを挑んだとしても驚くことはない。

中央ヨーロッパと東ヨーロッパを構成する国々は、今のところ、自身の再組織化あるいは延命策に躍起になりすぎているようだ。これらの国の運命はまず第一に、ヨーロッパ自体に、そこで結ばれる西と東、北と南の関係にかかっている。EUが地盤を固めようとしているときに、我らの先駆者たちが擁護したいくつかの思想を思い出しておくのも悪くない。あるものは今でも新鮮だ。「ヨーロッパは真摯になるのだろうか、ならないのだろうか……ヨーロッパは文学的であるよりも科学的に、芸術的であるよりも知的になるだろう。我々の多くにとってこの教えは過酷なものとなるだろう」。第二次世界大戦に拡大する以前、ヨーロッパで限定的な戦争が始まる直前に書かれた『ヨーロッパ民族への演説』でジュリアン・バンダはこう語って、私たちを叱責する。今日でもこのような警告は語調を少し変えたり、同じ精神を保ちつつもさらに補足して伝えることができよう。将来のヨーロッパはヨーロッパ中心主義をこれまで以上に改め、植民地時代のヨーロッパがそうした以上に第三世界に目を向けるべきである。また、民族主義のヨーロッパより利己的であってはならないし、自覚を新たにしてアメリカ追随を避けるべきであろう。いつか近い将来、ヨーロッパが商業よりも文化に重点を置き、共同体内だけではなく世界にも広く目を向け、傲慢な態度を改めて相手に理解を示し、高慢でなく寛容になるよう期待する、要するに、顔のない資本主義でなく〈人間の顔をした社会主義〉(旧東ヨーロッパの反体制派が用いていた意味で)を望むのは現実離れしているのかもしれない。

中央ヨーロッパはやはりヨーロッパそれ自身の一部なのである。

民族文化と国家イデオロギー

この章の大部分は旧ユーゴスラヴィアの分裂以前に書いたものである。以下に述べるような考察が、加速する情勢の変化の方向を変えられると信じるほど、当時の私は無邪気ではなかった。私の意図はもっと控えめで、さまざまな民族のなかでそれぞれの〈民族文化〉になかば神話的な意味と影響を与えていた人々に注意を促すことだった。

起こるべくして起きた出来事から、民族文化の一部が否応なく国家イデオロギーに変貌すること、つまり、民族文化がイデオロギーとして機能し、こんなふうに政治と結びつくことが前よりもよくわかるようになった。さまざまなデモ、アピール、宣言、反対決議、暗い記憶の〈覚書〉、あらゆる種類の多くの著作がこれを証言している。

このイデオロギーはつねに、民族固有の文化がもつ侵すべからざる権利に頼って自己を正当化する。純粋な状態の民族を仮定するわけである。こうした考えはユーゴスラヴィアの紛争を予告していたし、その前提となった均質性が民族浄化の思想および行動と結びついたことは否定できない。

民族文化はそれが固有の一文化だという限りで意味がある。しかしこの原則はあらゆる場合に当てはまるわけではない。自分たちの文化は他の民族の文化よりも価値があると考える民族もいる。特殊性や帰属がそれ自体価値のあることと見なされるのである。価値の階梯はしきたりや利害に応じて決まり、イデオロギーにとって格好の場所となる。

＊

民族文化の概念は民族の概念と切り離せない。それは民族ごとに異なり、同じ民族においてもその発展と形態と段階によって多様である。なかでも二つの重要な要因が民族文化の定義を分ける。ひとつは、前世紀から受けついだ、民族の伝統的概念にある程度密接に結びついた考え方（民族は国家を統一し生成する機能を与えられたまったく均質のものという考え方）で、もうひとつは、民族共同体の内部にある社会的・文化的矛盾を考慮に入れる考え方である。

民族文化という観念は比較的新しいものだ。十九世紀がそれをおごそかに二十世紀に伝えた。ルネサンスから啓蒙思想の時代までヨーロッパ文化は自由奔放に普遍的あるいは国際的な規範を求めていた。基礎としてあるいは知の枠組みとして考えられていたギリシア・ローマの古典文化との関係を探ったり、比較したりするだけでなく、個々の文化に関する独自の考察が加わった。しばしば文化の特殊性がすなわち民族性だと考えられた。

この点については、普通、ヘルダーと文化の多様性に関する彼の思想、ゲーテがヨーロッパの文学区分に対して唱えた〈世界文学〉のようなよく知られたいくつかの例をあげることになっている。スタール夫人は民族性と世界に開かれた伝統を両立させようと努めて「諸民族はたがいに案内役を務めねばならず、出しあうことのできる知恵を使わないのは間違っていよう」と語った。今ではほとんど忘れられているが、ヘルダーリーンは十九世紀初頭に友人に宛てた手紙に「民族に関することを自由に扱うのは学ぶのがもっとも難しいことだ（一八〇一年十二月四日）」という今日の状況を予感しているかのような考えを記している。

フランス大革命初期の演説家やジャーナリストの文章を見ると、民族に関する言説と社会に関する言説はしばしば不可分なままになっている。新たな考え方で民族をとらえる多くの言葉が用いられ、〈祖国〉も、〈フランス〉も、〈国民〉も、〈市民〉も、〈共和国〉も同様に革命のメッセージを担った。サンキュロットと、特に、社会の周縁に生活する一部の人々の言説は社会階層を意識した口調をとった。執政政府時代と帝政期、ナポレオンの宣言や勅令の特徴はその両義性にあった。一方では（一貫性のある）民族的帝国主義の表明であり、他方、大革命それ自体に由来するいくつかの思想を簡略化した総覧でもあるからだ。民族に関する言説と社会に関する言説とのあいだの亀裂は次第に大きくなり、ナポレオンの失脚後は誰が見ても明らかなものとなった。時代の流れに沿ってこの変化をたどるのは簡単だ。十九世紀初頭の数十年間のイデオロギーの対立にこの特徴が現れている。保守的な思想がふたたび出現し、「百科全書」の後継者である〈イデオローグ〉と争ったことからもそれがわかる。

ヨーロッパの中心で、いくつもの〈民族国家〉とそれぞれの文化が形成された。文化の発展は、集まった民族の統一の度合い、すなわち、固有の国家をもつかもたないかに左右された。ヘーゲルによれば、国家をもたない民族には歴史の舞台に登場する道が開かれていなかった。他国の支配を受けないヨーロッパの民族国家では、国家組織が民族文化を中央に集め、統制下におこうと試みた。文化と教育に関する制度が定められ、主導権を握ろうとするさまざまな力を、個人的なものも集団的なものもひとつに結びつけるのに役立った。文化の大部分は民族国家の要求に適合するが、周縁に属することの多いある種の集団や個人はこれからこぼれてしまう傾向がある。

民族文化は民族や国民（この二つの概念は長いあいだどちらを使っても差はなかった）の過去を問いなおす。民族文化は祖国愛を高揚させ、共同体が進める企てを奨励する。民族文化の機能に適した典型的な言説を見わけるのは簡単だ。創造的な文化の一部は、ただひとつの民族性に還元しようという民族文化に抵抗する。たとえば、ヴィクトル・ユゴーは「ひとつの民族としてのヨーロッパ」を説き、スタンダールにとって「民族的感情は人間の本性に反する」ものであった。バイロンは自国と絶縁し、ヨーロッパに属する作家となった。プーシキンによれば、国籍は――外から見ると――「悪徳」に似ているという。フローベールのような〈純粋芸術〉の信奉者にとって、芸術作品は「祖国をもたない」。この考え方は『共産党宣言』で示された「労働者は祖国をもたない」というマルクスのそれに近いものだ。ところが、政治の前衛と芸術の前衛とのこのような類似は、スターリン派の「マルクス主義者」によって隠されてしまった。〈芸術至上主義〉が出現した根本的理由のひとつは、民族文化のなかの実利的働き、すなわち、国家、特に民族国家を支える出資者への奉仕を拒否することにあった。

独自の国家をもたない民族の文化には、特別な場合を除いて、このようなふるまいは不可能だった。分割あるいは占領され、政治活動の範囲が限られているこの地では、民族文化は解放闘争の道具となり、民族の要求や意志の表現となる。「自由のための文化」――十八世紀末、統一以前のドイツでフィヒテが用いた言葉――が中央ヨーロッパの隷属させられた諸民族のもとで、なかでもオーストリアに隷属していたスラヴ民族のもとでふたたび姿を現した。民族文化の構成要素である文学は、愛国詩、歴史小説、総史、ドイツ語やスラヴ諸語で〈評論〉(die Publizistik あるいは Publicistika)と呼ばれているようなさまざまな形式のジャーナリズムなど、それぞれが果たすべき役割に合わせてその方法――ジャンルと言説、レトリック、文体――に変化をもたせた。

民族固有の言語の確立は文化的にも政治的にも重要なテーマのひとつである。民族国家は言語の問題を、問題が提起された場で、言語への影響力を保ちながら解決しようと努める。〈国語〉の問題は、特に、自己のアイデンティティを求め、統一を果たそうとする民族においては決定的な意味をもつ。青年の民族主義運動は――〈若きドイツ〉、〈若きイタリア〉、〈若きポーランド〉、〈若きチェコ〉、さらには〈若きボスニア〉にいたるまで――それぞれ基本綱領を定めている。十九世紀のイデオロギーの潮流は、次第に民族主義化し、啓蒙思想家たちが活用した、普遍主義、世界主義、寛容といった思想から離れていった。

〈若きドイツ〉では、十九世紀に〈傾向〉あるいは〈傾向文学〉と言われる考え方が出現した。それは中央ヨーロッパと東ヨーロッパ、とりわけ独立と統一のために闘っている民族の民族文学に取りいれられた。ハイネが揶揄した〈傾向〉文学はその後〈社会的〉性格をもつようになり、第二、第三インターナショナルの前後で社会主義や共産主義のために闘う作家たちの標語となる。

十八世紀から十九世紀にかけて生じたヨーロッパにおけるイデオロギーの変化は、たしかにフィヒテの作品にも反映している。啓蒙思想の弟子、フランス大革命の支持者として彼はまず「普遍主義の見地からいかにして人間を規定するか」(人間の使命)について考えた。『ドイツ国民に告ぐ』(一八〇八年)――ヨーロッパの思想家が国民に向けて直接に問いかけた最初の重要な著作――では、力点は「ドイツらしさ」、「祖国愛」、「国民教育」に移る。十九世紀全般を通じて文化はその起源や所属、民族的感情や民族への献身を強調する。文化を語る言説の語彙は月並みなものとなり、わずかな紋切型に限定されてしまう。その文章は愛国的行為（民族のための文章）と見なされやすく、作家はしばしば思想の擁護者に変貌する。真の民衆的叙事詩人は稀で、いたとしても正しく理解されることはない。弟子たちや信奉者たちの一団がこれにとって代わり、あるいはこれを模倣する。もっとも純粋なロマン主義は大衆に対する嫌悪と断絶の意志をもち出す。

〈民族の性格〉、民族の〈精神〉や〈魂〉といったロマン主義的（あるいはポスト・ロマン主義的）概念はいつも正確さに欠けた。民族や民族文化の概念はそれ自体、たんなる前提である以上にそのものが問題となる。〈アイデンティティ〉という語は、広く使われるようになったが、その定義をひとつに絞ることはできない。民族文化のアイデンティティは民族のアイデンティティから導きだせるものではない。民族主義はそれを気にかけることもなく、忘れさせようと努めもしたため、この点に関して多くの警告が発せられた。「人間はすべて、単一の存在ではなく複数の存在をうちに含むもの……自立したいくつもの存在の集まりだ」とゲーテはすでに指摘しているが、このことは文化についても当てはまる。ニーチェにも同様の言及があった（『デモクリトスに関する覚書』「個人各自は自分自身のうちに無数の個人をもっている」）。

「ひとつとして同じものはない」、ローマの英知はすでにこう記していた。

民族主義には、自分と異なるアイデンティティのひとつひとつが脅威と感じられた。民族主義のイデオロギーは相違の概念を特殊性という観念に置き換えた。また、民族国家を市民国家であるかのように扱い、本来の市民国家を踏みにじった。そのうえ、民族主義を生む国家と、かつて国家の建設に貢献した民族主義とを区別しようとはしない。

民族のアイデンティティは、ブルガリアの若い哲学者がバルカン半島について認めているように、「一種の試練、ひとつの区切り、あるいは傷として、時が善へと変えてしまうわざわいの跡」に組みこまれ、もっともひどい失敗でも集団の記憶のなかでは一種の誇りとなるほどだ。しばしば慢性的で、遺伝的な場合もあるこのような〈アイデンティティの病〉は、特に「遅れてやってきた民族」、歴史の舞台に登場するまでに長い年月を必要とした民族がかかる病である。この感染症は「旧」世界で猛威を振るっている。未来を前にして、不安が過去の恐怖を煽りたてているのだ。

このように形成されるイデオロギーは民族を人間の一属性と見なすのを妨げ、民族を人間そのものとして描きだす。その民族であるかどうかが市民であるかどうかの決め手となるのだ。それがもっとも極端な形で現れたのが「民族浄化」である。このような非妥協的保守主義に従うのを拒み、民族文化のなかに新たな市民文化を形成すること、それは人類がまっさきに行わねばならない仕事のひとつである。

民族文化は、その形成の途中で、先行するさまざまな文化、たとえば、民衆の文化やヒューマニズムの文化、民間に伝わる文化や学問的な文化をとり入れ、本来の意味を変えたり、現実の基盤から切り離したりしながら、それをモデルや型に合わせて加工する。これによって、民族や民族国家の方針に合わない郷土文化、地方文化、あるいは周縁の文化はたびたび強制的に排除された（さまざまな民族的伝統や少数言語や方言がヨーロッパで失われ、新大陸でも現地の文化の多くが消滅した）。こうした行為は現代でも残っている。ある種の民族文化が占める世界は――あるときは感じとれぬほど秘かに、あるときは公然と――純然たる民族イデオロギーに変化する。自治権や違いを主張する権利の要求が、結局はさまざまな形の地方主義や排除を容認することになる。

国家をもたぬいくつかの古い民族の文化が「イデオロギー化」した領域では、執拗な欲望や拡大への意志が表れている民族主義的言説の残滓がファシストの言説を生み出したり、助長したりした。なかでも、遅ればせながら民族国家となったイタリアやドイツにおけるファシズムの登場は、この現象から説明がつく。このことは、程度の差はあれ、ハンガリー、スロヴァキア、クロアティア、ウクライナ、ルーマニア、ブルガリアなど中央ヨーロッパや東ヨーロッパの諸国にも当てはまることである。ゴンブローヴィチはこれについて、攻撃的な精神状態にある民族文化自体の一種の「未熟さ」を指摘している。

「精神はそれが民族的だというだけの理由で特別視されるのだろうか」。この問いはアントーニオ・グラムシからなされたものだ。「民族の性格は特殊性の第一段階だ」。文化の創造者はその文化のなかで「ふたたび特殊化されるが、この二度目の特殊化は最初の特殊化の延長ではない」。民族主義は文化に対して、特別な民族的義務を「存続させる」よう要求し、そのかわりにさまざまな形でそうした義務を支援する。さきに取りあげた、〈特殊性〉と〈価値〉の区別に関する問題が生じるのは、まさしくこのような状況でだ。特殊性は、それがそのような形で明確に現れ、確認されれば、価値となりうる。限られた範囲の文化は同じく限られた価値の階梯を生み、その階梯は独自に文化を位置づけ、他の文化の上へと持ち上げる。民族文化の目録や年譜は意図と実行、計画と作業のあいだの違いを低く見積もる傾向がある。

民族解放運動の戦いは固有の文化の重要性を浮き彫りにしてきたが、そのさいに問題になるのは、長い間隷属状態におかれてきた民衆のアイデンティティや記憶を保持すること、意識を目覚めさせ、まさに明確にされようとしている民族としてのまとまりを刺激することだ。フランツ・ファノンは

『地に呪われたる者』で民族文化の新たな定義を提示したが、これはアフリカの新生国家だけにとどまらず広く当てはめることができる。「民族文化とは抽象的なポピュリスムが民衆の真実を発見したと思ったあの民間伝承ではない。目の前の現実から次第に離れてゆく見せかけだけが堆積したあの塊ではない。民族文化は、民衆が自己を形成し、維持してきた活動を描写し、正当化し、歌いあげるために思想の次元で民衆が行った努力の総体である」。このような解放運動の実践のなかでも、広くは「第三世界」の解放された民衆においても、先頃ヨーロッパで見られたような、地域によっては今でも起こっているような現象が認められた。すなわち、文化が伝統とアイデンティティの保護に長年役立ってきたところでは、民族文化が伝統の墨守や民族主義の元となるおそれがあるのだ。民族文化がほとんど唯一の文化となり、宗教さえ国家の管理下におこうとする国はなんと不幸なことだろう。

古くからある「定住」と、より近代的な「無国籍」感（ハイデガーによれば「世界の宿命」となったこの〈故郷喪失〉のどちらを選ぶかを迫られて、文化は世界的な規模でかなりの部分が引き裂かれている。〈世界文化〉という概念はそれ自体、画一化の危険をはらんでいる。文化人類学者クロード・レヴィ＝ストロースは、現代文化の効果的な綜合の可能性について考察しながら「世界文明とは、それぞれが独創性を保持した文化が世界的なレベルで団結することでしかないだろう」と指摘する。

民族のアイデンティティは消滅する運命にあるわけではないが、他の民族に自分を押しつけることのない、幾多のアイデンティティのなかのひとつとなるのが望ましい。いわゆる富裕な国では、文化のなかで生活様式が問われ、〈いかに生きるべきか〉という問いかけがなされている。一方、地上の大部分を占める貧しい世界では〈いかに生き残るか〉が問題となっている。これらの問いに対して、それぞれの民族文化はおのおの違った形で答えを出し、さまざまな方法で個人あるいは集団の責務と言説を定めている。

「他者に対するさらなる責任」と「他者に対する配慮」（レヴィナス）を唱え、おずおずと道を開いて行く新たな倫理は、今日では、寛容であるが、現実離れしているようにも思われる。民族文化のなかに、変貌してゆく民族主義に対抗してそれに代わる道徳的で市民的な文化を形成することは、まだはかない願いにすぎない。かつてヒューマニズムは、文化が私たちをたがいに近づけ、相手をよりよく理解させてくれるにちがいないということを教えてくれた。ところが、新しい理論は、将来「文化が人類の分裂の大きな原因と抗争の主因になり、そのせいで異なった文明に属する民族が争うことになろう」と予告している。このような予想は、本来の意味での文化と、文化のなかでも主体性を失いイデオロギーに変化する部分をはっきり区別していない。本来の文化からもっとも大きく隔たって、ついには人命を奪うほど破壊的になるのは、文化のなかでもこのイデオロギーに変化した部分なのである。

民族文化の経験は別の文化の特性をつねに自由に受けいれるものでもないし、それと完全に通じあえるわけでもない。その集中の度合いもまた形態の多様性や機能の他律性によって限定されている。いくつかの特徴は外面的な分析や価値付与では捉えられない。民族文化は民族自体と同様に、すぐ隣の民族とは無関係なことが多い独自の基準を定める。

ある種の交流からひき出された教訓、内的な相互の連絡網を備えた複数の多民族文化の存在は、数々の伝統的な考え方に反している。近代は同じ民族文化を土台としながら、大きく異なり、たがいに対立さえするさまざまな文化の表現が出現しうることを教えてくれた。世界は、ユダヤ、ラテン・アメリカ、ロシア、アルメニア、クルド、ポーランド、旧ユーゴスラヴィアそのほかで、さまざまな原因から生じた民族の移動、離散、〈分離〉の例をいくつも示した。悲痛な原因から生まれ、深刻な結果を生むのがほとんどのこの現象はあらゆる種類の自給自足体制、地理上の領土と固有の文化とのあらゆる種類の適合に関する多くの紋切型の再検討を促している。

民族統一の実現とともに文学はそれが生まれた民族のなかでそれまで働かせてきたはずの「機能」のいくつかを失う。文学は潜在的にはより自由になり、形式と言説のより幅広い能力を発揮する。「作家の役割」は——形成あるいは解放される民族の雄弁な擁護者として——しばしば大きく変化する。今日では、〈民族的政治参加〉とそれに対する抵抗感のあいだで論争が生じている。というのも、そのような政治参加がまったく別のものとなって、国家、特に民族国家、民族イデオロギーさらにはイデオロギーそのものに対する隷属状態に陥りかねないという意識があるからだ。ジョイスは『ユリシーズ』を書くためにアイルランドを去らねばならなかった。両面性をもち、あまりにも拘束力のある民族主義に対して、彼は反感をあらわにしていた。

いくつかの国では、民族イデオロギーの命令に反対しても、もはや重大な危険はなくなっているが、そのほかの国ではなお、危険をはらんでいるのである。

戦争と記憶

残酷で耐えがたい光景が私たちの目の前でくり広げられているが、私たちはそれを見るのに慣れてしまった。旧ユーゴスラヴィアでは、二十万人以上が命を落とし、二百万人以上が住み慣れた土地を離れて国外に亡命した。街も村も廃墟と化し、橋や建物、学校や病院が爆撃を受け、砲撃で破壊された。寺院や記念建造物は徹底的に破壊され、汚された。暴力と拷問、あらゆる種類の破廉恥な行為と侮辱、強制収容所と民族浄化、集団虐殺と文化的殺戮、「都市殺し」と「記憶殺し」が横行し、無数の人々が、手足を失い、身を引き裂かれる思いをした。人々が受けた苦しみは言い尽くせない。

サラエヴォはレニングラードの悲しい記録を更新した。第二次世界大戦のなかでももっとも長い攻囲戦となったあの悲劇と栄光の九百日を越えたのだ。私がこれを書いているとき（一九九五年）、サラエヴォ市民は包囲された都市で三度目の冬を過ごしている。サラエヴォの冬は厳しい。墓地と化した公園には暖をとるために切るべき木ももはやない。食糧、水、電気、ガス、すべてが欠乏している。市民の身体は疲れはて、心は打ちのめされている。この内戦のさなか、彼らのもとで過ごしたさいに私はそうした彼らの姿を見てきた。彼らもはじめはヨーロッパが助けに来てくれるものと信じていた。

そのヨーロッパと世界の無気力や無関心と戦っていたのは、まだ一年前のことだ。しかし、彼ら自身もとうとう無関心になり、現在と未来を前にして抵抗を諦めた。これは最悪の状態である。私は前線の兵士のことを言っているのではない。サラエヴォ市民のことなのだ。

戦争のひとつひとつの局面やそれにかかわった人々を画一的に評価することはできない。はじめ、スロヴェニアとクロアティアが攻撃されたとき、それは民族あるいは共和国間の争いでだったが、連邦制、自治、分離独立といったユーゴスラヴィア連邦やその政体に関するさまざまな考え方の問題だった。ところがセルビア人とモンテネグロ人によるボスニア侵攻、さらに、クロアティア人によるヘルツェゴヴィナ侵攻は民族間の内戦の様相を呈した。キリスト教内の分裂、およびキリスト教とイスラームの対立を特徴とするこの地域では、宗教の対立が過去に潜在的な嫌悪を生んでいた。この戦争は宗教戦争でもあり、そのことを人々は隠したがっていたのである。

第二次大戦中にすでに国土を血まみれにしてきた争い、国家、民族、市民、宗教その他をめぐってくり広げられたあの抗争がふたたび爪痕を残した。今回の戦争も一部は、以前の戦争の延長上にある。チェトニクとウスタシャが、狂信的なイデオロギーとともによみがえり、殺戮を行った。共通の歴史と生活は耐えがたい思い出を消し去ってはいなかった。それは国家転覆をもくろむかのように地下に長く潜っていたが、突然息を吹きかえした。封じこめにくく、おそらくはもっとも危険な——たがいに対立し、和解しえない記憶——怨恨の戦いの様相を呈しているのだ。

戦争は当事者の性格によっても決まるが、当事者は時を追って変化した。比較的被害の少なかったスロヴェニアへの介入（「オペレッタ戦争」と呼ばれた）のさいには、国内の旧体制下で優遇された特権階級の利益しか守ろうとしない人々の傍らで、いわゆる「ユーゴスラヴィア」軍のなかにはユーゴスラヴィア連邦を守ろうと切に願う士官や兵士たちがいた。戦争が拡大するにつれて、クロアティア人とスロヴェニア人の軍人はこの「ユーゴスラヴィア」軍から排除された。ボスニア＝ヘルツェゴヴィナにはもはやムスリム系ボスニア人もアルバニア人もハンガリー人もそのほかの少数民族も見あたらなくなった。侵略者たちは熱狂していたので、司令官と同じ幻想を抱いていないセルビア人やモンテネグロ人の士官たちもまた軍から追放された。（彼らのなかには自殺したものもいる。）このように軍隊の構成は変化した。多数の犯罪者を新兵として補充した「軍隊式の」部隊が、軍に入りこんできた。こうしたあらゆる純化の結果、「ユーゴスラヴィア人民軍」は、もはやかつてのような、レジスタンスから生まれ、はじめはあらゆる国籍の人間と少数民族が陣営を構成していた軍隊からほど遠いものとなってしまった。

三十年代には国際義勇軍の兵士たちが自由を守るためにスペインで志願兵となった。今世紀末には、「安全地帯」あるいは利害の絡む地域を守るという困難の多い任務が、傭兵にも近い職業軍人に託されている。近年のクウェートでの戦闘では、この軍隊がかなり迅速で効果的に働いた。しかし、ボスニアに石油は出ない。

ヨーロッパ大陸で、あるいは他の地域でも、これまでの戦争の犠牲者の大部分は戦場で命を落とした人々だった。ところが今や割合は逆転した。都市の市民が主たる標的となり、市民の犠牲者数は兵士の死者の十倍になった。強盗、マフィア、〈恐喝〉が今日の戦争の大きな特徴となりつつある。ここボスニアでは物事の定義は骨の折れる仕事で、ときとして無益なものとなっている。

伝達手段はそれが情報を把握するのにどれほど適していても、それによって出来事をあらゆる次元で特定するのは難しくなってきている。旧ユーゴスラヴィアに関して、特に外国で発せられた言葉の曖昧さはこの点に由来する。クラウセヴィッツはこの困難について警告を発したが、それは今日でもまったく色あせていない。「あらゆる部分で念入りに復元されなかった出来事は、あまりに遠くから見たものと同じだ。どこから見ても同じ姿で、各部分の配置がわからなくなる……歴史的事件を証拠として利用するためにそれを復元し、過去から呼び戻すことは容易ではない」。旧ユーゴスラヴィアで、特にボスニア゠ヘルツェゴヴィナで起きた出来事の本当の性質を定義しようとするとき、この困難はしばしばなおざりにされる。共産主義と民族主義の紋切型を使って国内に流されたプロパガンダは、最初から、故意にねじ曲げて「復元された」出来事を「証拠として用いていた」。外国から様子をうかがっていた多くの人々が用いたどちらの意味ともとれる言葉は、侵略する者とされる者、包囲する者とされる者、虐殺者と犠牲者の区別を曖昧にし、制裁と軍事介入、対話と交渉、すなわち〈罪と罰〉をとり違えていた。

誰がもっとも多くの罪を犯したか、誰が最初の強制収容所を開いたか、あるいは誰が「民族浄化」を推進したかといった周知のことをくり返す必要はなかろう。南スラヴ民族の歴史で、先の紛争時のクロアティア人や第二次大戦時のセルビア人以上にもっとも血を流し、もっとも苦しんだのがボスニア゠ヘルツェゴヴィナであることはたしかだ。戦争の一時期、セルビアとクロアティアから大量に押しよせた偏ったプロパガンダは、ムスリム系ボスニア人はすべて「原理主義者」か「教条主義者」で「キリスト教ヨーロッパの中心にあるイスラームの脅威」だと語った。最初の数十万人の犠牲者とそれに続く第二の犠牲者の多くはこの嘘を否定しきれなかった人々である。百万の人々が故郷を離れ難民となっただけではない。さらに百万の人々が不幸に見まわれねばならなかったのだ。シャンティッチ（原注：アレクサ・シャンティッチ、セルビア人の詩人、一九二四年モスタル没。オスマン帝国が崩壊し、最初のユーゴスラヴィア連邦が建設された後、ボスニア＝ヘルツェゴヴィナのムスリム系住民にトルコへ移住しないよう懇願した。）のようにムスリム系住民の国外脱出を前にして、大声で「ここに残れ！」と叫ぶ者は誰もいなかった。しかし、叫んだとしても、無駄だっただろう。ここにとどまろうと決心した粗忽者はすぐに犠牲者となったからである。この叙事詩人を記念して建てられた記念碑は破壊され、憤怒は墓をも暴いた。バルカン半島と中央ヨーロッパの知識人たちは、多くの場合、伝統にこだわるか、欲求不満に陥るかのどちらかで、民族よりも人間としての価値を重んずる者はごくわずかだった。そのようなことは人々には裏切り行為と受けとられたのである。

このような悲劇を前にして、非力な代表者と多くの無能な役人を従え、私たちの世界の変化に対応できない国連に関しては、何をか言わんやである。冷戦の虜となったままのNATO、別のヨーロッパのことなどほとんど気にかけないEU、サーカスの熊のようになる危険を冒してまで旧ソ連の役割をふたたび演じようとするロシア、矛盾した不条理な任務を負わされた――戦争しかないところで「平和を維持する」軍隊――国連平和維持軍、大国の露骨なあらゆる駆け引きとその利害についても同様である。停戦は何度も破られ、合意はつねに覆され、交渉は揶揄され、交渉委員は笑い者にされ、国際的決議は無視され、あるいはねじ曲げられ、人道的輸送隊はそれ自体復讐心と殺戮心の標的となったのだ。この受難の道はヴコヴァル、スレブレニツァ、ジェパ、ゴラジュデ、モスタル、ビハーチを通り、ゴルゴダの丘へ、すなわち、セルビアの拷問具で三年以上にわたって打ちのめされたサラエヴォへと続く。

（これでもまだ足りないだろうか。）

多民族、多文化からなるボスニア＝ヘルツェゴヴィナは致命傷を負い、それとともに、民族と文化の複数性が可能で保障される世界への私たちの信頼もひどく傷つけられた。事なかれ主義と無関心が暴力と蛮行に力を与えた。弔鐘は鳴っているが、私たちのためにあるいは私たちの名のもとに断を下さねばならない人々の良心には響かない。

ヨーロッパはボスニアで降伏した。各国政府は責任を認めず、たがいに転嫁しあった。マーストリヒトは道徳的にはサラエヴォに屈服した。私たちの基本的な価値と原則は踏みにじられ、私たちの尊厳は卑しめられた。過去にそういうことがあったように、たとえ砂漠にいるとしても、このような屈辱を受けても、私たちは怒りの叫びをあげるしかないのだ。

＊

こう告白するには後ろめたさがないわけではないが、もはやユーゴスラヴィア連邦が灰のなかから再生できるとは思われない。猛り狂った民族主義に従うのを断り、その意志に隷属するのを拒否するのなら、このような災厄を目のあたりにして作家には何ができるのだろうか。それは、書くこと、立場をはっきりさせること以外にない。少なくとも、それは、今まで私が、書いたものが与える効果を過信することなく努めて行ってきたことで、私はもう別の方法で戦える年齢ではない。戦争がその兆しを見せはじめたばかりの、一九九〇年夏、私はベオグラードでスロボダン・ミロシェヴィチを攻撃する文章を首尾良く出版した。私には彼が害悪の主たる仕掛人、非常に力をもった妄想狂に思えたのだ。「今日なら、あなたは辞職するだけでまだ体面は保てる。しかし、明日になると、それではもはや十分ではなくなる。あなたには自殺するしか道はなくなるだろう」。自殺しても足りなかっただろう。私はまず、セルビア人の友人の多くを失った。彼らのあるものは「兄弟を見捨てる」のを望まず、またある者は別の口実を見つけ、彼らの国家元首とその盲目的な信奉者から押しつけられた政治から離れようとしないのだった。

私は、ドゥブロヴニクが爆撃を受け、ヴコヴァルが破壊されているあいだ、フランソワ・ミッテランに公開書簡を送り、今後、「何万、何十万の人々が死なないように、多くの財産が無にならないように」策を施してほしいと懇願した。彼には返事を書く時間がなかった。しかし、翌年ミッテランは、サラエヴォを訪れ、惨状を見た。このとき私は、攻撃を受けて傷ついたクロアティアを擁護していたが、セルビアとその暴君たちの政治とを同一視してはしなかった。また、オマルスカ、マニャチャ、オジャク、ツェルスカ、トルノポリエといったセルビアの強制収容所での虐殺の告発もしていた。また、ヘルツェゴヴィナのクロアティア人がドレテリ、リュブシュキ、ガベラや、メジュゴリエの聖母の聖域から遠くないヘリポートに同じような収容所を作ったときには、今度は躊躇なくクロアティア人を告発した。モスタルの古い橋が破壊されたとき、この野蛮な行為に反対する文章を書き、クロアティア大統領にその職を辞するよう求めた。それこそが彼がまずなすべきことだった。（その間に、私はすでにフランス、続いてイタリアに移住していた。「アジールと亡命の間」に立つことが、もっとも危険が少ないと私には思われた。それは逃避でもあったが、おそらく他の人々よりは正当化できるものであろう。）

「文芸ジャーナリズム」に反対し、態度を保留しながらも、ヨーロッパの新聞にどれほど多くの文章を発表したことだろう。「失敗をとり繕おうとしつづける状況では、ときとして、辞任することが有益で尊敬に値することもある」と書いて、国連やNATOやヨーロッパの無気力と、ガリ国連事務総長の無能力と傲慢さを告発したのは一度に限ったことではない。事務総長から返事はもらえなかったし、彼に対して辞任を求めた私の論文の掲載を拒否する新聞もあった。「共犯にも等しい倦怠感」（これは最近出版したなかの一編の題名である）をどうすれば揺るがすことができるのかと私は考えた。文筆活動を始めたときから私が味わっていること、すなわち、私たちのペンはどれほど弱く、それを操る者はどれほど無力かということを、また認めるしかなかった。（こう気づいたのは私が最初ではないし、もちろん最後でもない。）

不可解な戦争とその根底にある不鮮明な記憶とのあいだの複雑な関係を、私はふたたび観察することができた。地理が何世紀も前から歴史に挑んできた領域、たえずたがいに反目、対立している特別な境界地帯でこの悲劇は起きた。これら出来事のひとつひとつと歴史が認めえなかった他の多くの出来事は痕跡を残し、それもしばしば消せないものとなっている。第二次大戦中、ナチスによって創設された、クロアティア独立政府を標榜するウスタシャはセルビア人住民の多くを虐殺した。チェトニクはボスニア東部のムスリム系スラヴ人を皆殺しにした。少数のウスタシャとなんの関係もない大多数のクロアティア人が、何年ものあいだ、恥辱にまみれた同胞の罪を償わねばならなかった。

これらの記憶のどれもが不幸なものである。これらはすべて同時にそれぞれの民族や宗教のなかに生きつづけている。今回の戦争は部分的には以前の戦争の続きなのだが、どの当事者もそのことを認めようとはしない。おのおのが何かの理由をつけて相手を非難し、自己を正当化する。敗北までも祝おうとするセルビア人の外向的精神、クロアティア人、スロヴェニア人その他、何世紀も支配されて隷属状態にあった旧ユーゴスラヴィアの諸民族の欲求不満などがその理由である。こうした暴力によって決着がつけられることの多い多角形は、歴史がしばしば必要とするものだが、それが（たとえばポスト共産主義の長い道のりのように、新たな段階を開くためのものにすぎないにせよ）逆説的なことに、もっとも開放的でもっとももリベラルな共産主義国に存在したというのだろうか。

私は三年以上をサラエヴォで暮らした。何度そこに戻ってきたことだろう。学生時代の最初の論文を発表したのもここだ。生まれ故郷のモスタルと同様、東洋と西洋が手に手を取りあうこの都市のことを知っているつもりだ。ボスニア＝ヘルツェゴヴィナは全体として、たがいの類似点よりも相違点が目立つような地域であるが、なおかつたがいによく似たものの集まった地域である。その過去はさまざまなリズムを刻んだ。多くの出来事があわただしく連続して起こった時代もあれば、時間がゆったりと流れていった時代もあった。市民は何世紀ものあいだ歴史の陰で暮らしてきた。ヨーロッパはそこで割れ、地中海は分裂した。この地域では、補完と対立、統一への傾向と分裂への傾向がかわるがわる現れた。詩的表現が、建築と伝統工芸、墓碑と墓碑銘、信仰と異端、語りと歌と生活様式といったさまざまな形を取って、過去と現在を結びつけた。しかし残念ながらこの絆は何によっても断ち切ることのできない強力なものではなかった。

今回の戦争はとりわけ、作家と芸術家を分裂させた。彼らの多くは、苦しむボスニアに背を向けて、ベオグラードとザグレブでそれぞれの民族に合流した。良心的な者たちのなかには力の続く限りボスニアにとどまった者もいた。他の者たちは、家族と子供を救うためにやむなく国を離れなければならなかったが、それでも故郷を襲った悲劇の証言者でありつづけた。私たちは彼らの悲痛な苦しみの声を聞くことができた。私は、できる限りこの声を、古いものも新しいものも、国境の向こうに伝えようと試みた。

どうなっても自分の都市を離れようとはしない作家のグループが、手榴弾が飛びかうなか、多国籍のペンクラブ協会を結成した。目立たぬものだったが、彼らが行ったことは覚えておく価値がある。

すなわち、優れた詩人が何人か、包囲された都市の公園で、自分たちの著書を焼いたのだ。この非常に象徴的なマニフェストは、ナチスが「有害」図書を火刑台に投げこんだ一九三三年の示威行動の逆である。ナチスの焚書が創作家に対する権力の行使であったのに対し、彼らの行為は、反対に、虐殺者の危険を放置している権力に対して創作家みずからが示した挑戦だった。

ボスニア出身の友人や同僚（彼らムスリムのなかにはイスラームの教えを信じる者もいれば信じない者もいる）のことを、モスタルで、続いてサラエヴォで彼らとともに過ごした日々のことを私は前よりもよく考えるようになった。私は、しばしばそれと気づかぬうちに、彼らが経験しなければならなかったアイデンティティに対する不安の証人となった。七〇年代の初め、旧ユーゴスラヴィアで〈民族としてのムスリム〉が公認されてから（おそらくチトーの個人的なイニシアチブによるものだろう）、ムスリムという名称でイスラームだということだけを示している人々と、宗教とは関係なくセルビア人、クロアティア人、さらには他の南スラヴ人たちとの民族的な違いをこの名称で表明する人々との分裂が混迷と誤解の源になった。かつて彼らは、特に最初のユーゴスラヴィア連邦建国（一九一八年）以来、ある時は南スラヴ人側に引きこまれ、ある時は言語と出身が同じだという理由でクロアティア人側に取りこまれた。このようにどちらにつくべきかで分裂したままの彼らはときにはみずからを「選択すべき民族なし」とか、たんに「ユーゴスラヴィア人」と称した。ボスニア生まれでムスリム出身の今世紀最大の詩人の一人マク・ディジァールはクロアティア人でありたいと願ったが、最高の散文家で彼と同時代を生きたメフメド・メシャ・セリモヴィチは、自分はセルビア人だと語った。セリモヴィチは、その小説『回教修道僧《デルヴィシュ》と死』でイスラーム化したスラヴ人が経験したこの帰属と特殊性のドラマを誰よりもよく物語った。「我々は自民族から切り離され、他の民族に受けいれられることもなかった。急流が突然流れから切り離した分流のように、流れだす水源も流れこむ河口もないまま、湖となるにはあまりに小さく、砂に吸いこまれるにはあまりに大きな塊と同じだった。我々の生まれに由来する言いあらわしようのない屈辱感と、改宗に伴う罪悪感に、我々はあえて後ろを振り返る勇気もなく、前を見すえることもできない」。

セルビア人の歴史家の大半は、ムスリムはかつてセルビア人だったと考えていたが、クロアティアの歴史書ではムスリムをクロアティア人の系列に入れている。第二次大戦中、パヴェリチ率いるウスタシャの政府はムスリムを取りこみ、同化させるために彼らが「クロアティアらしさの最たるもの」だと主張した。ご都合主義の学者のなかには、パタリ派やカタリ派に近い異端の「ボゴミール派」にすでに帰依していた南スラヴ人から彼らが生まれたと証明するのに躍起になった者もいた。この理論は結局一度も説得力のある論拠を示せなかった。

このような不安は何世代にもわたって知識人を襲った。サラエヴォとその悲劇について考えると、ミドハト・ベギチの魅力的な顔が目に浮かぶ。彼は鋭敏なエッセイストで宗教色のない知識人、伝統的イスラームの家に生まれた不可知論者で、ムスリムについて最初に語った人物だ。「ユーゴスラヴィア連邦の中心のボスニア＝ヘルツェゴヴィナには、名前さえあれば国家を形成できる重要な民族がいる」と七〇年代の初めに彼は書いている。「ムスリムであること、それは自分自身を意識することだが、しばしば不満感を伴うものだ……自分はボスニア人だといいながら、ムスリムは民族的にはけっしてボスニア＝ヘルツェゴヴィナに属しえなかった。ユダヤ人以外のどんな民族とも異なり、ムスリムのアイデンティティは国籍ではなく宗教によって決まった。ボスニア＝ヘルツェゴヴィナに住むムスリムの作家にとってこれは無の感覚となって現れる。セルビア人やクロアティア人といった他の民族集団に加わっても、また、ヨーロッパ文明の様式に従っても、この重大な問題の解決にはならなかった」。

兄弟が殺しあうこの戦火で壊滅した直後のサラエヴォ国立図書館のアトリウムでメフメド・セリモヴィチとミドハト・ベギチに会ったときのことが思い出される。オーストリア＝ハンガリー帝国がバルカン半島での存在を誇示するために建てた新ムーア様式のこの独特の建物にはアラブ、トルコ、スラヴなど東方の貴重な文献資料が納められていた。その損失は測り知れない。地中海の対岸、アレクサンドリアにあったもうひとつの図書館の炎上を思いおこさせる。スペインから逃れた地中海系ユダヤ人が十五、十六世紀にゲットーのないこの都市に持ちこんだ文書は一部救い出された。サラエヴォの誇りであり、ヘブライ文化のもっとも美しい記念碑的作品のひとつでもある有名な『ハガダー』は、第二次大戦ではレジスタンスによってナチスの略奪から守られたが、今回もこれを守る人々の努力のおかげで救われた。この図書館の室内では多くのイスラーム知識人とすれ違いながら、彼らが秘かに抱いていたこの「不満」、今日これほど多くの嫌悪を生みだしているあの〈アイデンティティの病〉とはまったく違う心の動揺に私は気づかなかったのだ。私たちが共有するヨーロッパの歴史では、特別な価値を明らかにし認めさせるためにときとして悲劇が必要になるのだ。

ボスニア＝ヘルツェゴヴィナの悲劇がそれを物語っている。

ボスニア人は自分たちが受けた苦しみを忘れることも許すこともできない。虐殺者に対する敵意や復讐心を抑えることができるだろうか。それは容易なことではなかろう。しかし、それはおそらく嫌な記憶を払いのける唯一の方法なのだ。旧ユーゴスラヴィアの人々は、離ればなれになろうとも、歴史から与えられた地域で暮らさざるをえない。彼らの暮らせる場所は他のどこにもないのだ。彼らを迎えいれる土地を誰も差しだすことはできない。第二次大戦とレジスタンス運動のさなかでも友愛の精神をもちつづけることができた私たちの先輩を手本とすることが役に立つのだろうか。この道はふたたび見つけるのが難しい。共通の経験は重大な危険にさらされている。

どうやら国際司法裁判所は戦争犯罪人を裁くことになるらしい。今や「旧」世界となった国で作られた政府が罪人をひき渡すとは考えにくい。まず、権力を握っている政府を倒す必要がある。このことはあえて言っておかねばなるまい。民族も個人も離れていてもみな、影響を受けることになるだろうから。

どうやって復讐心を和らげたらよいのだろう。これはこれから始めねばならない大きな議論のもっとも重要な問題である。ボスニアと旧ユーゴスラヴィアの構成国すべての未来はそれにかかっている。

この国はもっと良い運命をもつべきだったのだ。

＊

一九九六年初頭、デイトンで定められ、パリで調印された和平合意の後に書いた文章をつけ加えておく。EUがストラスブールやブリュッセルでできなかったことをアメリカはオハイオでなし遂げた。休戦協定を承諾させたところだ。「冷たい平和」が、おそらく戦争そのものと同じくらい残酷な戦後が始まる。

ボスニア＝ヘルツェゴヴィナを存続させるための文言は前代未聞のもので、恐れていたとおり、長期的には維持できないものだ。この共和国は「国際的に認知された国境線のなかに」セルビア人勢力を含まねばならない。彼らこそ戦犯の命令に従ってボスニア＝ヘルツェゴヴィナの統一を破壊した張本人である。また、「ヘルツェグ・ボスナ」のクロアティア人が最近ボスニア＝ヘルツェゴヴィナを攻撃しているにもかかわらず、クロアティア・ボスニア連邦も形成しなければならないのだ。

今回の戦争には勝者も敗者もない。いたるところに犠牲者が残されただけだ。なかでも飛びぬけて数が多いのはボスニア人である。セルビアはその歴史上最大の道徳的敗北を喫した。クロアティアは独立を勝ちとったが、世界世論の信頼も同情も得られなかった。

ボスニアの公平な分割などありえない。なぜなら、唯一公平な判断とはボスニアを分割しないことだからだ。しかしミロシェヴィチもトゥジマンもそうは考えていない。この「終戦」の後には「ジャッカルのように弱者にたかる」(この言葉はボスニアで話されていたものだ)者が出てくるだろう。おのおの、獲得できない領土にさらに手を伸ばそうとしていた。もっとも価値のない者がもっとも多くを領有しているのだ。かくして「世界の新秩序」は進行する。良識はこれに屈服し、諦めてこれを受けいれる。

ひとつの旧世界の歴史はこのようにして書かれるのである。

悲嘆に暮れる地中海

それでもなお、私は地中海をめぐる航海を続けている。どの寄港地でも、この海がどれほど悲嘆に暮れているか、私は認めざるをえなかった。つらい思いの混じる郷愁の念を抱きつつ私は地中海の海岸、港、島々を眺めている。

地中海が見せる姿は心落ちつかせるものからほど遠い。事実、北部沿岸地方はヨーロッパ北部に比べていくらか遅れているし、南部沿岸地方はそれよりさらに遅れている。地中海全体は、北も南も、ヨーロッパ大陸との関係を保つのに苦労している。そのうえ、パレスチナ、レバノン、キプロス、マグレブ、バルカン、旧ユーゴスラヴィアなど、地中海を分ける断層、引き裂く紛争を考慮せずに、この海を真の〈集合体〉と見なすことができるだろうか。地中海もまた、〈旧〉世界の運命を担っているようだ。

ヨーロッパの統一は地中海とは関係なくなされてきた。それは「ヨーロッパの揺り籠」から切り離されたヨーロッパである。人間ならば子供時代や青年時代を欠いて成長したようなものだ。これに対する説明は、平凡、あるいは同じことのくり返しで、とても聞く人を納得させられる代物ではない。地中海の現在や未来を見つめる北の物差しは南の物差しと一致しない。地中海の北岸は対岸とは異なった意識、別の考え方をしている。今日、地中海沿岸地方で共通しているのは不満だけである。ますますこの海そのものが、地中海から大西洋へと広がる境界線、ヨーロッパをアフリカと小アジアから隔てる境界線のようになっている。

地中海の運命にかかわる決定が、しばしば地中海の外で、あるいは地中海を抜きにしてなされた。その結果、ある時は欲求不満が、ある時は幻想が生まれた。地中海の眺望を前にして歓喜することも稀になり、あっても控え目になった。郷愁は美術や文学によって表現される。細分化が集中に勝る。歴史的ペシミズムは以前から間近にその兆しが現れている。

どのようなペシミズムであれ、地中海の良識ある人々は不安を感じ、ときには団結してきた。その要求は、この数十年間にいくつものプランやプログラムを生みだした。アテネとマルセイユの憲章、バルセロナとジェノバの協約、「二〇二五年をめどに」地中海の将来を計画する地中海アクション・プラン（PAM）とソフィア＝アンティポリス「ブルー・プラン」、ナポリ、マルタ、チュニス、スプリト、マヨルカのパルマ、その他の都市で発表された宣言などがそれである。ある種の政府委員会や国際組織から刺激を受け、あるいは支持されてやる気を出した人々の称えるべき惜しみない努力は、ごくわずかな成果しか生まなかった。未来を展望するこの種の言葉は今ではあらゆる信頼を失いつつある。海に面した国々は海洋政策の基礎しかもっておらず、それによって、共同政策の代わりとなる個別の態度表明を調整できるのはまれである。

地中海はひとつの状況として現れ、計画となることはない。北岸は場合によってはヨーロッパのプログラムのなかに現れる。しかし、南岸は、植民地主義が終わっても、地中海政策に組みこまれず留保されたままだ。たしかに両岸とも、経済学者の広げる地図よりも戦略家の用いる地図の上でより重要な意味をもつ。

海峡となったこの「始まりの海」について、すなわちその統一と分裂、その均質性と差異については言い尽くされてきた。地中海が「即自の現実」でも「定数項」でもないことは昔から知られている。地中海の全体はいくつかの部分集合からなり、それが統一を目指す思想に立ち向かい、あるいはそれを覆す。歴史や政治の観念が社会や文化の観念にとって代わり、双方が一致あるいは調和することはない。北部と南部の文明のカテゴリーや変化の母体は共通の分母に括られない。海岸から試みられたアプローチと、背後の陸地からのそれはたがいに排除、対立しあう。

その過去だけから地中海を感じとることが、沿岸でも内陸でも習慣としてしつこく残っている。「神話の祖国」はみずからが生んだ、あるいは他の地域が育てた神話に悩まされた。この歴史豊かな地域はあらゆる種類の歴史主義に苦しんだ。現実の再現を現実そのものと混同する傾向は生きつづけている。地中海のイメージと地中海そのものは同じではない。増大する〈存在のアイデンティティ〉は、うまく定義されなかった〈行為のアイデンティティ〉をかすませたり、妨げたりする。いつも回顧が将来の展望に勝る。このように思索そのものが紋切型の虜になっているのだ。

地中海は遅れて近代化にとり組んだ。沿岸すべてで宗教が分離されているわけではない。こうした事実を批判・検討するためには、かさばる底荷を前もって捨てる必要がある。沿岸地方はどこもそれぞれに矛盾を抱えていて、それが地中海のほかの地域やさらに遠いところにたえず波及する。さまざまな文化と宗教が交差し、混ざりあう多民族・多国籍地域での〈共生 convivance（この古い言葉のほうがconvivialitéよりもふさわしいように思われる)〉の実現は私たちの目の前で大失敗に終わった。レバノンやボスニア＝ヘルツェゴヴィナのような交流点で冷酷な戦争が続くのは、本当に偶然なのだろうか。しかし、ひどく困惑しつつも、このへんで話をやめておかねばならない。

私は、ノーベル賞受賞直後のイヴォ・アンドリッチから、イタリア語に訳された作品のひとつを、イタリア語の献辞つきでもらったことがある。そこにはレオナルド・ダ・ヴィンチからの引用で「東洋から西洋までいたるところに分裂がある」という一文が添えられていた。これには不意をつかれた思いがした。ダ・ヴィンチはいつ、どのようにそのような観察や経験をしえたのだろう。私はまだ聞いたことがない。私は、地中海を船で旅したさい、『地中海、ある海の詩的考察』を書きながら、この簡潔な箴言について何度も考えた。あとになって、この言葉が、旧ユーゴスラヴィアの運命とこの国を引き裂いた情念をどれほどよく表しているかがわかった。もう一度言うならば、旧ユーゴスラヴィアは、東洋と西洋の境界線、かつて二帝国のあいだに引かれた分割線、キリスト教の教会が分裂した地域、ローマ・カトリックと正教会のあいだの断層、キリスト教とイスラームの紛争地帯である。ヨーロッパにおける第三世界最初の国、あるいは、第三世界におけるヨーロッパ最初の国、これはどちらとも言いがたい。ハプスブルク家とオスマン朝の超国家的帝国の遺跡、国際的な合意と国家プログラムによって分割された新国家の残骸、二度の大戦と冷戦の遺産、十九世紀の国家理念と二十世紀のイデオロギー、東西と南北に接するあるいは横断する方向、東ヨーロッパと西ヨーロッパの関係の変遷、先進国と発展途上国の対立、といった別の要因もこれに加わるからである。「西洋と東洋」のあいだに位置するバルカン半島のこの部分は、ときには古代の悲劇を連想させる激しさで、これだけ数多くの「分裂」に直面しているのだ。

地中海ではそのほかにも、沿岸で、あるいは沿岸と内陸のあいだで多くの紛争が起きている。

地中海南部沿岸では、サハラ砂漠（サハラは「貧しい大地」を表す）が前進を続け、世紀ごとにキロ単位で周辺の大地を浸食している。いたるところで、海と砂漠のあいだには耕作できるわずかな土地しか残っていない。ところで、この南岸地域は次第に人口が増している。北岸が高齢化しているのに対して、こちらはその大部分が若年層である。地中海の主導権は順番にまわり持ちで、新しい国が古い国のあとをひき継いできた。沿岸部で緊張が高まると、南と北の不安要因となる。もし、後進性が怠惰を生むとするのなら、見捨てられているがゆえにいっそうそれがひどくなる。〈イスラームを近代化するか、それとも近代をイスラーム化するか〉という悲痛な二者択一がマグレブとマクレクの人々の心を分けている。この二つはともに歩むことはできない。どちらかが相手を排除するか否定するかであろう。このように、アラブ世界と地中海のあいだだけではなく、アラブ諸国家の内部でも、統一の意志と地方主義的傾向とのあいだで、関係が悪化している。沿岸地域全体の門戸を閉ざすことは相互依存への自然な傾向に反している。文化自体があまりに分割されているので、外からはなんらかの助けを差しのべることができない。曖昧な闇取引が真の対話の代わりになっている。東と西、南と北を指す羅針盤は壊れているようだ。

私たちの隣人である黒海は、地中海とそのいくつかの神話、すなわち、冒険と謎に満ちた古代の海、金羊毛を探しに出たアルゴー船の海、コルキスとトリス、寄港地とそこから遠くに延びる道路網に結びついている。黒海の近くのウクライナ地方は、肥沃だがうまく開拓されていない大陸の広大な平野として残っている。そこで歴史は海を好んでいなかった。ロシアは、北方の別の海のほうを向かねばならなかったが、現在は、黒海と地中海に出口と通路を求めている。黒海は湾のなかの湾になった。

その海岸では、東ヨーロッパで「旧」世界の特徴となっている断層が浮かびあがる。

かつて「ヴェネツィア湾」と呼ばれ、この栄光の名を掲げて誇り高かったアドリア海はたんなる入り江になり下がった。いくつもあった港の繁栄には次第に翳りが見え、その水は変質し、魚自体が激減した。歴史が錨を降ろしたようなヴェネツィアの旧港でこの航海を終えよう。

諦めつつ、あるいは忍従しつつ、私たちの海が受けつづけている損害についてくり返したところで何になろう。しかしそこを黙って通りすぎることは何ものも許してくれない。環境の悪化、ひどい汚染、粗暴な企業、うまく制御できない人口増加、本来の意味と比喩的な意味での腐敗、秩序の不足と規律の欠如、地方主義、地域主義、その他のさまざまな「主義」など多様な問題を抱えているのだ。しかしながら地中海だけにこのような事態の責任があるわけではない。その最良の伝統――芸術と生きる技術とを結びつける伝統――はこれに抵抗したが無駄だった。連帯と交流の観念、団結と「労使協調」(この新語はかなり示唆的だ)の観念は批判検討されねばならない。南岸から流れこむ移民を心配するだけでは思慮深い政策を決定することはできない。

〈地中海は私たちが思い浮かべるものとは別の形で存在しているのだろうか〉と、南も北も、東も西も自問している。けれども、この地域が経験してきた分裂と抗争にもかかわらず、共通のあるいは類似した多くの存在様式と暮らし方がある。ある者は歴史の始めと終わりで沿岸地域について検討し、他の者はその一面だけの考察で満足している。そこには、二つの異なった見方やとり組み方だけでなく、時として、二つの違った感性や語彙がある。そこに生じた断層は最初に見えたものよりも深い。ひとつの断層が別の断層、レトリックや文体や想像力の断層を呼ぶ。また、さまざまな交替を生む。それらは神話や現実から、苦しみやある種の誇りから生まれてくる。

この場合、多くの定義は疑わしい。地中海の文化はひとつしかないわけではない。ひとつの地中海にいくつもの文化がある。似てもいるし、違ってもいるのが、地中海文化の特徴である。統合されることは稀で、ましてやひとつになることなどけっしてない。それらが似ているのは、同じひとつの海に隣接しているからであり、沿岸では隣りあった民族や表現形式に出会うからである。その違いの特徴は起源と歴史にかかわること、信仰と風習にかかわること、それも時として協調不可能なことに由来する。しかし、類似も相違も絶対的なものでも、恒常的なものではない。類似が勝るときもあれば、相違が勝るときもある。

残りは神話の世界に属する。〈地中海全般にわたる相互交流の文化を練りあげること〉、このような計画の実現が急務とは思われない。〈相違を含むヴィジョンを共有する〉というのはさらに控え目なことで、かならずしも実現が容易なものではない。港でも沖でも、不寛容やたんなる無知から切断されてしまった〈水に浸かった古綱〉を詩がふたたび見つけて結びなおそうとしている。

この広大な円形劇場は長いあいだ同じ演目を上演しつづけてきた。そのため役者の身振りを観客が覚えてしまい、次の動作を予想できるほどになってしまった。しかし、その才能は段階ごとにその創造性を再確認し、筋立てを更新して比類ないものにする術を心得ていた。したがって、周辺と中心という旧式の観念、隔たりと近さの古い関係、断層と飛び地の意味、非対称なものと対称なものとの関係について考えなおす必要がある。それらをたんにひとつの比率の尺度、あるいは、ひとつの次元で検討するだけでは十分ではない。価値の観点からも表すことができるのだ。ユークリッド幾何学の概念のいくつかは、新たに定義しなおされることが求められている。地中海の知性が発明した、修辞法と叙述の形式、政治と弁証法の形式はあまりにも長いあいだ使われて、ときにはすり切れてしまったように思われる。このような例を出すことで、この章のはじめに指摘した歴史のペシミズム、時として、未知の海岸を目指す昔の船乗りをとらえた不安にも似たペシミズムに支配されないための助けとなるかどうか、私にはわからない。

「東洋と西洋の新たな分裂」をそれぞれの地点で解消させる、あるいは食いとめることはできるのだろうか。それは今もって答のでない問題である。

第二部：私の属するこの「旧」世界

筏の上で――〈告白〉

私たちは失うことに慣れてしまいました。毎日、周りの誰かが離れていきます。あるいは、姿を消していきます。友情や愛情が色を失い、消滅します。死が身内の誰かを連れ去ります。失うということも私たちの運命の一部です。

しかしながら、国を失うというのは滅多にないことでした。ところが、それがわが身に降りかかりました。政府や体制のことを言っているのではありません。私が生まれ、昨日はまだ私の国だった国について言っているのです。その国が今はもう存在しないのです。分割されていない、ひとつにまとまったユーゴスラヴィア全体を私は愛しました。けれども、私はユーゴスラヴィアの民族主義者ではありませんでした。クロアティア人、ロシア人、ウクライナ人そのほかの血を引く私がどうして民族主義者になれましょう。私は土地、そこに住む人々、馴染み深い多くの事柄に愛着をもっていたのです。

アドリア海もマケドニアのオフリド湖、スロヴェニアのアルプスもモンテネグロの岩山も等しく私の世界でした。セルビア人とクロアティア人は兄弟だと考えていました。彼らのなかでも、私と同じように、セルビアとクロアティアの排他的愛国主義に反対する人々は特にそうでした。私は愛国主義者たちがボスニア人を軽蔑し、屈服あるいは改宗させようとするのを許しませんでした。多くの少数民族のなかにいると、ヴォイヴォディナの自分の家にいるようなくつろいだ気持ちになったものです。コソヴォのアルバニア人のなかにも多くの友人がいました。悲劇的な集団移住ののちイストリアに残った少数のイタリア人に対しても、あちこちに四散したジプシーと同じように、支援できる限り力を尽くしました。

ユーゴスラヴィアには、ジプシーが大勢いて、時として私もジプシーに間違われることがありました。

陪審員の方々、はっきり申し上げますが、私はユーゴスラヴィアの解体を願っていたわけではありません。どんな立場の民族主義者が、私のユーゴスラヴィア主義を非難し、「統一を目指している」と決めつけても無駄です。私は〈~主義（isme）〉の付くほとんどの言葉が嫌いで、それより厳めしくない〈~らしさ、~であること（té）〉という接尾辞の付く言葉のほうを好みます。たとえば〈友愛（fraternité）〉とか〈自由（liberté）〉といった語がそれで、かつて私たちの祖先のうちでももっとも優れた人々が用い、また最近でも、体制に抵抗する私たちのなかでももっとも勇敢な者たちが用いた意味では、「ユーゴスラヴィアらしさ（yougoslavité）」なる語も私は好きです。

クロアティアの方々、国際人として、また、他のユーゴスラヴィア人の友として、私もあなたがたと同じクロアティア人です。セルビアの方々、あなたがたの多くが称賛したあの大セルビア主義のリーダーたちのことを非難してはいても、私はあなたがたの民族を愛しています。ウスタシャもチェトニクも私は憎んでいます。彼らのしたことについてはあなたがたに許しを請わなければなりません。

あらゆる宗派の敬愛すべき高位聖職者の方々、あなたがたにも、私の罪を許していただけるようお願いしなければなりません。なぜなら、私は、正教会とローマ・カトリック教会が、キリストひとりに助けを求め、信者たちを近づけるための、また、人々の行動の原因となっている隣人に対する憎悪を戒めるためのさらなる努力をしなかったと思っていたからです。

国際法廷の陪審員の方々に申し上げることも、良心の導き手の方々に打ち明けることも、もうこれ以上ありません。もはや新ユーゴスラヴィア連邦の再建のために戦うつもりはありません。それを望んだところで、いったい私はどうすればよいのでしょうか。誰と、どんな方法で行えばよいのでしょうか。ヴコヴァル、サラエヴォ、モスタルが破壊されたあとでは、私たち諸民族の関係を修復するのに何世代もかかるだろうということ、そして、私たちの世界はもはやふたたび統一されることはないだろうということもわかっています。未来は、多くを失った私たちよりも、あなた方にとってふさわしいものであるにちがいありません。

証言を補足させていただくと、たしかに、私が祖国からあるいはその残骸から離れることを強いた人は誰もいません。私は自分の意志で、居心地の良くない「アジールと亡命の間」の状態を選びました。私は自分の国に残り、状況に適応して、沈黙を守ることもできたでしょう。最後には雄弁な力を発揮する沈黙もあります。現在では権力を掌握している人々が旧体制下で囚われの身となっていたときに、彼らの擁護をして以来、私に恐いものはなくなりました。彼らのひとりは新政府のあるポストを私に申し出ようとさえしてくれたことでしょう。しかし、難破船とともに沈む覚悟をしている老船乗りのほうが、手本として私にはふさわしいように思われました。錨を上げて、私はあえてこの危険を冒したのです。

実際、この場合、一祖国の問題ではありません。(祖国の観念はときとして曖昧で、その過去にまったく汚点がないとは限りません。)私は、今を生きる多くの人々と同じように、私たちの文明は、複数の民族、さまざまな文化、多様な宗教が共存する共同体を形成し、それを守ることができると信じていました。私は祖国とともにこの信仰も失ったのです。

感傷的になりそうなので、この話題はもうやめましょう。新体制を旧体制とまったく同じように支持する――セルビア、クロアティア、スロヴェニアその他の――旧弊な知識人のふるまいは非難せずにはいられません。私が反体制派の道を選んでからかなりの時が経ちました。この点に関しては譲歩するつもりはありません。

悪循環から脱出し、その場を去ろうと決心した者に何が残されているのでしょうか。よく言われるように、人の後ろには人生があります。移民たちを乗せたメデューズ号の筏にはあまり場所はありません。スーツケースの片隅には、わずかな数の貴重品や必需品の隣に本が数冊入っているだけ。経験の重みにも軽重があります。私はすでに両親と近親者の多くを亡くしています。新たな「民主独裁体制」は共産主義体制とは異なり、ときどき後ろを振り返ることが可能です。支払うべき代償もなくその恩恵にあずかれるのであれば、これは大きな利点です。しかし、誰もこれに感謝しようとはしません。

何人かの良心的作家は、私が進路を見つける手助けをしてくれました。他のところよりも多くの喜びや苦しみを味わった場所は私の人間形成に役だちました。巡礼者の路銀に倣って、この喜びも悲しみもを亡命地に携えて行きます。アジールは別のものを与えてくれるでしょう。亡命とアジールはしばしば衝突します。筏を離れるやいなや、私たちは報いを受けますが、その場に順応していくのです。

私の主たる経験のひとつは東ヨーロッパにおける文学の〈冷戦と雪解け〉に結びついていました。それは修業などというなまやさしいものではありませんでした。レジスタンス運動——第二次世界大戦後、旧ユーゴスラヴィア連邦でのあの新たな戦争のあいだの運動の変転——は私にとってもっとも過酷で、精神がもっとも高揚する試練のひとつでした。自主管理運動は、失敗はしましたが、私にとっては、一時的なたんなるユートピアではなかったのです。ミロスラフ・クルレジャ、ダニロ・キシュとの出会いは文学的な思い出にとどまりません。イヴォ・アンドリッチの作品は、私たちの国の挫折にもかかわらず、今も私の財産です。（祖国を離れるとき、私はこの巨匠の作品を何冊もカバンの底に入れてきました。）最後に、アドリア海は私の精神がもっとも休まる場所であり、私がもっとも自分らしくなれる場所です。モスタルとサラエヴォはまだ新しい傷として私の心に残っています。これが癒されるまでにはまだまだ時間がかかるでしょう。

以下の告白で私が語ろうとしているのは、まさに〈私の世界である旧世界〉の果てのことなのです。

冷戦と雪解け

マルクスの思想は評価するが、私は一度も共産主義者になったことがない。特に文学の領域では、マルクス主義を援用したいくつかの研究の重要性を否定はしないが、〈マルクス主義批評〉に対しては非常に慎重な態度をとりつづけてきた。マルクス主義それ自体にも疑念がないわけではない。第二および第三インターナショナルで示された版と、スターリン主義が聖典化し押しつけたその著作は、私には戯画のように思われた。

この墓石のことをまだ語る必要があるだろうか。いや、ないだろう。しかし、このイデオロギーが浸透し、その束縛から逃れるのにまだ苦労している世界では、これを無視することもできないだろう。当時は見ることも、〈見せる〉ことも禁じられた多くの明白な事実があった。私たちは勝利を勝ちとるためではなく、屈辱を減らすために論争しなければならなかった。それも表だって論争を挑めるのは稀で、多くの場合は暗々裏に示さねばならなかった。

明らかに、マルクスは、ヘーゲルやカントとはちがい、とりわけ詩学と美学を語る哲学体系を築いたことは一度もない。それどころか、彼はこうした体系の「観念的傾向」に反対した。マルクスが

〈マルクス主義美学〉を検討したことはまったくないし、彼の著作のところどころに書きこまれた判断から、そうした美学が導きだせるものでもない。望みどおりに操作できる「認識」の範疇は、物事を単純化し規範に従わせる合理主義に属し、〈形式〉と〈内容〉の関係を説明したり、〈基礎〉と〈上部構造〉の関係を設定するのに用いられていた。このメカニズムには個性と主観の入る余地がない。「非合理的なこと」はすべて排除され、それどころか非難された。「社会主義リアリズム」は、方法としての「傾向」(〈傾向文学〉という古い民族主義的概念に由来する語)を決定する基準として「党の精神」を説き、押しつけていた。このような〈冷戦〉は変わりなく強制的で、〈雪解け〉は、特にソ連では一時的な仮のものでしかなかった。この規則に従うのを承知しなかった人々は「国内亡命者」となった。

(私の修業時代の特徴はこのような状況にあり、拒否の態度を明確に示していた。)

ソ連とその衛星国によるユーゴスラヴィアの分割が行われた一九四八年以降、私たちは「東ヨーロッパ」で起きていることから次第に疎遠になっていった。「東ヨーロッパ」という言葉はすぐに軽蔑的に使われるようになった。文化に関して言えば、私たちは「向こうの世界」では想像もできないような多くのことを既定のことと見なしていた。最初の〈冷戦と雪解け〉を、私は、父がロシアからの手紙を解説するときに見せる悲しげな顔から読みとった。私にはその意味がよくわからなくても、重大なことだということは感じられた。終戦直後の世界は、最初は、パステルナークが「空中に浮かぶ自由の兆し」と呼んだものによって明るく照らされているように思われていたのだが。

しかし、何も起こらなかったのである。

一九四六年、ジダーノフが突然、芸術の創作活動における「主観性」、「形式主義」、「世界主義《コスモポリタニズム》」を「反動的文学の暗部」だと非難した。なかでも、アンナ・アフマートワとゾシチェンコの作品が批判されれ、アフマートワは「ふしだらな女で尼僧」、ゾシチェンコは「俗物で粗野な精神の持ち主」と評された。父はこのことを友人の一人に語ると、父と同じ白ロシア人のその人は、誰かに聞かれやしないかと不安げに周囲を見まわした。しかし当時の私（十四歳）には大したことはわからなかった。

スターリンの死後には新たな希望が芽生えた。（私はすでに学生で、最初の著作を発表しはじめていた。）ヴラジーミル・ポメランツェフの論文『文学における誠実さについて』、それから特にイリア・エレンブルグの小説『雪解け』を読んだ私の興奮はシーモノフ、スルコフとソ連作家同盟に属するその仲間たちによってすぐに抑えつけられた。彼らはこのおずおずとした自由の回復を乱暴にも痛罵し、「文学の世界で党の指示に違反した」としてその主役である作家たちを非難した。（そのとき私は紋切型となった言語があることに気がついた。）

一九五六年のフルシチョフの有名な報告に新しいことは何もなかった。この時期私は、ドゥジンツェフの『パンのみにて生きるにあらず』やそのほかの傑作とは言えないが大胆な作品をいくつか、賛成しかねる部分もあったが、むさぼるように読んだ。東ヨーロッパのほかの国々、とりわけポーランドやハンガリーの文学にも目を配ろうと試み、ハンガリー共産党から追放されたティボル・デーリや、すでに亡命していたチェスワフ・ミウォシュを読もうと思ったが、彼らの作品は発売禁止になっていて、入手は困難だった。一九五六年のブダペスト蜂起が潰された後に、かつてペテーフィ・クラブのメンバーだったブダペストの知識人夫婦がわが家に泊まった。このとき私は現地の人からじかに話を聞く機会を得た。

〈わずかな雪解け〉が一時的にまたソ連で起きたように感じられたが、ソ連国外で発表された『ドクトル・ジバゴ』事件以後、私たちはふたたび苦汁をなめさせられた。私は慎重になって、錯覚をいくつも捨てた。レシェク・コワコフスキ（数年後コルチュラ島で知りあうことになる。その著作はユーゴスラヴィアでは五〇年代から訳されていた）は私にとって救いとなった。私は、彼が保身のために書いた宣言文をもっともだと思った。「知的左翼という言葉は、もっとも高度な批評精神、教養や閉鎖的なシステムに対する警戒心、さまざまな科学的思考法に対する寛容さ、それら卓越した活動を意味する」。

この後、もうひとつの〈雪解け〉が突然訪れた。予想どおり、一九六二年にソルジェニーツィンの『イワン・デニーソヴィチの一日』が出版されたのだ。当局は態度を硬化させた。シニャフスキーとダニエルが有罪判決を受け、ウラジーミル・ブコフスキーはチリ共産党書記長と交換で釈放され、ヨシフ・ブロツキーは国外退去を命じられた。（『書簡集』にまとめた「公開書簡」を私が書きはじめたのはこの時代である。）

一九五二年、ユーゴスラヴィアで大きな事件が起きた。リュブリャナで開かれた作家大会に、ミロスラフ・クルレジャが招かれて開会演説をしたのだ。この演説は補足の文章をいくつか添えて出版された。クロアティア人であり、ユーゴスラヴィア人でもあったこの作家は、カカニを認めない中央ヨーロッパ人、十月革命時にはレーニン主義者となり、スターリンの反動政治の間に党から追放され、三〇年代にはジラスやその他「イデオロギーの責任者」をやりこめる辛辣な論客で、『アンガージュマンの文学』の罠を避けることができた激越な創作家でもあった。「ジダーノフとその同調者たちの美的カリギュラ主義」「党精神の狂信」「魂の技術者たちの共犯」を激しく批判した。同時に、彼は、文学委員の専制的な命令、文学に変装した「政治的プロパガンダの仮面」、「第二インターナショナルですでに見られたあの特殊な気取ったスタイル」に属していてナチスの〈堕落した芸術〉に対する態度に似た「美的厳格主義」などを公然と非難した。『ブリトヴァの宴会』の作者は三〇年代初頭のブハーリンに倣って「文体の同時性」と「創作活動の完全な自由」を求め、ユーゴスラヴィア全土の作家に一種の「使命」までも提案した。「現在、我々の地方主義によって打ち砕かれ、散乱してしまっているあらゆる政治的、文化的、知的意識を結集すること、空間と時間のなかで我々に戻ってくる役割にこの意識を集中させること、ロマン主義的な信仰を排除し事実を正しく美化できる綜合に必要なすべての要素を集めること……我々の分裂と相互否定の悲劇的側面を明らかにすること、それを我々の使命としなければならないだろう」。

それはたんなる雪解け以上のものとなった。(私は当時二十歳だった。)文化と文学の環境には緊張緩和が感じられ、信頼感が不信感を少しずつ払拭していった。この幸福感を利用する作品がひとつならず現れた。スロヴェニアの批評家ヨシプ・ヴィドマルは「現実にあまりにも従属しすぎたリアリズムの妥協」を批判、ブルガコフのようにそうしたリアリズムと「幻想文学」を対置して、「不条理の文学」のほうを好むとさえ語った。かつてベオグラードのシュルレアリストのリーダーだったマルコ・リスティチは、サルトルが戦後まもなく提唱したアンガージュマンとはまったく違った形の社会参加の信奉者となった。「詩はそれ自身によって必然的に詩を作る者を巻きこむ……真の芸術は包括的なものなのだ」。

一九六八年の学生たちのデモに加わって当局から睨まれ、私のエッセイのうちのひとつに対しては司法当局から出版禁止の命令が出たが、その後、思いがけない幸運がめぐってきた。クルレジャとの対談集を作ることになったのだ。読者はイデオロギーと文学に関する平凡な議論に飽き、知識人はありふれた道の先に進もうと望んでいた。クルレジャ自身もなかば公的な立場に置かれているわが身を自由にしたかった。こうした状況がそろっていたことが、この対談で行ったような考察には好都合だった。私たちの対談は、質問と答、慎重さと挑発が入りまじり、戦前にクルレジャが始めた論戦に今日的な意味を与え、リュブリャナの国際会議で始められたプロセスを継続することができた。

作家が誠実に仕事をするには、国家や政治体制に関しても、民族や政府当局に対しても、ある意味で反体制的な、さらには悲観的な立場に身を置く必要がある。父親の家に帰ってきてもまた出て行くことしかできぬ放蕩息子なのだ。

芸術家はプロメテウスよりも堕天使リュシフェールに似ているように思われる。いつも決まってリュシフェールと間違えられる素直な弟なのだ。

私は表裏がある物事を、たとえそれが狂気や犯罪と間違われても、いつも暗部から観察するのを好んだ。このような態度が、私が属していた左翼文学戦線に好まれないのは明らかで、特にスターリンの亡霊につきまとわれていた時代にはことさらそうだった。そこからさまざまな「誤解」が生じた。……私の政治的失敗の数々はこの点で「雄弁な手本」を次世代に示すことになった。

私も加わった六十八年の五月革命のある種の熱狂に対して、クルレジャの批判は容赦なかった。「五月革命に加わった者たちは自分たちが、かつての我々よりも抜け目ないと思っている。……我々と彼らの唯一の違いは彼らの今日の状態を我々がすでに経験していることで、彼らにこれから起こるであろうことはすでにわれわれに起きたことなのだ。彼らもまた彼らの理想がいずれどうなるかわかるだろう」。

ミロスラフ・クルレジャは一九八一年に没した。チトーの死後一年後のことである。先に述べたとおり、彼はクロアティア人であると同時にユーゴスラヴィア統一の支持者だった。クロアティアとスロヴェニアのユーゴスラヴィアからの分離、ボスニアに対してセルビアが仕掛けた戦争、「兄弟」によって荒らされたボスニアを、彼ならばどういう思いで見つめただろうか。彼の作品と思想に対する多くの攻撃（そのなかにはクロアティアの国民教育相が浴びせた非難も含まれる）はこの新たな〈冷戦と雪解け〉の間にもザグレブで耳にした。一九九一年、クルレジャ没後十年の記念に、私は以前の対談集の続編として、彼を誹謗中傷する者たちへの答あるいは警告をいくつか発表した。

死後十年を迎えてなお、クルレジャを擁護しなければならないのだろうか。みずからすすんで、「あの連中」との抗争から、クルレジャの重要性を認めながらもその作品が示す批判の重みを受けとめようとしない連中から彼を守らねばならないのだろうか。クルレジャは昔も今も、クロアティア最大の作家である。彼に対する攻撃は私たち自身の姿に加えられた攻撃と同じだ。

彼の地方主義批判がなければわが国の文化は今よりももっと地方主義化していたことだろう。彼のヨーロッパ観が民族主義者たちのヨーロッパ観より慎重な姿勢を見せてはいても、わが国の民族文学はクルレジャによってヨーロッパ的視野をもつ貴重な作家のひとりを得た。今日であれば、彼はおそらく、彼自身も貢献した戦後の成果すべてを捨て去ろうとする人々に抗して立ち上がったことだろうし、友人のチトーに対する軽蔑（ベオグラードでは風刺の形をとったため、ザグレブではある程度隠されていた軽蔑）にも黙ってはいないだろう。私たちの公的生活で聖職者を第一に考える風潮、とりわけ、過去から甦った神話、彼が全力で否定してきたそれらの神話に対して不支持の姿勢をとることは間違いない。クロアティア人としての感情と今日クロアティアの名で表明されるある種の思想とを両立させるのに彼は苦労したことだろう。最初からユーゴスラヴィア市民はたがいに理解しあいともに暮らせると信じたかった彼は、セルビアの民族主義者に扇動されミロシェヴィチに率いられた軍隊の攻撃を批判したことだろう。フラニョ・トゥジマンの政治に対してクルレジャはやはり慎重な意見を述べるだろう。現在の大統領トゥジマンが投獄されていた当時、彼を解放するためにクルレジャは動きまわったのだが、のちに彼から距離を置き、軽蔑するようになった。

ミロスラフ・クルレジャは〈民族の存在〉と〈市民の存在〉とを区別していた。『三月、クロアティアの神』の作者が優先させたのは市民の存在である。『旗』の作家は民族の象徴の濫用をほとんど評価しなかった。オーストリア＝ハンガリー帝国時代の「アグラムで子供時代」を過ごしたクロアティア人として、彼はハプスブルグ家の末裔の助けを借りる「愛国者」に憤慨したことだろう。文芸共和国の設立者として、カラジョルジェヴィチ王朝への復帰を求めるセルビアのあの「民主主義者」にもやはり嫌悪感を示すことだろう。

これほどの力――と文体――で「精神の無気力」、「小市民気質」、「文学の嘘」、「イデオロギーに対する信仰」を非難した者は、彼以前には誰もいない。民族主義に身を置かずに国を代表することが不可能ではないこと、その度量の広さによって小さな民族出身の作家が世界市民となりうること、伝統主義を告発しても伝統の価値を排除することにはならないことを証明したのだ。

彼は自身の経験から、政治そのほかの世界で党派に属することが、かならずしも批評意識の邪魔にはならないことがはっきりわかった。真の革命は神話ではなく「神話に対する勝利」だということを彼は教えてくれた。「あらゆる政治的勝利を文化的勝利に変える」必要があるということ、この忠告にはおそらく以前にも増して今日的な意義がある。

クルレジャの思い出は、私がカバンに詰めて持ってきた他の何よりも重いが、ダニロ・キシュの思い出はもっとも辛い思い出だ。（彼と私はほとんど同年齢だった。）文学と芸術への政治の介入に私たちは二人ともうんざりし、スターリン時代の粛清を思わせる『ボリス・ダヴィドヴィチの墓』に対する攻撃はキシュと私を近づけた。「出版警察」が――キシュに対してはベオグラードで、私に対してはザグレブで、両者に「最低十年間の公民権剝奪」を求めて――起こした訴訟は、私たち二人の友情を堅固なものにすることとなった。

＊

私はダニロに対して、この陰鬱な事件の後のパリへの移住を非難し、この国にとどまるよう懇願した。約十年後私も同じ道をたどらねばならなくなるとは、このときは予想だにしなかった。

（私が国を離れたとき彼はすでに故人となっていた。）

『ボリス・ダヴィドヴィチの墓』以降、私たちはたがいの原稿を出版前に読みあった。彼ほど厳格で間違いのない審査員に私は今まで会ったことがない。（この文章を書いている今の私には、どれほど彼のような眼差しが欠けていることだろう。）彼の判断には「同業者たち」も身震いしたものだ。彼の著作のひとつを雑誌だったか新聞だったかで紹介したことがあったが、これほど難しく、辛いことはなかった。戦後の文学界で彼ほど明晰な言葉と文体を操るスラヴ人作家を私は見たことがない。ニーチェはツァラトゥストラの口を借りて「正しく話す」男を探していると語ったが、おそらくキシュがその男だった。

〈アンガージュマン〉に関する発言のばかばかしさに彼ほどうんざりしていた者はいない。彼ほど意見を曲げない者もいなかった。気難しく、短気で、自分と視点の違う者に対して配慮することはほとんどなかった。私たちは、彼が愛する都市ドゥブロヴニクで一緒に休暇を過ごしたことがある。それはさながらさまざまな思想と機知に富んだ言葉の花火だった。論戦を交わし、深い友情を確かめあった。二人はしょっちゅう何かにつけて盛んに議論した。彼は私の「左翼の立場」が信用できないと思っていた。なぜなら共産主義者に利用されるからだと言うのだ。私は、ファシストに似た民族主義者に加勢する彼の「右よりの姿勢」を非難した。こうした立場の違いには矛盾がないわけではなかった。ロシアに住む私の近親者はロシアの強制収容所で抹殺されたし、彼の身内は――彼の父も含まれる――ナチスの強制収容所で命を絶たれた。この点については二人の議論は時として激しく熱を帯び、周りの友人たちが二人は殴りあいの喧嘩を始めるのでは心配するほどだった。しかし数分後、私たちは、親しく腕を組んで一緒に外に出るのだった。彼は長身で痩せており、私はむしろ小柄でずんぐりしていた。

今も特別な思い出としてよく覚えているのだが、キシュと一緒に旅したときに彼が『若き作家への忠告』を即興で作りはじめたことがあった。私は彼の言葉に異議を唱えて刺激しようとしたが不可能だとわかった。彼はまったく譲ることがなかったからだ。ここに彼の厳しい叱責の言葉のいくつかを、そのとき私がはじめて耳にした順に記しておく。

支配的なイデオロギーと君主に疑念をもて
君主から離れたところに身を置け
イデオロギーの言葉で自分の言葉を汚さぬよう気をつけよ

自分が将軍より強いことを信じて疑うな、しかし将軍と張りあうな
自分が将軍より弱いと思うな、しかし将軍と張りあうな
君主に対しても民衆に対しても誇り高き態度を示せ
作家という職業がおまえに与える特権に対しては良心に恥じることはない
おまえが選んだ道の不幸な性格と階級の抑圧を混同するな
歴史の急務に悩まされるな、歴史の列車という比喩を本物だと思うな
だから「歴史の列車」に飛び乗ってはいけない、愚かな比喩に過ぎないのだから
誰とも協力するな、作家は一人である
自らの行いの正しさを信じろ、他の君主はおまえと何の関係もない、なぜならおまえが王なのだから
自らの行いの正しさを信じろ、他の坑夫はおまえと何の関係もない、なぜならおまえが坑夫なのだから
自分の運命に甘んじるな、なぜなら愚か者だけが満足するからだ
自分の運命を不満に思うな、なぜならおまえは選ばれた者なのだから
もし真実が言えないのなら、黙っていろ

ダニロ・キシュは一九八九年秋、肺ガンで沈黙を余儀なくされ、永遠に口をつぐまねばならなくなった。ヴラジミール・ヴィソツキが同じような状況で語っているように、私も「それまで私たちは二人一緒だった」と感じた。(私の国で戦争が今にも始まろうとしていた。死の床にあってキシュは、

枕元にいたモンテネグロ人の親友の一人に「戦争は以前よりくだらなくなった」と打ち明けた。彼は「旧」世界の到来を予感していたのだ。）最後の力をふり絞って書いた遺言ともいえるもので、彼はベオグラードで「正教の典礼に則って」「弔辞抜きで」埋葬されることを望んだ。生前、彼は不可知論者だった。モンテネグロ人の母親と、父親の死後、彼を受けいれて育ててくれた叔父に忠実でありつづけようとしたのだろうか。それとも、孤立した状態をある意味で打ち破り、死後とはいえ、きっぱりと亡命生活にきりをつけようとしたのだろうか。本当の理由を誰が知ろう。

作家の最後の願いがかなえられるのは稀だ。彼の亡骸はベオグラードの新墓地に埋葬された。しかし、もっとも熱烈な民族主義者の一人とされる正教のある司祭がおきまりの愛国心溢れる追悼演説をした。開かれた墓のそばで黙禱をしにやってきた友人たちは、これを故人への挑戦のように感じたのだった。

（私は彼の葬儀に参列しなかった。私は、ザグレブのユダヤ人会館の管理者に対して、故人の遺徳をたたえてはどうかと提案した。私が話しかけた人々の多くは彼の本を読んでいなかったので、あちこちで私はすでに話したことをもう一度くり返さねばならなかった。

そんなことは彼の機嫌を損ねたことだろう。

これが、私の彼への「祈り」である。ここでは少し短くしたが、以前に書きとめたものをそのままのせた）

一九八九年夏、最後の別れとなる前に彼と会ったとき、彼は前より元気になって、仕事を続けていた。「本を読み、ブロツキーを訳し、少し書いているよ」――この言葉には感じとれないほどの微かな希望がこめられていた。彼はベオグラードへ、そしてモンテネグロの親族のところへ、さらにはドゥブロヴニクへと出かける準備を整えていた。

そうこうするうちに病気が再発した。私は彼と最後にパリで会った。私はすべてを知っていた。すべてはすでに決着がついていたのだ。彼の小説のうち三作品が再版され、ガリマール社の「イマジネール叢書」の一巻として発行されたところだった。彼は私に『クルレジャとの対話』の一節を思い出させた。そこでは、私たちの師であるこの偉大な作家が、死期も近づき、著作のうちのいくつかがどこかでまもなく出版されるのを知って手で合図をした場面だ。このような状態でなければ彼は喜んだことだろう。今やどうでもいい、本の出版など私にはもはやなんの意味もない――と、彼は周りに集まった友人たちに厳しく示していた。ダニロにはもう私のために著書にサインする力もなかった。もう一度、電話で彼の声を聞いたのが最後だった。(その時彼が何を言ったかわからない。ただその声だけを覚えている。)

悲壮感を漂わせるようなことは避けたい。彼もそれは好まなかった。彼について書くことは、特に彼がどれほど――また、どのように――書くことに対してうるさかったかを知っていればなおさら難しい。私が今までに出会った作家の誰も、一人として、ダニロがしたように文章を読むことはできなかった。そんなことは文学の世界では普通おろそかにされたままだ。おそらくこのような機会にこそ、そうしたことを思い出さねばなるまい。ダニロの存在はその時代の作家たちにとってはもっとも重要であって、それはベオグラードにとどまらない。彼の判断は容赦ないもので、たとえば、なにか機知に富んだ言葉や警句を飛ばして、何の価値もないものや、他よりはましなものを明らかにした。彼が黙ってしまうこともあったが、それは、仲間の書いたもののなかに彼が気に入らない部分があったときで、その結果、時には、親友さえも絶望に陥ることとなった。

ときどき彼は、有名になってちやほやされている文筆家の文章を捕まえ、彼にしかできないやりかたでそれを茶化して見せたものだった。不用意に筆を執った者はみな、彼によって意気消沈させられた。後から彼は山ほど解説を付けた。文学の世界で見栄を張る者は手ひどい報復を受けるものだ。『死者の百科事典』のなかの「師匠と弟子の話」の項のように。そこでは世界中で「見せかけの実体と実体そのもの」の間のごくわずかな違いを観察する少数の人々がとり上げられていた。言語に関して、彼は私たちの新しい文学（すべての「ユーゴスラヴィア文学」）における比類ない絶対的な師だった。彼の存在には、教え導く者としてだけでなく、文学を攻撃するなんらかの障害がある場合にはそれに対する治療薬としての価値があった。

ここで、彼自身のものを書く方法について、必要なことすべてを指摘することはできないだろう。彼は加筆するよりも削除する作家だった。百ページ書いて、十ページ程度しか残さなかった。それも「何かは残さねばならないから」としかたなく残したのだった。彼の理想は――私が冷やかし半分にそのことに触れるといつも彼はニヤニヤしていたが――書き終わり削除も終わると、もとの白いページがふたたび見えてくるというものだった。

彼はしばしば二重写本《パリンプセストゥス》［もとの文字を消した上に新しい文字を書いた羊皮紙の写本］を夢見ていた。

『ボリス・ダヴィドヴィチの墓』の発表後に起き、いつまでも彼を苦しめた言語道断の事件の遠因は、ほかに動機があったとしても、結局そこにあった。もしあの事件が起こらず、ねたみ深くなんでもする小役人の陰謀のはじめの段階で、彼が（少なくとも世間が受けとるイメージで）孤立していなければ、パリに向けて旅立つ必要もなかっただろう。たしかに、彼はパリに行ったきりではなかった。しばしば戻ってきて、かつての祖国で起きていることすべてに目をやっていた。私たちとともに悲嘆に暮れたものだった。結局、ベオグラードの、彼が愛さずにはいられず、埋葬もそこにして欲しいと考えた場所に彼は身を落ちつけたのだ。

『ボリス・ダヴィドヴィチの墓』とともに彼の人生のなかで何かたいへん重要なもの、今日では──あまりにも型どおりにしたくはないが──無視できないものが壊れた。苦痛に満ちた経験から悪性の病気が生じるというのが正しいかどうかわからないが、起こるとすればこのようなことを言うのだろう。

ダニロ・キシュが息を引きとった日、私はザグレブのカルロ・シュタイナー［原注：著書『シベリアの七千日』（ガリマール社、一九八二年）］のところにいて、避けられないことを彼とともに待っていた。その時私ははじめて、彼らが、「出版警察」が二度も、『ボリス・ダヴィドヴィチの墓』の作者に対する訴訟に欠けている申し立てをシュタイナーから引きだそうとやってきたことを知った。彼らはそこまで行ったのだ。この機会に、これだけは言っておきたい。それを忘れてはならない。おそらくそれが彼の死の始まりだったのだ。

このような状況では、もっとも重要なことを立証するか、さもなければ何も言わないのがよいだろう。それでも言葉が私の喉をつまらせる。ベオグラードやツェティニェだけでなくザグレブもキシュに恩がある。ユーゴスラヴィア人どうしの関係が、文学の世界でさえ、これほど冷えきってしまっている時だからこそ、そのことを私は立証したい。ダニロはザグレブが好きだった。彼の『全集』はそこで出版された。彼はザグレブで『ボリス・ダヴィドヴィチの墓』に対してゴラン賞を受賞した。彼自身はもっとも孤立していて、そのような支持が彼にとってたいへん意味のある時に受けた賞だった。彼はクルレジャの選集を作りたがっていた。それによって、セルビアでこのクロアティア人作家の作品の否むべくもない部分をも認めない人々にさえもクルレジャの価値を納得させようとしたのだ。（どうして彼がそう考えたのかはわからない――少なくとも文学的な理由ではあったのだろう。）ダニロはこの民族主義のもつれを超越していた。

クルレジャはキシュを愛した。彼をその時代のもっとも才能ある作家と見なしていた。しばらく彼に会わなかったり、彼の書いたものを読んでいないと、すぐにダニロを呼ぶように、彼に来るように伝えろと私に言いつけたものだった。『ボリス・ダヴィドヴィチの墓』が出版にこぎつけたのはクルレジャのおかげだった。それまではベオグラードでもザグレブでも断られていた。クルレジャとキシュは、二人のあいだではときどきハンガリー語で話していた。何人ものハンガリー人が、二人にはクロアティアかセルビアの同じ訛りがあると私に言った。ダニロは時折ザグレブに来たが、そこでは何もすることがなかった。比較的湿っぽくない思い出も書いておきたい。シェスティネの近くにある郊外の家やスリェメの坂道で、彼は友人のためにロシアのロマンスや、『紙の兵隊』『最終バス』『青い風船』といったオクジャワの反体制歌を夜遅くまで歌い、ギターでハンガリーのチャルダーシュを即興で演奏したものだった。（もうそれが聞けないなんてことがありうるのだろうか。）

彼についてはまだまだ語るべき多くのことがある。おそらく今よりもつらくなくなったときに、改めて語ることになろう。運命は、彼の最後の著書『死者の百科事典』のなかで「すべての物語は死というただひとつのテーマをめぐって展開する」ことを望んだ。どこに書いてあったか今は探しだせないので、私はこの一節を記憶に頼って書いてみた。しんみりしてしまわないように、キシュの話はこれでやめることにする。

これを読んだら彼は私を非難したことだろう。

友よ、さようなら。

架け橋

旧ユーゴスラヴィアを襲った戦争に直面したらイヴォ・アンドリッチはどのような反応を見せただろう、と私はいつも想像する。クロアティア生まれでキリスト教圏の出身だが、政治姿勢と居住地から言えばセルビア人であり、出生と一番関係が深い帰属から言えばボスニア人、詩的ヴィジョンと国民としての態度表明から言えば完全なユーゴスラヴィア人であったアンドリッチは、彼が愛し、支持したものすべてが、彼の作品とあれほど深く結びついていたものがまさに破壊されようというとき、どうするだろうか。あれほど多くの作品で彼が築き描いてきた、現実の、あるいは象徴的な橋の数々は、破壊され、永久に失われてしまったのだろうか。

このような問題を前にしたアンドリッチの姿を想像するのは難しい。

イヴォ・アンドリッチは偉大なスラヴ人作家のひとりだったが、その素顔は知られていない。ノーベル文学賞（一九六一年）を受賞しても期待したような効果はなかった。多くの国でアンドリッチの作品は依然として紹介されぬままだった。彼が、どんな形であれ、あらゆる宣伝を拒否したこともこの無理解の原因だろう。芸術家との架空の対話で、彼は「どんな宣伝活動にも何かみだらなところがある」とゴヤに言わせている。

アンドリッチは名声では及ばなかったが、人々の評価では勝っていた。一九七五年冬に突然訪れた彼の死ほど、旧ユーゴスラヴィアの文化活動を大きく揺るがせた出来事はほかにあまり例がない。見かけは物静かで冷ややかな態度をとる彼のふるまいが、ヨーロッパでももっとも激しく揺れ動いた歴史のひとつによって深手を負った旧ユーゴスラヴィアの国民を落ちつかせるかのようだった。彼は作品によって、またその生き方によって現代のあらゆる出来事から距離を置いていた。「日々のあるいは時代の不確定な要素」に対して慎重な姿勢を示し、「時の陶酔」と彼が呼ぶものに対しては懐疑的な態度をとり、「あまりにも急な」もの、あるいは「十分に熟していない」ものすべてを警戒した。一九一四年にガヴリロ・プリンツィプがオーストリア皇太子フランソワ・フェルナンドを倒して一躍有名になった〈若きボスニア〉党にアンドリッチが加わったのは、彼が作家として歩みはじめた直後、第一次世界大戦が勃発した頃のことにすぎない。

第一次世界大戦をひき起こしたこの暗殺の背後にあった事情について外国では何を知りえただろう。最古の文化の近くにありながら長いあいだ歴史の余白に置かれていたこの難しい地域について何が知られていただろう。この千年間に起きたもっとも残酷な隷属に押しつぶされたこの地方について何が知られていただろう。長いあいだに増幅し、オーストリア＝ハンガリー帝国の皇位継承者の命までも奪ったこの反抗の深い理由が十分に調べられて理解されたことが今までにあっただろうか。同じ地域で誰にも説明できない戦争がくり広げられようとしている今、私はこれを問いたい。

青年時代のアンドリッチは「秘かに策を練った活動」や「暗い室内に静かに閉じこもって蜂起の準

備をする」人々の行動に感服していた。彼自身は蜂起に加わらなかったが、第一次世界大戦のさいに態度を明確にした結果、彼はオーストリア当局によって投獄され、その後は軟禁生活を送ることとなった。このときの経験から『黒海より《エクス・ポント》』（一九一八年）という意味深い題名をつけた処女出版の散文詩集が生まれる。第二集の主題も『不安』（一九一九年）というやはり示唆に富んだものだ。

アンドリッチの青年時代、ヨーロッパには「言葉では言い尽くせない希望と表には現れない思索が満ち溢れ」、歴史の歩みは「重く、避けがたいもの」ように彼には思われた。スラヴ語と歴史の研究（未完に終わったが）を進めるためにアンドリッチはザグレブから、ウィーン、クラクフ、グラーツ（彼はそこで、格別大学への野心があったわけではないが、一九二三年に『トルコ支配下におけるボスニアの精神生活』と題する博士論文を提出している）へと学ぶ場を変えていった。第一次世界大戦の休戦は、ユーゴスラヴィアの諸民族をセルビアのカラジョルジェヴィチ王朝の保護の下ではじめて統一することになるはずだったが、その休戦の直前、アンドリッチはザグレブで数人の友人とともに、ユーゴスラヴィア支持色が強い雑誌『南方文芸』を発行する。この傾向は、すべての南スラヴ人をまとめる統一国家の成立を無条件で支持する彼の周りのクロアティア人愛国主義者たちや「若きボスニア」のメンバーの傾向でもあった。

一九二一年から一九四一年のあいだ、アンドリッチは外交官の職にあり、ヨーロッパ諸国（オーストリア、ルーマニア、スペイン、スイス）をまわった。彼は、真の君主がいないユーゴスラヴィア王国の大使として赴任していたベルリンで第二次世界大戦の宣戦布告を聞いた。「奇妙な戦争」が彼をベオグラードにひき戻した。ナチス占領下では作品の出版を禁止され、孤独で多難な沈黙のなかに閉じこもった。占領下のこの時代に、彼は自国の歴史とヨーロッパの歴史に思いを凝らし、今では彼の傑作として世界的に知られた『ドリナの橋』『ボスニア物語（トラーヴニック年代記）』の二作を含む三つの代表作を書いた。これは、いわゆる〈アンガージュマン〉文学につねに背を向けていた作家の、非常に純粋な形を取った一種のアンガージュマンであり、レジスタンス活動だった。

彼の年代記小説は戦後早々に出版され、一挙に熱狂的な歓迎を受けた。(他の人民民主主義政体諸国と同様ユーゴスラヴィアでも当局が押しつけようとしていたいわゆる「社会主義リアリズム」に盲従する一部のジャーナリストだけは、アンドリッチの過去観と「オプティミズムの欠如」に対して慎重な姿勢をとった。)ジダーノフ理論の「主張」からも「傾向」からも距離を置いたアンドリッチは、チトーとスターリンの絶縁から生じた〈雪解け〉に賛同する意志を明確に示した。

節度があり、簡潔なその文体の比類ない明晰性は、民衆詩と伝説を口承で伝えてきたわが国の長い伝統に培われたものであろう。(この伝統はオスマン・トルコによる占領時代に根づいたものだ。というのもこの地に昔から暮らす人々にとってトルコ語の文字は難しいものだったからだ。)飾りけのまったくない優雅さが、自然でありながら磨きあげられた洗練さに加わり、語り手アンドリッチをユーゴスラヴィア文学だけでなくスラヴ文学全般の古典的作家に、たとえばゴーゴリやチェーホフにも比肩しうる作家にしていた。伝説と現実の両方にもとづき、歴史的でもあり非歴史的でもある彼の過去観はボスニアに集中する。今度の戦争でもっともひどい被害を受けた旧ユーゴスラヴィアのこの中心地は、何世紀も前から東洋と西洋が出会い、衝突し、セルビア人とクロアティア人(セルビア正教とカトリック)、イスラームのボスニア人、私たちの祖先にあたるボゴミール派、地中海沿岸諸国のユダヤ人、ジプシーその他のいくつもの民族と宗教が行きかう地域だ。アンドリッチの意図は「重大な出来事と真の奇跡の舞台となるこの困窮した環境」の住民の「素朴な美徳」を際だたせることだった。

歴史小説は、悲壮感や道徳を掻きたてたり、感情や視覚に訴えたり、民間伝承や民族主義の手法を取るなどさまざまな形で、よく知られたある種の傾向をもつが、その前ではこのアンドリッチのような態度は曲げられてしまう可能性があった。しかし、アンドリッチの場合はそのような影響は皆無だ。スラヴ文学におけるある種のロマン主義とその多くの変形の痕跡は彼の作品にはまったく見られない。ステファン・ジェロムスキと共通する部分はほとんどなく、シェンキエヴィチや『ボリス・ゴドノフ』のプーシキンとはなおさらつながりがない。形の定まらない過去に入りこんだこの眼差しは想起や描写だけでは少しも満足しない。アンドリッチは、東洋の賢者にも似て、人を教化しようなどとはほとんど考えず、知恵を伝えようとしているだけだ。レオナルド・シャーシャはそれに気づき、アンドリッチの作品をイタリア語に翻訳したさいに「過去の意識が現在を生き、それを感じとり、過去を未来に委ねるという意味で賢者だ」と書いている。アンドリッチは「害悪、不幸、不安が人間のあいだにつねに変わらず存在し、何も変化しないこと、我々は一歩踏み出すごとに墓場に向かっていること」をかたときも忘れない。それでも彼は預言者になろうとは思わなかった。

私たちの時代にはかなり稀になった一貫した意志がアンドリッチの生活と作品を特徴づけている。若い頃はキリスト教徒だった彼が、キルケゴールを読みふけり、表面的には不可知論者に変わったとしても、作家としての彼はほとんど変化がないように思われる。彼の哲学（こう言われるのを彼は許さなかっただろう）は、『ドリナの橋』におそらくもっともよく表れている。この作品は、ヴィシェグラードという小さな村の人々のうごめきが命を吹きこんだ大きなフレスコ画であり、村の運命は淡々と流れつづける川に架けられた橋の周りで展開する。おずおずとした光がところどころわずかに差しただけの暗く音もない何世紀もの時がドリナ川の水のように流れていく。何世代にもわたって生死がくり返され、たがいによく似た世代が、見わけるのが難しい痕跡、色あせた姿、消すことができる印、語られ、ときには書きとめられた文章を、遺産として残していく。「月日は巡り、何世代もがすぐに過ぎていく。しかし、橋は、アーチの下を流れる川と同じく変わることがない。もちろん橋も年をとるが、ひとりの人間の命どころか、綿々と続く世代よりも長い周期なのだ」。橋の恒常性は「人生が理解しがたい驚異だ」ということを教えてくれる。「なぜならそれはたえずすり減り、ぼろぼろに砕けても、続き、残り、ドリナの橋のように揺るぎないからだ」。

アンドリッチは自分の描く橋が無邪気なアレゴリーにならぬよう、また、安易な比喩の誘いに乗らぬよう気をつけている。(彼の短編にはほかにもいくつもの橋が登場するが、そのなかには破壊されて今はなく、おそらくは永久にもとに戻らないものもある。)「私が橋に思いを馳せるとすぐに、私が一番よく渡った橋だけでなく、一番私の心を捉えた橋も記憶のなかに甦ってくる……そこは人が障害に立ち向かった場所を示している。これらの橋は秘密の勢力や悪の勢力に仕えることはけっしてない。大きな石橋は破棄された時代の証言なのだ。その時代を人々は生き、考え、さまざまに築きあげてきたのだ」。強力な創意で魅了する語りの中央で、ドリナ川に架かる橋は強力な焦点をなし、その周りには人々の調和を欠いた生活が集まり、中心では共同体全体の運命が形づくられる。「橋は、人間の気まぐれとはかない欲求が残していった痕跡すべてを、埃を払うように振り落としたものだった。橋は何が起ころうとも変わらなかったし、これからも変わらないだろう」。

ヴィシェグラードという小さな村が登場し、作りあげられてゆく方法、橋そのものが設定する決定軸の周りに築かれる暮らしとコミュニケーションの様式——ひとつの人類学全体がそこに提示あるいは予示され、奇妙なことに、これはのちのレヴィ＝ストロースのある種の叙述や新しい歴史家たちの思想を思わせる。歴史に登場する機会を与えられなかった不透明な過去がわかりやすくなっている。

語りは歴史を、それを長いあいだ奪われていた市民に返す。文字で読むことのできる大きな歴史的文書、そこに人々は自分の姿を認め、それが自分だとわかる。この企ては彼の作品全体の特徴である。

ドリナ川に架かる橋は闇から良心の微かな光と束縛をとり除こうとする執拗な意志が現れるのを見る。一九一四年頃、この橋の敷石に〈若きボスニア〉党員たちの議論の声が響いていたときでさえ、アンドリッチは雄弁な擁護者になろうとはしなかった。彼は「新しい生活は古きものと新しきものの混合だ」ということを思い出させる。ごく稀に、「反乱を起こした天使が、まだ天使としての権利と反逆者としてのあらゆる力をもっていたこの短い期間」をのぞいて、なにも彼を極端に興奮させるものはない。解放者としての英雄も革命家としての英雄もそこにはいない。本が書かれたときの歴史的、政治的時間に関係するものはなにもそこに表されていない。作品の最後に「ベオグラード、一九四二年」という小さな注がついているだけだ。

『ボスニア物語』にも、ベオグラード、一九四二年四月というよく似た記述がある。この年代記の時間はかなり短縮されていて、測れるものになっている。小さな町トラーヴニックは、ボスニアの占領地を治めるオスマン・トルコの大臣《ワジール》居住地になっていたが、「歴史の翼」がここを突然かすめ、一八〇六年から一八一四年までの間、この歴史の闇から明るみに浮かびあがることになった。ナポレオンがこの地に領事館を開いたのだ。オーストリアも先を越されることを恐れて同じく領事館を置く。表面上はなんの興味も引かないこのことが、ヴィシェグラードに架かるドリナ川の橋と同じ役割を演じることになる。すなわち、生活が「なにかの周りで」展開するように見えるのだ。変化に対する準備がほとんどできていなかったこの町の住民は、陰鬱なしきたりを揺るがす新たな来訪者に反対する。アンドリッチのような技巧の名人にとっては腕の見せどころだ。〈ライア〉（征服者オスマン・トルコがもっとも下層の人々を蔑んで呼んだ名）によって構成された少数民族、セルビア正教の司祭によって導かれたセルビア人（親ロシア派で、ナポレオンには敵意を抱いている）、フランシスコ会の聖職者が指導するクロアティア人（皇帝と教皇権とのいざこざのためにこちらもナポレオンに敵意を抱いているが、むしろオーストリアのカトリック勢力寄りの態度を示す）がこの町には混在している。しかも彼らの隣には、セルビア人やクロアティア人と同じ祖先をもつイスラーム系ボスニア人やユダヤ人の小さな共同体がある。特に、全権力を握る大臣《ワジール》の人格を頂点とする奇妙な階級制度をもつトルコ人は、遠来の征服者として、現地のイスラーム化したスラヴ人を取りこもうとしている。このマグマのなかにダヴィルという名のフランス人領事が、家族、若い補佐官デ・フォセ、大急ぎで集められた領事官職員とともに赴任する。彼らの向かいには、オーストリア領事館の同じような一団がいる。人種と歴史が同時に混じりあい、さまざまな信仰と慣習が大混乱をひき起こし、精神性と意識がくい違って交錯する。（文章は過去の出来事も現在の出来事も見事に要約している。）

ほとんど感じとれないようなやりかたで、東洋と西洋の出会いに、時代遅れの環境で際だつ両者相互の無理解に、巧妙に暗示された雰囲気とバザールのいかなる民族主義的傾向にも従わないヴィジョンに関心は集中する。二人のフランス人はこの年代記小説の表舞台を占める。お人好しのダヴィルは『モニトゥール』誌に記事をいくつか発表しているパリ出身の日曜詩人で、フランス大革命からほとんど何も学ばず、それでいてナポレオンには従い、ときには称賛もするが、その失脚を残念とは思わない人間の代表のように描かれている。青年デ・フォセは新時代の申し子で、控え目ながら新たな活動あるいは新たなタイプの人間を予告している。（ジュリアン・ソレルのように自分の計画に熱中するが、自分の野心に身を委ねることはしない。）

伝説は、この作品では『ドリナの橋』と同じ位置を占めてはいない。本当の歴史が伝説的要素を排除、あるいはわずかな割合に減少させているのだ。一種の「呪い」が「静寂と不安からなる無言の国」、ダヴィルの報告によれば「何ものも人々を和らげることもなければ、解決することもない」ボスニアの周りを覆っている。（ボスニアはいつもそうなのだろうか？）ひき継いだ三人の大臣《ワジール》のうちの一人は、見た目は愛想が良さそうだが、公式の歓迎行事のさい、外国からの賓客に、セルビア人反徒から切りとった耳を見せることまでする。（クルツィオ・マラパルテの書いた物語によればウスタシャの首領アンテ・パヴェリッチは、人間の目で満たされた鉢を目の前に置いていたらしい。私は最近、ボスニアのチェトニクの強制収容所のむごたらしさに注目している。）

デ・フォセだけが少しではあれ、この世界とその相反する過去の内部に入りこむことができる。新たな歴史の先駆者として、彼は「市民の悪意と善意は状況の産物だ」ということを理解する。『百科全書』の教えがときおり、彼の口から出るが、それは語り手の技によって物語となっている。フランス人青年デ・フォセだけが、領事たちが集める奇妙な人々と気持ちを通わせることに成功する。たとえはそのなかのひとり、医師コロニャは、「東洋と西洋の間を、どちらに属することなく、しかし、どちらとも衝突しながら、苦労して縫うように進む」レヴァントの人間の真の運命を明らかにする「原型」とも言える人物で、彼らはキリスト教徒とそれ以外の人々の宿命的な分裂の犠牲者である。切り離され小さな集団をなすこれらの人々は、二重の原罪にあえぎ、もう一度罪を贖い、救われねばならないが、誰がどのように救ってくれるのかわからずにいる。物理的にも精神的にも境界線をなすところ、暗く血塗られた線の上、馬鹿げた、しかし冷酷な誤解の結果、境界線を引いてはならない人々の間に引かれた線の上でこの人々は暮らしている。（私はユーゴスラヴィアの戦争が特に記憶の戦争だと思われた。）この少々形而上的な亀裂を塞ぎ、ゲーテの言う〈西東〉の意味で西洋と東洋を結ぶのは可能なのだろうか。アンドリッチはこれに答えるのを避け、暗示するにとどめている。

一八一四年に帝国が「衰退」すると、フランスはもはや「世界の果ての失われた穴」に領事を置く必要はなくなった。オーストリアも同様だった。ひとつの出来事によって七年あまりも惑わされたトラーヴニックの住民の色あせた生活はふたたび停滞しはじめた。「恐怖は名前を変え、心配は形を変えた。そして大臣《ワジール》たちは続いてやってくる。帝国は衰退し、トラーヴニックは憔悴するが、それでもなお、人々は落ちたリンゴのなかの青虫のように生きつづけている――」。今後のボスニアはどうなるのだろうか。（この問題提起は今も考えねばならないものだ。）

現代の問題に対するアンドリッチの〈距離〉、現在からの離脱が誇張されてきたようだ。彼の短編『呪われた中庭』（起稿は一九二八年、脱稿は一九五四年）は、人を怖じけづかせる名前のついたあのイスタンブールの監獄に入りこむ。まさしく呪いの場所であるこの監獄には、犯罪者もたんに「過ちを疑われた」人も無関係に送られてくる。ペタルという名のカトリックの修道士はこの運命の場所での経験を語る。「そこにはあらゆる種類の犯罪者とあらゆる分野の容疑者がいた……呪われた中庭は感じとれないうちにすぐに人間を屈服させ、服従させる。ここに連れてこられた者は自分が誰であったのかを忘れ、自分がどうなるのかも少しずつ考えなくなる。過去と未来はただひとつの現在のなかに、呪われた中庭の恐ろしい異常な生活のなかにある」。

この文章は恐怖と独裁政治の暗示以上のものになっている。この作品は監獄と強制収容所に関する証言のたんなる先どりではなかろう。その精神を表し、独自の方法で神話を語っているのだ。（この作品からかなりの時を経て私たちは『収容所群島』を読むことになる。）トルコ人の父とギリシア人の母をもちスミルナで生まれた外国人《メコイコイ》の青年チャミルは、夢のなかで——そして博学を要する研究を通じて——自分の運命が今はなきスルタンのジェムの運命だと思う。これは、彼がオスマン・トルコの現在のスルタンに対して陰謀を企てたことを示しているのだろうか。彼は疑われ、投獄される。呪われた中庭には「無実の者はおらず、誰も偶然そこにやってきたわけではない」——と、この場所の絶対的な支配者で、自分の職に情熱を燃やす拘置所長のラティフ・アガは明言する。「この中庭の入口をくぐったときから人は無実ではなくなる。たとえ夢であっても、過ちを犯したことになるのだ」。

　物語作家は〈先天的のもの〉で、小説家は〈後天的なもの〉だというのが本当だとするなら、この説は物語作家としてのアンドリッチにぴたりと当てはまる。彼の小説は、一連の物語や短編を集め、有機的に結合させる。すでに処女散文詩集から物語の萌芽が見てとれる。たとえば、『日本の話』と題された短い寓話がそれで、これはけっして書かれることのなかった作家の独立をもっともよく擁護し、説明したもののひとつである。アンドリッチのいくつかの物語は簡潔にまとまった小説の規模をもつ。（とりわけ、全体主義の精神構造に関する哲学的物語、『大臣の象』の場合がそうだ。）これらの短編はそこに語られた時代で分類することができる。オスマン・トルコによる占領時代、オーストリア＝ハンガリー帝国統治時代、そして現代（第一次世界大戦後）の三つに加えて、第二次世界大戦後の時代に関連するごく限られた数の文章がある。アンドリッチの私的な資料室から見つかり、死後に出版された草稿のなかには未完の小説も含まれていた。（『オメル・パシャ・ラタス』と題された一種のサラエヴォ年代記、物語数編、散文詩、『私の夢見ていることと私に起こっていること』——何度もくり返してきた問いではあるが、この新たなバルカン戦争を見たら、彼の夢はどんなものになっていただろうか——と名づけられた日記がそれだ。）

ノーベル賞委員会はこの物語作家の「自国の歴史を主題として活写しえた叙事詩的筆力」を称賛した。アンデシュ・ウステルリングは「『千夜一夜物語』に由来する運命論と現代の心理分析を結びつける」『ドリナの橋』の手法を強調し、「アンドリッチはいわば世界の年代記の未知のページを開いたのであり、バルカン半島のスラヴ人の魂の深さについて語ったのだ」と述べた。ノーベル賞受賞式での演説で、儀式をあまり好まず、いつものようにおずおずとしたアンドリッチは語りの最高の手本として「口達者な伝説上の人物シェラザードに倣って、死刑執行人に刑の執行を思いとどまらせ、避けられない死刑の裁きを中断させ、生と時の幻が続くように懸命になっている」人を描いて見せ、こう結論づけた。「作家が語るままにさせねばなりません」。大部分の論評は、彼の散文が東洋の語り方をわがものとし、独自の方法で西欧化したという点で一致し、彼の作品をバルカン半島の『千夜一夜物語』にたとえている。

アンドリッチは既成の答を振りかざすようなことはせず、問題の解決を主張するようなこともまったくしない。安易に結論づける危険を冒すことはない。「私は事実からいかなる結論もひき出さない。ただ事実そのものを私は見つめている」。いつも彼自身に似た、他の誰にも似ていない移り変わりの背後で、私たちの置かれている状況を変わることなく映しだすものとして、語り手はできる限り物語への介入を避け、外見上は編年史家や書記の役割を担う。しかも、彼はこれらの変転のひとつひとつが課す限界を乗り越えることができる。彼は伝統的小説の規定を前にして独自の解決策を見つけた。すなわち、トーマス・マンの冷静なリアリズムとブルガコフの幻想的な現実との間に、しかもどちらからも完全に独立して身を置ける位置を見つけたのだ。要するに、彼の語る年代記は、いわゆる歴史小説というより歴史の小説である。そこでは歴史が、美しく飾られた枠組みや論拠として利用されるのではなく、主題そのものになっている。

もっとも美しい風景を前にしたとき、アンドリッチは「安易な比喩やうぬぼれた比喩でそれらを汚さぬよう気をつけた。騒々しいレトリック、思いあがった計画、まことしやかな約束が横行する時代に、これほどの控えめな態度は驚愕に値する。

*

十数年前、拙著『今日ユーゴスラヴィアたること』（私はその時起きつつあることを危惧してこれを書いた）で、私は憎しみには出会ったが激怒はまだ見ていなかったし、不寛容を感じはしたが兄弟殺しの猛威には触れていなかった。ユーゴスラヴィア文学において、イヴォ・アンドリッチはおそらくこのような呪いを予感することのできた唯一の人物だろう。彼は『一九二〇年の手紙［邦題：サラエボの鐘］』という題の奇妙な文章を書いている。忘れられているこの文章を、ここで簡単に紹介してみたいと思う。

田舎の駅で汽車を待っていて（バルカン半島ではいつも汽車は遅れていた！）、語り手は学生時代の旧友に出会う。マックス・レーベンフェルトというのが彼の名で、地中海系ユダヤ人《セファラド》を先祖にもち、ボスニアと統一されたばかりのユーゴスラヴィアから脱出する準備をしていた。レーベンフェルトはサラエヴォで夜、いくらか間隔を開けて、カトリックの大聖堂、セルビア正教の教会、そしてベイのモスクのサハトの塔が順に時を告げるのを聞いた。「ユダヤ人にとっては、神のみが、何時なのかを知っている。それもセファラドやアシュケナージそれぞれの数え方で何時なのか知っている」。それぞれの宗教の四つの暦は一致することがない。「それぞれの宗教を隔てる溝は非常に深く、時としてこの溝を越えられるものは憎悪しかなく」、「やつれた陰気な顔が時々礼拝場所の近くを行き交い」、

「人々の心の奥底には古い本能と徒党の精神が潜んでいる」。こうしたことが、医者であり、ヒューマニストであったマックス・レーベンフェルトに、彼が生まれた国、はじめて耳にしたのがサラエヴォの町を横切るミリャツカ川のせせらぎであったこの国を離れるように促したのだった。「あなたがたがもっているもっとも神聖なものはすべて山や谷の向こう側にある。しかし、あなたがたの嫌悪と憎悪の対象はすぐ近くにある……あなたがたは生まれ故郷を熱愛しているが、たがいに排除しあい、しばしば衝突しあう三、四の異なったやりかたで、容赦ない敵意を生むほど熱烈に愛している」。

ここに抜粋した「手紙」を語り手に送った医者はまずフランスに移住し、パリ郊外で同胞の移住者たちを無償で診療した。しかし、一九三八年、スペインの、「ユーゴスラヴィア人は誰も正確にその名を発音できないようなアラゴン地方の小さな町」の共和国軍の病院でファシストの飛行機の爆撃を受けて死亡した。「これが憎悪から逃れて旅立った者の最期だった」。憎悪のもうひとつの顔は復讐である。両者の間には記憶があり、それは時として呪いの形をとる。

しかしながら、アンドリッチが同胞の眼差しに憎悪と復讐心しか見ていなかったと言うのは正しくないだろう。彼の作品の中心を占める地域、ボスニアについて、特にサラエヴォについて書かれたページの多くには希望が、南スラヴ人の友愛に満ちた相互理解への信頼が染みこんでいる。第二次世界大戦後の国勢調査のさいに、彼は――セルビア人でも、クロアティア人でも、その他の民族でもなく――ユーゴスラヴィア人と登録している。旧ユーゴスラヴィアでそれまでみなが共同で所有していたすべてのもの、すなわちもっとも高度な文化のなかの共有の分割不可能な部分を、分割あるいは破壊するよう決めた人々はアンドリッチの作品について今後どう語るのだろうか。

何世紀にもわたるこの地域の人々の生活と歴史には、相互の寛大さと愛情、知性と良識が溢れていた。わが国のもっとも優秀な者たちは私たちを統一するために働き、私たちの統一を願った。理解し、私たち自身にもほかの人々にも説明しなければいけないことは、憎悪がこれほどまでに愛情に対して優位に立ちえたということ、精神の偏狭さが寛容さに勝ったということであり、どこからとも知れずやってきた——生活と歴史の——悪が良識と対立し、このように知性を窒息させることができたということだ。これこそ、ユーゴスラヴィア最大の作家アンドリッチがおそらくは最初に、あるいはただひとり予感したことなのだ。

時には文学も真剣に受けとめなければならない。

レジスタンス――ドゴール、チトーと私たち

バルカン半島の戦争は残虐きわまるものだった。なかでも第二次世界大戦はもっともむごたらしいものとなった。この戦争が勃発したとき、私はまだ子供だった。戦争が終わったとき私は青年になっていた。父はドイツで四年間強制労働に従事させられた。レジスタンスのさなか、私が演劇グループに加わった様子はすでに書いた。

その頃、私たちはフランスが「奇妙な戦争」で敗北を喫し、名誉を傷つけられるのを見てがっかりしたものだった。白ロシアでは、仏露「同盟」という昔の思想の名残がまだ残っていた。共産主義に敵意を抱く父は全面的にドゴールを支持した。私はドゴールとチトーの間に立って、どちらに対しても批判的な目を向けた。

セルビア人民族主義者たちは、部隊の一部がドイツ占領軍に協力したことをうやむやにし、正当なレジスタンス活動家として将軍ドラジャ・ミハイロヴィチの復権に努めた。彼らはその根拠として、一九四三年にドゴール将軍がミハイロヴィチに与えた軍事勲章のことをもちだした。この叙勲は、チャーチルが、チトーの率いるパルチザンをユーゴスラヴィアにおける唯一の抵抗組織と見なしてミ

ハイロヴィチと距離を置く少し前の出来事だ。サン・シール陸軍士官学校の同期生として学んで以来このニ人の将校を長い友情が結びつけていたという根拠のない神話がチェトニクの指導者の無実の証拠とされていたのである。

セルビア人だけでなくクロアティア人やスロヴェニア人も含めてすべての民族主義に対する警戒心から、私はドゴールとミハイロヴィチは一度も出会ったことがないことを立証しようと懸命になった。そのために私はドゴール生誕百周年を記念してパリのシャルル・ドゴール研究所で開催された国際会議のさいの報告の一部を読んだ。

ドゴールとチトーは一度も握手する機会がなかった。この二人の政治家の長い対立はあまり知られておらず、一部は隠蔽されている。私はこれを明るみに出そうと試みた。今は亡き友人で、フランス駐在の旧ユーゴスラヴィア大使のイヴォ・ヴェイヴォダは、ユーゴスラヴィア分裂の直前、ユーゴスラヴィア連邦中央委員会の資料室に用心深く隠されていたいくつかの資料を私に提供してくれた。

殺戮を好むアルカンやシェシェリの民兵はチェトニクを後ろ盾として、その記章をつけ、指揮官ドラジャ・ミハイロヴィチを讃えた。レジスタンス運動のもうひとつの姿とその意味を彼らの場合と対峙させるのも役にたつと思われる。それは私にとってつねに重要でありつづけた遺産なのだ。ウスタシャやチェトニクの犯罪は悲惨な記憶を残した。これこそが旧ユーゴスラヴィアで起きた兄弟殺しの新たな戦争のもっとも深い原因なのだ。

*

歴史に残る大人物が活躍した時代には、その人物の個性と歴史を重ねあわせ、その行動が政治であったと考えてしまいがちだ。シャルル・ドゴールが「フランスのある種の思想」を体現した人物であることに異議をはさむ余地はない。また、第二次大戦から七〇年代までの間、私たちが旧ユーゴスラヴィアから彼に眼差しを向けるとき、ヨシプ・ブロズ・チトーの存在を避けて通ることはできなかった。とはいえ、戦後のフランスとユーゴスラヴィアの関係はこの二人の政治家が結んだ関係に限定することはできないだろう。

二人はそれぞれのやりかたで、自国の外交政策を指揮し、時として内政よりも外交に注意を払った。この点に関しては、両者の類似点を多数、容易に見いだすことができる。ドゴールは、戦争中は自由フランスを認めさせるために尽力し、植民地解放を計画、北大西洋条約に対しては独自の態度をとった。一方、チトーはユーゴスラヴィアのパルチザンを世界的に認めさせるために努力を重ね、一九四八年には反スターリンの立場をとり、〈非同盟諸国〉の運動で指導力を発揮した。戦争中に得た経験にもとづいて第二次大戦後、二人の関係が生まれてくる。

この二人の個性が形づくられる過程での相違点を見すごしてはならないだろう。ドゴールが、フランスとキリスト教徒を代表する立場に立ち、最初はシャルル・モラース的民族主義をとったのに対し、チトーは社会民主主義者、国際主義者として教育を受け、三〇年代にはいくらかスターリンに傾倒した。ドゴールは職業軍人であり、チトーはプロの革命家だった。二人とも自国が占領される事態に直面し、レジスタンス運動を組織、反抗勢力の先頭に立つべく努力した。二人が活動した状況にはいくつかの類似点はあるが、まったく同じというわけではなかった。たとえば、公式のユーゴスラヴィア政府はロンドンに、フランス政府はヴィシーにあり、それぞれチトーとドゴールを認めなかった。ドゴールは海外にあるフランスの兵力をロンドンと、本国からきり離された植民地に結集したのに対し、チトーは分断されたユーゴスラヴィア国内で蜂起を組織した。ドゴールはレジスタンスそれ自体の内部でもさまざまな障害に直面し（ジロー将軍との対立、共産主義者との確執など）、チトーも、はじめは同じように占領軍に抵抗していたドラジャ・ミハイロヴィチのチェトニクと対立した。歴史は枠組を定めたが、その中で二人の視点と立場の違いを乗り越えることは可能だった。

二人が先頭に立った運動はその性格と激しさから見ても同じものではない。ある種の相違はレジスタンス運動の性質そのものに由来する。レジスタンス運動を評価する基準はひとつにはなりえないからだ。ヨーロッパでのレジスタンスとして、一方は消極的抵抗や知的抵抗という形をとり、他方は戦闘や反乱による抵抗という形をとった。フランスのレジスタンスはヴィシー政権およびドイツ政府当局と対決し、ユーゴスラヴィアのパルチザンの闘争と比べるとより知的だが、武装蜂起としての性格が薄い活動を展開した。一九四〇年六月十八日のアピール以後、〈自由フランス〉はチトーの〈人民解放委員会〉より早く有名になった。カラジョルジェヴィチ朝の若き国王ペータル二世をたてるロンドンのユーゴスラヴィア政府の立場は、フランスの亡命政府とよく似ていた。セルビア人の王政主義者筋から流れる情報を、フランス人将校は、両政府の立場が似ているがゆえに信頼して受けとっていた。おそらくそこに、ドゴール将軍がイギリス人のように態度を保留することなく、将軍に昇進しユーゴスラヴィア亡命政府の国防相および軍の総司令官に任命されたドラジャ・ミハイロヴィチ大佐に関するすべてを受けいれた理由のひとつがあるようだ。

シャルル・ドゴールとドラジャ・ミハイロヴィチはサン・シール陸軍士官学校の同期生で、友情の絆で結ばれていたと長いあいだ言われてきた。ユーゴスラヴィアだけでなく諸外国でも、多くの政治家や外交官がこの説を支持した。ところが、二人の将校はクラスをともにしたことは一度もない。私は陸軍士官学校の同期生名簿にあたって調べ、これを確認した。二人は一度も出会っていない。一九三〇年、ミハイロヴィチはフランスで六ヶ月間の砲撃講座に参加したが、この時期、ドゴールは「地中海東部方面軍最高司令官の参謀本部に第二・第三部局長」として配属されていたのだ。

一九四一年に生じたパルチザンとチェトニク、チトーとミハイロヴィチの軋轢に対して、それぞれ国内の問題に頭を痛める西ヨーロッパ各国はすぐには反応しなかった。バルカン半島からの知らせがヨーロッパの中心にいたる道を開くのは容易ではなかった。フランスでは共産主義者自身が、一九四二年末まで「勇敢なセルビア人将軍ミハイロヴィチ」を模範として称賛していた。一方チトーは、このような主張を否定しようと、ぬかりなく、また、ねばり強く努力を続けていた。イギリスは、ユーゴスラヴィアの共産主義者をドラジャ・ミハイロヴィチの指揮下に置くために、ソ連を説得して圧力を加えさせようと試みた。ともあれ、アンソニー・イーデンとチャーチルは、チトーの近くに急遽派遣されたイギリス軍事使節の将校の報告にもとづき、一九四三年末、パルチザン運動を公式に認め、ミハイロヴィチには背を向け、ロンドンのユーゴスラヴィア亡命政府に対しては強制的に彼を解任させた。

チェトニクがまずイタリアと、つぎにドイツと手を結び、結局はパルチザン攻撃に加わるのを幾多の証人（私もそのひとりだ）が自分の目で見ている。しかし、ドゴール将軍は一九四三年二月はじめ、ドラジャ・ミハイロヴィチに対して、自由フランス軍勲章を授与した。授与にさいしてつぎのような言葉が添えられた。「この伝説的英雄は、もっとも純粋な愛国心とユーゴスラヴィアの最大の軍事的美徳の象徴であり、この将軍は侵略された国土での戦いを続けてきた。愛国者たちの助けを借りて彼はたえず占領軍を攻めたて、多くの市民が乱暴な侵略者に服従することに我慢がならない人々の側で、祖国と全世界の解放へと通じる最後の突撃を準備している」。（シャルル・ドゴール研究所で協力してくれた人々は、一九九〇年にはこの「引用」の文章をフランス軍記録文書から見つけることができなかった。私はサザンプトン大学の歴史学者ステヴァン・K・パヴロヴィチの研究からこれを借用した。戦後公開された自由フランスの記録にこれが記載されているかどうかは明言しがたい。）

この点に関してドゴールは『大戦回顧録』にこう書いている。「一九四四年二月、ミハイロヴィチに戦功十字章を授与した。（これには誤りがひとつあり、指摘しておいたほうがよいだろう。この勲章授与はこれより一年前の出来事である。）その足元の地盤が崩れようとしている彼を励ますため、私はこのことを公に通知した」。スターリンは、この件についてドゴールを非難した。もっとも、最新の情報が本当だとするなら、スターリン自身、一九四三年末のテヘラン会談までチェトニクとある種の関係を維持していたのだが。ソ連の軍事使節はイギリスの使節に遅れること一年、チトーのパルチザンに合流する。

一九四一年にドイツ陸軍の部隊がセルビアの市民に対して行った報復以後、ミハイロヴィチは、時間稼ぎと国軍の保護のために占領軍との間で不可侵条約を秘密裏に結ぼうと決意した。この行動は一種の戦術と解釈することもできたかもしれない。（チトーのパルチザンもやはり一九四三年、疲弊しきった時期に同じ戦術に身を委ねようとしている。）当時ユーゴスラヴィアが置かれていた困難な状況と、ドイツ軍からもっとも恐れられ、もっとも苦しめられたセルビア系住民を救おうという意図から見れば、彼の行為もうなづけるかもしれない。

チェトニク運動はセルビア人の歴史上、輝かしい国民的・愛国的伝統を表していた。あまり信頼できないライバルをなにがなんでも排除しようとして、チェトニクはパルチザンとの協力に終止符を打っただけでなく、ドイツ占領軍が用意した武器と物資の補給に支えられて、パルチザンとの戦闘を開始したのだ。このように、日和見主義者の戦術は一種の対独協力に姿を変えた。君主制とユーゴスラヴィア王国に反対する共産主義者は、ミハイロヴィチとロンドンの亡命政府にとってファシストより恐ろしい敵だった。こうして、第二次大戦中の連合国側の根本的原則のひとつ、ソ連がドイツの攻撃を受けた直後にチャーチルが唱え、自由フランスを含むすべての連合国が同意した原則が犯された。しかも、チェトニクの部隊は市民に対して報復行為を仕掛けた。ウスタシャの場合に比べればその規模は小さかったものの、同じように市民の血が流された。(特にボスニアのイスラーム系住民に対する攻撃がはなはだしかった。)

ドゴールははじめのうち、セルビア人将校ミハイロヴィチについて、彼が大戦中に見せた姿そのままに、勇敢な英雄、もっとも過酷な献身や犠牲も厭わぬフランスの忠実な同志という、ある種の勝手なイメージを抱いていたようだ。このイメージは多くのフランス人愛国者たちが、戦中、戦後をつうじて思い描いていたものでもある。ところが、バルカン半島では非難の声があがっていた。こちらではチェトニクを完全に「対独協力者」と見なしていたのだ。一九四一年から一九四二年にかけてフランス人が抱いていたイメージでは、占領された自国でのミハイロヴィチの姿勢はペタン元帥の正反対に位置するものだった。これは、チェトニク側からの裏切りがまだ顕在化しないごく初期の段階でドゴールが抱いた考えでもあった。共産主義者に対する警戒心から、彼は意見を変えることがなかった。ドゴールはミハイロヴィチとまったく同様に、現実を国家主義的に見ようとする傾向があり、戦後ミハイロヴィチが裁判にかけられ、死刑判決を受けたことに対しても、これを認めようとはしない。敵側に加担したことをドゴールが「謝罪する」までには、チトーとその仲間たちはなお多くの時間をかけねばならない。

このドラマには独自の筋書きと結末があるのだが、なかでもいくつかのシーンとエピソードには興味深いものがある。大戦中の一九四四年四月、ロンドンへ向かうチトーの使者ヴラディミル・ヴェレビットは、地中海方面連合軍司令部があるアルジェにたち寄った。彼はそこでの非公式会談で、ドゴール側近のレジスタンス活動家数名に会った。私がこの件について尋ねたところ、その答として、一九八八年七月三十日付の手紙で彼はこの時の模様をつぎのように書いている。「アルジェに滞在中、私はクーヴ・ド・ミュルヴィルに会った。彼はユーゴスラヴィアの状況について知りたがっていた。私はダスティエ・ド・ラ・ヴィジュリにも招かれた。彼は私を自宅に迎えてくれたが、そこには六、七人が集まっていて、そのうちの何人かは国民解放フランス委員会のメンバーや側近だった。話は明けがたまで続いた。彼らは私たちの政策、組織、戦歴に特に興味を示した。当時ドゴールもアルジェにいたと思うが、彼は私に会うのを断った。この会談中、誰もユーゴスラヴィアへのフランス軍事使節の派遣についてきり出さなかった。彼らがそうした提案をすれば、たとえ権限から逸脱したとしても、私はその申し入れを受けただろうに。当時私たちは、西欧諸国のできるだけ多くの代表団にユーゴスラヴィアに来て、枢軸国とその協力者の部隊に対して、どのような軍隊が戦っているのかを現場で見てほしかった。一九四四年五月一日、私はロンドンに着くと、すべての連合国の代表と接触しようと試み、アイゼンハワー、ベネシュ、その他数人が迎えてくれた。フランスではケーニヒ将軍と会った。彼の求めに応じて、私は、将校の一団の前でユーゴスラヴィアの状況に関する講演をした。この時にもドゴール将軍は私に会おうとはしなかった」。

「誰もフランス軍使節のユーゴスラヴィア派遣を申し出てこなかった。その話が出るのは、私の記憶がたしかなら、一九四四年の春になってからのことにすぎず、その時すでにわが軍の使節はフランスで活動していた」。

ドゴール将軍は一九四四年四月、たしかに北アフリカにいた。国民解放フランス委員会がフランス共和国臨時政府に姿を変えた後の一九四四年六月三日、チャーチルに招かれて、アルジェを離れ、イギリスに向かった。ところで、ヴェレビットは五月二十四日にロンドンを離れた。それゆえ、将軍はいずれにしても彼を迎えいれることはできなかったのだ。この時期、ドゴールはノルマンディー上陸直前に連合国各国がフランスにふさわしい地位を与えてくれるよう全力を尽くしていて、ほかのことはあまり彼の頭にはなかった。バルカン半島での戦闘の展開に関する彼の推測はもはや正確さを欠いていた。ドラジャ・ミハイロヴィチが（イギリスの使節の時と同様に）受けいれを望んでいたフランス軍事使節はチェトニクの参謀と連絡を取ることさえできなかった。「チュニスやイタリアから彼（ミハイロヴィチ）に送ろうとした将校たちは、結局一度も彼の部隊に合流できなかった。チトーはどうかといえば、いつになっても彼からの合図は全然なかった」と、ドゴールは回顧録に記している。

別の説もある。チトーの司令部のそばにいたイギリス軍使節は、パルチザンが奪取した、安全があまり保証できない地域へ連絡将校をパラシュート降下させるのは技術的にもたいへん困難であることを見てとり、自由フランスの代表に使節派遣の提案を伝えなかったというのだ。それでも問題は残る。使節派遣の要求はドラジャ・ミハイロヴィチの叙勲後、おそらくは別の緊急事態に左右されていたゲリラの厳しい状況のなかで表明されたものなのかどうかという点だ。この点について、イギリス軍事使節団員の報告からはなんの資料も見つけられなかった。サー・フィッツロイ・マクリーンはこの方面の話が進んだとはなんら書きのこしていない。

そうこうしているうちに、第二次大戦は終結した。『大戦回顧録』の第三巻の補遺をなす報告の部分から、ドゴール将軍はイタリアの首相ジュゼッペ・サラガテとの会談のさいに（一九四五年）、イストリア半島の国境線をめぐってイタリアとユーゴスラヴィアがもめている問題で、イタリアはフランスの支持が見こめる旨を伝えていることがわかる。「たしかに、イタリアはスラヴ人がアドリア海に対して認めている重要性を意識せねばならない。しかし、これに関してフランスはイタリアを支持する」。ユーゴスラヴィア人はこの問題に対して非常に敏感な時期にあった。

二人の国家元首には、戦後処理の問題が山積し、たがいに相手を気にかけるどころではなかった。ドゴールは「諸政党の偏狭な制度」への回帰に直面して、一九四六年一月に辞任する意向であることを告げた。チトーは、ソ連をモデルにして単一政党制を築いた。一九四六年六月十日、ドラジャ・ミハイロヴィチが死刑判決を受けたとき、ドゴール将軍はもはや権力の座になかった。ヴォイヴォディナ出身のチェトニクで亡命中のセルビア正教の司祭モムチロ・ジュイッチは、ドゴールはミハイロヴィチが裁判にかけられたとき、彼が有利になるよう立ちまわったようだ、と明言しているが、これについてはフランスの記録文書にも、ユーゴスラヴィアの記録文書にもその痕跡はまったく認められなかった。

一九四五年の夏の間、ユーゴスラヴィア新政府はパリ駐在の大使にマルコ・リスティチを任命した。完璧なフランス語を話す知識人で、両大戦間の文学界ではシュルレアリスムのリーダーでもあった彼は、三〇年代末の共産党機関誌（これにはチトーの論文も載っている）から「ブルジョワ」、「トロツキスト」と非難され、激しい攻撃の的になった人物だった。その彼の今回の大使就任は、ユーゴスラヴィアがまだスターリンと同盟関係を保っていた時代にあっては一種の挑戦に見えたことだろう。チトーは意外な決断で世界を驚かせたが、これもそのひとつだった。また、大使に選ばれたのが、何人ものセルビア人外交官を輩出してきた名家の子孫であることも、たんなる偶然として見すごすわけにはいかない。フランス外務省でのリスティチは「完璧にフランス文学に精通し、ユーゴスラヴィアの政治に生じる難問を、彼なりの論法でときには茶目っ気もまじえつつ詳細に分析する、好感のもてる人物」に思われた、とジャック・デュメーヌはその著書『フランス外務省、一九四五年〜一九五一年』に書いている。

外交交渉は以前の失敗を帳消しにするには不十分だった。権力を掌握したユーゴスラヴィアの共産主義者の考えるところ、それまで自分たちが導いてきた運動が第二次大戦下では比類ないものだった。他のレジスタンス運動に対する彼らの態度はしばしば尊大で、傲慢なこともあった。つぎのような状況がこれを十分に物語っている。それは、ポーランド、シレジア地方の小さな町シュクラルスカ・ポレンバの、設置されたばかりの共産党情報局（コミンフォルム）での秘密会談の最中に起きた。スターリンはジダーノフにこの会議の運営を任せ、会議終了後にフランスとイタリアの共産党員に対して、第二次大戦中の彼らの行動と議会での妥協を非難する手はずが整えられていた。ミロヴァン・ジラスとエドヴァルド・カルデリが代表を務めるユーゴスラヴィア共産党は、その名声と当時示していた正当性にふさわしい役割を与えられていた。カルデリはイタリア人（ルイジ・ロンゴ、エウゲニオ・レアレも出席していた）を非難し、ジラスはフランス人（ジャック・デュクロ、エティエンヌ・ファジョンら）を糾弾した。この時代ユーゴスラヴィア共産党第二位のポストにあったミロヴァン・ジラスが口にした非難の言葉は遅からずドゴール将軍の耳に入り、チトーとの関係に影響を与えたことは大いに考えられる。「我々はここで、政権に就いた反動的一味がすでにアメリカ帝国主義者の支配下にある国の共産党執行部に話しておきたい。フランス共産党とイタリア共産党のことだ。［…］大戦中、フランス共産党はさまざまな集団に加わった。それも占領軍とヴィシー政権に対する武力闘争に関連してではなく、間違って定義された国家的連帯、ドイツに対する『政治的』レジスタンス、さらには『機が熟したときの』民衆の蜂起という名目で行ったのだ。こうしてドゴール将軍、このフランス版ドラジャ・ミハイロヴィチは絶賛された。［…］同志トレーズはこの年の七月、ドゴールを批判しつつも、戦争中の彼の功績は強調した。なぜだろう？ ドゴールはフランス人民解放のための闘争においてはなんの功績もなかったのにだ。ドゴールの政治歴はチャーチルの代理人として始まった。戦争中、彼はイギリス諜報機関の職員とともに、フランス義勇遊撃隊を邪魔するグループを作った。彼とドラジャ・ミハイロヴィチやアンデルスのあいだにどのような違いがあるというのか。同じである」。のちに『新たな階級』を書く人物がこのような判断を下していたとは信じがたいことだ。この文書はユーゴスラヴィア共産主義者同盟の資料室に秘密裏に保管されていたもので、はじめて公開されたものである。

この翌年、コミンフォルムはユーゴスラヴィア共産党とチトーに対し、フランスやイタリアの共産党員の場合よりもいっそう露骨で荒々しい攻撃を加えることになる。世界におけるユーゴスラヴィアの地位はソ連との断交以降変化した。チトーとその周囲のスターリン反対派が示した毅然たる態度はフランスで共感をもって迎えられ、フランス共産党の非難もこれを揺るがすことができなかった。この共感はレジスタンス運動に参加した人々の間で特に強く、それには非常に多くのドゴール派の人々も含まれていた。知識人の一部は「チトー主義」（この語はこの時に作られた）に対する支持を表明して、スターリン主義に嫌悪感を示した。ジャン・カスーと並んで尊敬に値するあるレジスタンス活動家は、ユーゴスラヴィア訪問のさいにサラエヴォで「チトーは人類の良心の一時代を代表している」と言明した。『ユマニテ』紙と『フランス文芸』の広告塔、アラゴンとエリュアールはユーゴスラヴィア大使館に通うのをやめたが、ルネ・カッサン、ルイ・マルタン＝ショフィエ、アンドレ・シャンソン、ヴェルコール、ピエール・エマニュエル、クロード・アヴリーヌ、クロード・ブールデ、レオ・アモン、アニェス・アンベール、エマニュエル・ムニエ、ジャン＝マリー・ドムナッシュ、サルトルらが、危機に瀕したユーゴスラヴィアを断固として支持した。一九五〇年、ルイス・ダルマスは『ソ連断交以後のユーゴスラヴィア共産主義』と題する本を出版した。それに付けられたサルトルの序文にはこう書かれている。「チトー主義が我々にとって例外的に重要なのは、それが主体性に達しているからだ。しかし、この主体性は形だけの理想としてふたたび現れるわけではない。効果的で具体的な現実として、歴史の運動そのものの客観主義から生まれるものなのだ」。とりわけ、この著作がチトーの声明を含んでいることに注目したい。チトーは「我々がミハイロヴィチに対してそうしたように」、ドゴールを距離を置いてみようとしないフランス人を非難している。

この時期には、多くの論文が、特に、非共産主義の左派から発表されたが、それらはユーゴスラヴィアとその方向づけに対する共感のしるしとなった。ジャン・カスーの回想録によれば、フランス＝ユーゴスラヴィア協会の代表者ルネ・カッサンは「ドゴール将軍の関心をユーゴスラヴィアに向けようと努めた」。それがどれほど成功したかを測るのは難しい。フランスとユーゴスラヴィアの関係は、ドゴールとチトーの関係によってはもはや決まらない経緯をたどることになった。社会主義労働者インターナショナル・フランス支部とユーゴスラヴィア共産主義者同盟は、スエズ遠征の前に、正統派共産主義者たちが浴びせる非難を倍加させないかというユーゴスラヴィア側の懸念をよそに、接触する機会を幾度ももった。ギ・モレは、ユーゴスラヴィアの実験が「社会主義者の見地から見て、大いに興味深く、共感できるもの」で、「スターリン主義の後遺症を清算し、革命の成果を保存し、前進する」可能性をもつものと評した。（パリの社会党資料室で見つけたタイプ文書からの引用。）チトーは一九五六年五月パリを公式訪問し、盛大な歓迎を受けた。

ユーゴスラヴィアとマグレブ諸国との関係は、五〇年代末に、ユーゴスラヴィアとフランス両政府間の関係悪化の原因となった。アルジェリア戦争のさい、フランス政府当局は、特にアルジェリア民族解放戦線の反乱部隊向けの武器をアフリカの港に運ぶユーゴスラヴィア船を途中で捕らえてからは、くり返しユーゴスラヴィア政府に抗議した。最初の「非同盟」会議が開かれたのは一九六一年九月のことだ。アルジェリア共和国臨時政府の代表団も参加し、拍手喝采で迎えられた。フランス大使ヴァンサン・ブルストラ（余命いくばくもない重い病に冒されていた）はこのときには代理大使と交代していた。代理大使は会議の席を立ち、本国政府に会議の模様を知らせた。フランス外務省は大使の交替をユーゴスラヴィア大使館にも要請した。ダルコ・チェルネイ大使は一九六二年一月、パリ・リヨン駅のホームで外務省の下級職員一名と数人の友人に見送られてパリを離れた。エヴィアン合意の少し前、アルジェリア停戦の直前のことだった。

六〇年代にはフランスとユーゴスラヴィアの関係はドゴールとチトーの場合よりも改善された。いくつかの手がかりから、ドゴールが北大西洋条約におけるフランスの地位の独立を要求し、実際に獲得した後、チトーは植民地を手放したフランスが非同盟諸国の運動において指導的役割をひき受けてくれるよう願っていたと考えられる。当時の国務大臣モーリス・シューマン（この話を私は彼自身から聞いた）のブリオニ公式訪問のときに、チトーのそばにはインデラ・ガンジーがいた。このような拡大政策の点でガンジーはチトーと考えを同じくしていたのだ。アメリカからの帰路（おそらくは一九六六年)、ユーゴスラヴィア・パルチザン運動のもっとも名高い人物のひとりで、リスティチとともに三〇年代のシュルレアリスムに参加したコチャ・ポポヴィチは外務大臣としてドゴールを訪問したが、ほかの場合と同様、あまり成果はなかった。私の質問に対して、この時の会談をあまり思い出したくない様子で、コチャは「相互の失敗」という彼なりの簡単な表現でまとめた。

ドゴール内閣の外務大臣、モーリス・クーヴ・ド・ミュルヴィルは一九六六年にユーゴスラヴィアを訪問した。あるフランス人外交官の推薦で、当時まだ学生だった私が、通訳として(チトーとの公式会談は除く)偶然この訪問に同行することになった。その時のクーヴ・ド・ミュルヴィルの姿勢はたいへん「積極的」に感じられた。一九九〇年に会ったさい、彼は外務省で彼が築いた関係と、その著書『外交政策――一九五八年から一九六九年まで』に示したこの問題に対する考察を私に語ってくれた。「ソ連政府から目をかけてもらうことをやめたこの世界では、独立を誇りとするのもいわれなきことではなく、独自の方法で社会主義が実践されていたが、フランスの政策はそこで特によく理解され、歓迎された。チトー元帥は多くの点で我々の見解が彼と近いことをよく納得しているように私には思われた。[…]彼は非同盟諸国のリーダーとしてユーゴスラヴィア政府の役割を過大に考えていたのかもしれない。しかしフランスは、ユーゴスラヴィアで友人として迎えられ、ユーゴスラヴィアといっそう関係を深めることが有利だと考えずにはいられなかった」。

ドゴールもまた、公式には何も表明していないし、書きのこしたものもないが、おそらくはユーゴスラヴィアの実験について当時同じように考えていたことだろう。ジャン・デクリエンヌはドゴール将軍との対話のさいに書きつけた記録(『将軍は語った』)で、フランス共産党を評して「外国の権力に従属したまま、チトーがユーゴスラヴィアでしたようにその締めつけを払いのけることができなかった、あるいは望まなかった」と語ったドゴールの言葉を伝えている。したがって、戦争が生んだ誤解はドゴール将軍の胸中でも薄らいでいたのだ。

＊

もっと穏やかないくつかのエピソードでこの話を締めくくりたい。一九六八年、ベオグラードのプロスヴェタ社はドゴールの『大戦回顧録』の東ヨーロッパにおける最初の全訳をフランス国旗の三色で装丁された三巻本として上梓した。（スロヴェニア語版もほとんど同時期にリュブリャナで出版された。）この時代、ユーゴスラヴィアの出版社はこの種の出版物には公的機関の許可を願い出なければならなかった。この時かつてのパリ駐在ユーゴスラヴィア大使（ミタ・ミリコヴィチ）は前書きにこう記している。「大戦中ドゴールと我々の人民解放運動には直接接触する機会がなかったこととは別に、読者は『大戦回顧録』のさほど重視されていない数頁、特にユーゴスラヴィアのパルチザンの戦い（これをチトーとドラジャ・ミハイロヴィチの間の「競合」と彼は呼んでいる）に対するドゴール将軍の誤った見解、亡命政府の役割の評価とトリエステ問題に対するとり組みに目をつぶることができないにちがいない。［…］しかし、『大戦回顧録』の受けいれがたい部分は、第二次世界大戦に関する真実を知り、補おうとする本書の多大な価値を危うくするものではない。ここではドゴールは歴史家ではなく、歴史の創造者として姿を見せている」。新聞各紙はこの時、いくつもの書評を載せ、それらが賛辞を送ったのは『大戦回顧録』の文体だけではなかった。一九五四年にジラスを支持して陥った苦境から回復したばかりのヴラジミル・デジイエはドゴール将軍の著作のために特別にとっておいたと思われる歓迎の範を示した。「ユーゴスラヴィア人に原典の文章の全容が明らかになった」。それは、わが国の内政に関するドゴール将軍のいくつかの「誤解」にもかかわらず、他の国々の場合のように「検閲によって削除」されてはいない。デジイエは強調する。ドゴールは「チャーチルとともに第二次大戦の最高の回顧録作家であり」、しかも、「フランスを守り、世界政治の対象ではなく主体となるために活動した見者である」。

もうひとつのエピソードは、パリで、一九六八年、ワルシャワ条約機構五カ国の軍隊によるプラハ占領直後のことだ。ブレジネフと将軍らがチェコスロヴァキア侵攻後にユーゴスラヴィア領土に戦車を向けるのを恐れて、チトーはシャルル・ドゴールにのみ伝えるべく特別な親書を携えた大使を急ぎさし向けることにした。一九六八年八月、ユーゴスラヴィアのもっとも有能な外交官のひとりイヴォ・ヴェイヴォダが急遽パリに送られた。(以下の話はヴォイヴォダの私あての手紙に書かれていたものだ。)彼はドゴールと会うだけのために一週間以上待たされた。このような扱いを受けたのはドゴール将軍が昔のことを根にもっているからだと彼は考えた。特使は執拗に、今回の訪問が重要で急を要するものであること、すなわち、国家元首から国家元首への親書が託されていることをくり返し説いた。ついに彼はドゴールに会うことができた。「それは八月の夏のある暑い日、午後の早い時間のことで、湿気が空気からにじみ出て滴るような日だった。将軍は公式の昼食会を終えたところで、疲れてうとうとしていた。私の話をほとんど聞いていないように思われたので、私はしだいに声を大きくしていった。『将軍、チトーは特命を託して私を派遣しました。私たちはソ連の攻撃を受けたときは、最後の一人となるまで国を守るでしょう。チトーが親書を送った政治家はあなたひとりなのです。両大戦をつうじてフランスはユーゴスラヴィアの同盟国でした。あなたはそのフランスを体現しておられます。』将軍は身震いした。彼のなかで軍人が目を覚ましたのだ。彼は立ち上がり、拳でテーブルを叩くと、堂々とした声でこう言った。『あなたがたの決意は素晴らしい。それはプラハでも必要としていることだ。』私と将軍はたがいに胸を熱くして別れたのです」。

この最後の場面を見れば、いささか不都合な一連のエピソードが比較的幸運な結末を迎えているのがわかるだろう。ユーゴスラヴィア特使の使命の後にはより高度なレベルでの両国間の交流が整えられた。ユーゴスラヴィアでは、アンドレ・マルローを迎えるために準備万端の調整が行われた。マルローは、ユーゴスラヴィア文芸批評界ではかなり前に「復権」していた。フランスでは、ユーゴスラヴィア首相ミカ・シュピリャクが一九六九年初頭、パリを公式訪問した。この時大統領官邸で行った演説（『演説・親書集』に収録）で、ドゴール将軍は今までになく積極的にチトーとその活動を評価した。「わがヨーロッパのいかなる国が、今世紀の二度の激動のなかで、ユーゴスラヴィアとフランスよりも親密に世界の運命を描いてきたでありましょうか。第一次大戦中はフランスとセルビアが、第二次大戦ではフランスとユーゴスラヴィアがともに戦い、勝利を収めました。その後、イデオロギー的、地理的な違いから、異なった状況に置かれ、それぞれに隣国や友好国に対する義務を守らねばなりませんでしたが、両国はたがいに独立を守ろうと欲し、また、それができました。今や、自身をみずから治める国として両国は、最近チェコスロヴァキアを襲った衝撃のような嘆かわしい混乱の源となるブロック体制、覇権、冷戦、鉄のカーテンのかわりに、すべての国家間で、大陸全体で築かなければならないものは緊張緩和と相互理解と協力の実践だということもまた、確信しております……、首相、私はユーゴスラヴィア社会主義連邦共和国大統領であるチトー元帥閣下に心から敬意を表しているとお伝えいただきたく存じます。これはもっとも危険な状況にあっても祖国の激しい紛争を耐えぬき勝利を収めた戦士に対する敬意であり、国外に対しては、明断な判断と精力的な行動で、フランス政府が正しく、必要だと考える道を今もともに歩む国家元首に対する敬意であります」。

ドゴールのこの強い言葉でこの章を終わりにしたい。結末はよく知られている。上院と地方の改革に関する国民投票で、有権者の大半はドゴールの提案を拒否した。一九六九年五月、将軍は権力の座から降りた。チトーはドゴールの死後パリに赴いた。ユーゴスラヴィア抵抗運動の英雄がドゴールの示した例、つまり時宜を得た身のひきかたに思いをめぐらせたかどうか私たちは知るよしもない。その頃、私はチトーに対して辞任を勧める公開書簡を送ったが、それは彼の手元には届かなかった。

*

サラエヴォを三年間包囲し、一万人にもおよぶ老若男女を殺したチェトニクの民族主義者、その同じ人間が、今や「旧」をつけて呼ばれるようになったユーゴスラヴィアで猛威を振るった戦争の最中に、チトー主義の失敗の象徴としてミハイロヴィチの肖像を振りかざしている。この光景をドゴールが見たらなんと言っただろうか。

パリのシャルル・ドゴール研究所が献身的な努力を重ねて入念に書き上げ、一九七五年に刊行した『注釈付ドゴール将軍著作辞典』を私は偶然入手した。そのなかで私はつぎのような一節を見つけた。「ドラジャ・ミハイロヴィチは最後にはイタリアの援助を受けいれていて」、「彼は裏切りのかどで訴えられた」。ドゴール将軍の相続人が将軍の判断を訂正・補足するのはめったにないことだ。

パリからローマへと居を移す前に、私はシャンゼリゼで、解放五十周年記念のパレードを見た。ミッテラン大統領の傍らには、シュタウフェンベルク男爵とともに一九四四年にヒトラー追放を計画した叛徒の息子であるエドワルド゠ハインリヒ・クライストとクラウス・フォン・ドホナニイが座っていた。そこには、連合軍部隊に対して幾多の勝利を収めた後、ナチス長官によって自殺に追いこまれた有名なロンメル元帥の息子マンフレッド・ロンメルもいた。私はたえず考えている。ドゴール将軍はこれを見てどう言うのだろうか？　チトーはどう思うのだろうか？　ドゴールはチトー以上に反対したことだろう。

この式典を見て、私は少しも戸惑わなかった。私はずいぶん前から、あらゆる怨恨を断ちきっている。私は生命を脅かす圧制者に敵対する勇気をもった人々を尊敬する。

レジスタンスについて、もっと正確に言えば、フランスとユーゴスラヴィアのレジスタンスについては、これらもまた過去のものとなった。私が属するこの「旧」世界のものとなったのだ。

自主管理

誰がまだ自主管理のことを覚えていよう。政権につく前、フランス社会党の十八番はこの話だったが、権力を握るとすぐにこれを厄介払いし、忘れ去った。ソ連を信奉する共産党は自主管理をいつまでもユートピアあるいは偏向と考えていた。ユーゴスラヴィアの悲劇は自主管理を破滅へと導いた。東ヨーロッパで、「人間の顔をした社会主義」が社会主義を救えると思った人はほとんどいなかったが、ごく稀に、例外的にではあるが、自主管理がそこで重要な役割を果たしうると考える人もいた。この運動はある種の社会民主主義的環境に私たちを近づけたが、伝統墨守の知識人からも特権をもつ高官からも受けが悪く、嫌われもした。それでも、西ヨーロッパの政治史では自主管理の思想そのものが希望の的となった時代があった。「共同の事業に全員が参加し、各自が責任をもつこと……真のエネルギー解放だ」（コルネリウス・カストリアディス）。「自主的に管理された社会生活や自主的に決定された活動の新たな世界［…］そこでは各自がみずからアイデンティティを確立し、帰属意識のもてる共同体を選挙によってみずから形成しなければならない」（アンドレ・ゴルツ）。

ほかにもさまざまな考察や、「自発的で自主的に組織された連帯」、「社会政策の自主設定」、「自主生産と相互援助」といったこの時代の合言葉を、私は日記にいくつも書きとめている。ファイヤール社は一九七三年に、ユーゴスラヴィアの理論家ミロイコ・ドゥルロヴィチが著した『試練の時を迎えた自主管理』を出版したが、これにはミシェル・ロカールのつぎのような熱烈な序文が付されている。「夢から現実へと目を移すと、自主管理が我々の社会の非常に複雑な組織を予告していることに気づく。注目すべきはその規模の大きさで、それが先進社会の要求に対応しているからだ……自主管理、それはおそらくひとつの社会の探求であり、その社会が複雑になるほど生活そのものも豊かになってゆくだろう」。この序文から二十年後、私はミシェル・ロカールと会い、この文のことをふり返る機会を得た。彼は微笑みを浮かべた。

この指導的理念もはや過去のものとなったのだろうか。私はかつて、スターリンのイデオロギーに反対するものという意味でこの理念に共鳴した。しかし、自主管理を万能薬と見なし、この計画のせいでユーゴスラヴィア共産主義者同盟とソ連との断絶が強まったと考えようとしない無邪気な信仰も私はもちあわせていなかった。

ユーゴスラヴィアの自主管理は真の関心よりももの珍しさから人を引きつけた。重要な部門を市民が管理する社会という思想は大いに価値がある。将来当然予想される民主主義の回復にさいして、このような計画はおそらくところを得ることになるだろう。

本章はユーゴスラヴィアの自主管理とそれが直面した障害について私が書いてきた断章からなっている。その一部はユネスコによって出版されたが、この制度に関するユーゴスラヴィアの国家委員会は、「官僚によって操作された」あるいは「政府機関に従属する」「上から決められた自主管理」に関する私の疑義に反対する立場をとった。

私は自分がかつてこのようなユートピア的な考えを抱いたことを今日否認するつもりはない。

＊

自主管理の理念は、純粋にユートピア的な存在であった後、ユーゴスラヴィアで、公認の社会的地位を現実にもちはじめている。この変化はいくつかの段階を経て、研究から政治的公式化へ、要求から実践的な練り上げへと移行し、多様でときには相反する定義をも認めることになる。

自主管理は社会組織の観念、および、政治文化として姿を現した。この計画は、企業や集団のなかに新たな関係を創造することをめざし、ひいては組織運営の模範となり、ひとつの生活様式にまでいたることを目標としている。こうした前提は逆転や分離によって多様な変形を生むことになるだろう。実践的な機能だけに単純化された自主管理は道具と化し、「構成員」や「自由生産者」どうしの交流や協力といった中身を失うおそれがある。さらに危険なことは、これを政治にかかわる構成要素に還元してしまうことだ。自主管理の理念は、それが何に由来しようと、イデオロギーの範疇を超えなければならない。これによってはじめて、自主管理は重大な危機に瀕している社会主義の回復に寄与しうる。この計画がすでに実行に移されたところでは、〈自主管理のテクノロジー〉と呼べるもの（規約にもとづく組織的方法、委任と意志決定の実践）が出現しているところもあれば、容易には到達できない高度な段階になってはじめて現れる社会文化的な意識が認められたところもある。それにふさわしい政治文化（「現実的」と言われる社会主義が押しつける教化とはまったく異なったもの）と関係を結ぶ能力のない方法はみな、型にはまった行動とくり返しの多い美辞麗句の形式主義に陥りやすい。

まだ控え目で宣言的な自主管理の理論は、予想されたほどには、適切な政治文化を利用しようとしなかった。このことは、とりわけ、さまざまな「残滓と抵抗」が依然としてどれくらい影響力をもちつづけているかを表している。収益性がない、計画化が欠如している、生産性が貧弱だ、「修正主義」だ、ユートピアだ、無政府主義だ、個人の自発性を信頼しすぎる、プルードン主義だ、などという反対意見は問題外としても、自主管理に対する数多くの偏見は多様な古いイデオロギー、とりわけスターリンの遺産から生じているのがわかる。

「マルクス主義の古典」（この表現自体、あらゆる使われ方をしてきた）は本来の意味での自主管理理論に触れていないので、「自主管理社会」の建設のために既成の用語やモデルをそのまま利用しようとしても無理だろう。それゆえ、時代遅れの活動や観念はいっさい捨て去り、理論と実践の両面で「修正主義的」、「反体制的」な考え方を明確にする必要が生じてくる。したがって「教条主義的なマルクス主義」や規範最優先の型にはまったあらゆる考え方と自主管理との対立は必至だった。たしかに「自由生産者協会」という形で、自主管理に近い思想が『共産党宣言』に書かれており、この団体内では「各自の自由な発展が全体の自由な発展の条件」となっている。マルクスにおいてこの思想が発展しなかった理由は説明できる。「社会主義革命を何がひき継ぐのか、マルクスは大筋でしか語っていなかった」とすでにエンゲルスは指摘している。のちの「労働者の関与」の問題についてマルクスが触れているのは、『フランスの内乱』出版以後、つまり、パリ・コミューンがこれをとり上げてからのことにすぎない。革命的状況にあったほかの国々でも、いかに組織を作り、そこに権限を委譲するかという問題に答を出すべくさまざまな試みがなされた。たとえば、ロシアでは一九〇五年と一九一七年の〈評議会《ソヴィエト》〉、ドイツでは一九一八年から一九一九年にかけての〈労働委員会〉、ハンガリーでは一九一九年に、同じくスペインでは一九三六年、プラハでは一九六八年に結成された〈労働者評議会〉

などがそれだ。これらの実験はたしかに失敗したり、頓挫したりしたが、労働者と市民の関与の問題がこうした形で提起されたことにかわりはない。

自主管理の理念は社会主義やユートピア思想、労働組合や同業組合、連邦主義や無政府主義などと関係のあるさまざまな伝統の影響を受けている。ユーゴスラヴィアのような「発展途上」国では、このように複雑な思想と実践のなかから、何を吸収し、何を作りなおすことが可能だったのか明らかにする必要がある。始まったばかりの段階にある自主管理秩序の建設には、こうした計画特有の不完全さと後進性ゆえの無気力がともなっているが、この段階で自主管理の可能性を見かぎることはできないだろう。このような現実を考慮に入れない批判は真の問題提起にはならない。不確かな思惑にすぎないものをたしかな成果として描きだすのに専念する公式の演説にこそ、こうした批判は向けられるものだ。そうした演説の言葉は、簡単にデマゴギーに変貌し、それが助けているつもりの思想そのものをも変質させてしまう。

*

自主管理（samoupravljanje サモウプラヴリャニエ）という用語の起源については、触れておかねばならないことがいくつかある。セルビア人初の科学的社会主義者スヴェトザル・マルコヴィチ（一八四六年―一八七五年）は、一八七〇年代のはじめにサモウプラヴァという語（サモウプラヴリャニエと同じ語源から派生し、自立と自治を意味する）を使っていた。チェルヌイシェフスキーとピーサレフを師とするマルコヴィチはロシア語のサモウプラヴレニエの概念を、バクーニンと無政府主義者たちが用いたのと同様の意味に拡大し、サモヴラスティエとサモデリャヴィエ（それぞれ、自給自足体制とロシア帝政の独裁権を表す）と対照的に、この語に自立と民族自決の意味をもたせた。ほとんど同じ意味のウプラヴァとウプラヴリャニエという語は（これに自力を示す接頭辞のサモがつくと、〈統治する〉と〈管理する〉という動作を表す）、最終的にはサモウプラヴリャニエに吸収された。政府の行動と経営の行動のどちらに関係するかによって、すなわち政治と経済、どちらの範疇の出来事に関連するかによって、英語でも自治《セルフ・ガバメント》と自主管理《セルフ・マネージメント》の間にはよく似た意味の揺れがある。バクーニンの著作『国家制度とアナーキー』の余白に、マルクスは一八七四年にバクーニンとの論争を書きこんでいるが、そこには「パリ・コミューンの〈自治〉」という表現が現れる。このすでに知られていた用語を、マルクスが、イギリス労働運動のなか、特殊な意味で用いたおそらく唯一の例だろう。〈労働者評議会〉の設置に関する最初の法令（一九五〇年）と、一八五二年のユーゴスラヴィア共産党第六回大会（この時、共産党は「共産主義者同盟」に名称を変更した）に提出された法案は、「労働者による管理」という同じ項目で「労働者による直接管理」と「自主管理」について言及していた。フランス語その他いくつかのロマンス系言語では、〈自主管理〉という語が出現するのはごく最近のことだ。それは五〇年代にすでにユーゴスラヴィアで実際に使われていた言葉から作られたものと思われる。研究者のなかには、雑誌『社会主義か野蛮か』（第二十二号、一九五七年）に掲載された「自主管理を可能にする条件」と題するピエール・ショーリューの論文がその最初の用例のひとつだとする者もいる。

　ユーゴスラヴィアを荒廃させた戦争が終結してから数年しかたっていない一九五〇年、「自主管理の道」を選んだ共産党の指導者層は、二重の要求に従った。それは、民族解放と革命闘争へと発展した蜂起の後に社会的関係を変革しようというものと、ユーゴスラヴィア共産党が対立することになったソ連とは〈異なった〉社会を建設しようというものだ。一方は〈変革する〉、他方は〈違ったやりかたでことをなす〉——同じ意志から生じた二つのアプローチは、「労働者階級の名において」ではなく「労働者階級自身によって」社会を治め、生産を管理する計画として〈自主管理〉を議論に組みこんだのである。現実よりも意志を優先させたこの宣言は、パルチザンの輝かしい戦いにその正当性の根拠を求めた。レジスタンス活動では、あらかじめ練り上げられた証明可能な法則によって決定を下す余裕はない。つまりその場で即座に決断しなければならないのだ。それゆえ、自主管理の第一歩として〈労働者評議会〉を創設しようという決定は、ある意味では〈レジスタンスの〉、すなわち個人の自発性を信頼した行為であった。一九四八年以降、耐えがたい圧力に直面し、ソ連とその衛星国からの脅威に即座に反応し対抗する必要が生じ、その意志が芽生えるのが見てとれた。この歩みはスターリンの統制によって課されていたイデオロギーの障害を乗り越え、そこに亀裂を生じさせる必要があった。

「自主管理構造」を確立しようという考えはユーゴスラヴィアとソ連との対立の結果生まれてきたものなのだろうか。それとも、それ以前から、この決定を動機づけ、ソ連との断絶の種となったもっと深い理由があったのだろうか。こうした疑問に対する答は一般に単純化されすぎているように思われる。レジスタンス運動において、民衆の蜂起が過激で革命的な様相を呈したとき、個人の自発性を重んじるいくつかの基本概念が実践のなかから現れてきたにちがいない。(エドヴァール・カルデリが何度も指摘していたように、解放地域に設置された〈人民委員会〉がこれにあたる。)その状態はどうであれ、さまざまな見地から、こうした「自主管理集団」がその後もどのように続いてきたのか検討することができる。政府の説明では、このような基本的な形態は、戦後間もない時期、特に難しい状況(その頃はソ連をモデルとした模倣が厳格に行われていた)のためにいったん放棄されるが、その後、五〇年代初頭になって、最初の〈労働者評議会〉として復活し、再確認されたことになっている。しかし実際には、事情はもっと複雑だった。ユーゴスラヴィアの自主管理制度は社会史のひとつの到達点というよりもさまざまに重なりあった政治情勢の結果であった。この制度のおもな限界もそこにある。

共産主義や社会主義の行動が変質しつつあるなかで、「新たな道」の各段階で理論の練り上げにこだわるのは無邪気というしかなかろう。しかも、その歩みを、事実を無視して判断しようとすることは、自主管理それ自体とも矛盾するものだ。自主管理は「労働者の活動」とみなされており、労働者自身が活動の将来を決定していかねばならない。カール・コルシュはパネンケークについて、「新しい形態の創造を決めても無駄だ。そのような形態は労働者の現実の闘争のなかでしか現れてこないからだ」と指摘した。ユーゴスラヴィアで追求された自主管理の実験は――成功例よりも失敗例として――計画の最初から、変化していく各段階を通じて、イデオロギーの後見役の影響を受けない批判的省察と政治文化をとり入れていくことがいかに不可欠であったかを示している。

*

ユーゴスラヴィアの自主管理はたがいに分かちがたいいくつかの段階を経てきた。

一、五〇年代から六〇年代にかけては、ごく限られた権限しかもたない〈労働者評議会〉から最初の〈労働単位〉の設立にいたる初期の段階で、国家や行政の影響に悩まされる。

二、続く十年間は、企業の管理・運営だけでなく権力行使の場にも労働者の関与が広まる段階に入る。国家機構のある種の権限が企業や工場といった諸機関に移されるが、そこでは多くの理由から、現実に労働者が集団で運営に参加するのは難しかった。(ここから、共同管理、制度尊重主義、テクノクラートや管理者による搾取といった現象がさまざまな形をとって生まれてくる。一九七一、二年以降にそれは明るみに出され、批判されることになる。）

三、一九七〇年代は〈連合労働〉（〈自主管理利益共同体〉の基礎）の理念にしだいに強くひき寄せられる傾向が目立った。共同体の範疇の行動と個人のレベルの行動が相互にうまく位置づけられなかったために、両者の混同から自主管理機能の模範を練り上げられなかった。

最初の段階で、理論の不備が、「革命の危機」とあいまいに呼ばれるものに通じていたとすれば、のちに自主管理構造が発展し、それが社会生活の諸分野へ応用されるようになると、この不備を批判的に検証しておく必要があった。最初はたんなる意志や指示と見なされてとり入れられた「大綱」や「基本原理」を越えて、組織化の適切な方法を練り上げ、それを実行するうえでの修正を保証し、「連合労働」による生産の原則を守らせ、最終的には自主管理の意識や文化を形成する必要があった。この道はまだ誰も足を踏み入れたことのない領域だったので、ひとつの段階から次の段階に移ろうという時期に予想もしなかった困難や欠乏が生じ、それ以前の段階を締めくくったり、否定したりするのも当然のことだった。

主意主義はしだいにあらゆる信憑性を失い、ついにはその無効性をあらわにした。収益性のない有名な「政策工場」の建設から、地方の農地に関する悲惨な即興的政策にいたるまで、その証拠はいくつもある。本来の意味での〈組織〉がついには初期の〈自主性〉を押しのけることになった。より厳密な合理化が考えられはじめたが、実行に移すのはつねに難しく、〈社会統制〉の強化、さらには〈取引〉の緩和策や〈収益率〉の基準を設定した根本的な〈経済改革〉が検討された。それでもやはり、利益を上げた企業でのテクノクラートの影響、こうした企業間の卑劣な競争、民族主義や分離主義の姿をとったいわゆる中流階級のイデオロギーの復活、失業、移民といった、一般にそれまでは予想していなかった新たな問題が生じてきたのであった。自主管理制度がもっとも広い社会的次元でその働きをみずから組織化し調整する能力を十分発揮するようになるのは望み薄だということが明らかになった。共産主義者同盟第十回大会は一九七四年に（社会生活における共産党の役割を小さくしようという傾向があったそれまでの大会とは違い）政治指導構造に「以前よりも現実的な役割」を戻そうという決定を行った。

こうして、ユーゴスラヴィアの発展に関する諸問題は〈主意主義、組織、自発性、党、原則、権限、意識〉といった労働運動のよく知られた用語で表されていた。私たちは、自主管理的と言える特別な政治文化の出現を期待していた。しかしそれはなかなか現れず、力を発揮するのにも時間がかかった。

正真正銘の、いわば「完全な」自主管理の実現は、それに対応し、それを支持し、それを導くことのできる社会意識なしには不可能だと思われる。共産主義者同盟内では、ある意味ではユートピア的、別の意味では無知なある種の錯覚が大勢を占めていた。すなわち、自主管理を実践していけば、おのずと自主管理意識が生じたり、刺激されたりするものと考えられていたのだ。一種の「教育」は、たいていはたんなる教化になり下がり、たいした救いにならなかった。マルクスが〈社会主義教育〉にとり組んだときにすでに気づいていたこうした困難のひとつを私たちも認めることになった。「それは特殊な困難だ。社会環境の変化は適切な教育システムの構築に欠かせないものだが、教育システムは社会環境の変化に欠かせないものでもある」。この厳しい言葉を言いかえるなら、適切な意識を作りだすためには自主管理を優先する必要があるが、他方、自主管理自体を築きあげるにはこうした意識をもたねばならないというわけだろう。それはときとして解決できない問題として現れていた。

予期せぬ問題の広い領域が開けるのがわかったが、多くの人々はそれを無視するか、そこからうまく逃げようとしていた。「無気力で息づまった古い気質を覆そうという新たな自主管理意識の戦い」だった。自立あるいは〈自治〉を、生産者の社会的連帯や偏見にとらわれぬ生活様式を犠牲にした権力の分配や、国家による分割という方向に押しすすめることによって、計画は民主主義の新たな形として採用されるよりも、民族主義にかすめ取られるおそれのほうが大きくなったのだ。

*

旧ユーゴスラヴィアよりも幸運で、過去と現在、民族抗争と後進性にかかわる状態が旧ユーゴスラヴィアよりも悪化していない状況でなら、自主管理の思想は別の形をとりえたことだろう。民主主義の発展と深化はどのようなものであれ、もはや自主管理を知らずにはいられまい。市民は、自分の周囲や自分の活動に関係のあるさまざまな機能を、前にも増して自分自身で管理し、自分の生活様式と労働に関して以前よりも積極的に決断を下さねばならなくなるだろうとの推測は現実離れしたものではない。

旧世界では失望にこと欠かないが、私は自主管理に対してある種の信頼をもちつづけた。

地中海の黄昏

私はこの「アドリア海日誌」を本書の一章とするのをずっとためらっていた。一九九五年にサラエヴォを訪れたとき、私はこの包囲された都市の作家数名と出会い、彼らの作品の読書会に参加した。そこで、私は友人のアブドゥラ・シドランの詩「なぜヴェネツィアは沈んでゆくのか」が読まれるのを聞いた。

私はヴェネツィアの上に広がる空を見つめる
地上の君主たちが決着をつけた——ボスニアの市民はもういない
ヴェネツィアは沈んでゆく、揺りかごは沈んでゆく、揺りかごの子供は沈んでゆく陸地は沈んでゆく
ムラーノのガラスのバラの花は沈んでゆく、ムラーノも沈んでゆく
ホテルの部屋は沈んでゆく
ボスニア市民はなぜ世界から消えてしまったのか

［…］流星は長い弧を描いて宇宙の淵に消えてゆく、そしてヴェネツィアも沈んでゆく
宇宙にはひとつの世界がそっくり抜け落ちている
ボスニア、ボスニア……

旧ユーゴスラヴィアでの戦争が続いているなか、シドランがサラエヴォに対するこの弔いの歌を書いたのとほぼ同じ時期に、私は本章を綴った。アドリア海は私にとって長いあいだ、慰めあるいは幸福の空間であった。後背地での生活が耐えがたくなると、私はアドリア海の岸辺に逃げてきたものだった。私は東ヨーロッパから、クヴァルネル諸島からそこを見つめていた。今は西の岬から、イタリア側からしばしば海を眺めている。

私が生まれた場所も近いこの海も、地中海が全体としてそうであるように、今、衰退期を迎えている。我らの海、アドリア海をめぐる航海記を以前私は書いた。フェルナン・ブローデルは「アドリア海は、それだけで、アナロジーとして、地中海全体を要約している」と弟子たちに語っている。ヴェネツィアは実際にアドリア海というこの海峡で沈んでゆく。かなり前からヴェネツィア湾はもはや以前のような姿ではなくなっている。浸水した私たちの国も、「旧」を冠して呼ばれる国となって、少しづつ沈んでいる。

＊

この海は、かつて地中海でもっとも有名だった時代にはヴェネツィア湾と呼ばれた。その前後には、アドリア海と呼ばれることが多かった。アドリア海の歴史はこのような呼び名で始めることも終える

こともできる。
それは私たちだけが発見した海でもないし、私たちの目だけが見ている海でもない。私たちは自分以外の人間が見、彼らが残したイメージのままにその海を見ていることもある。私たちはある海を知ったとき、それが他の海と違うことがわかる。自分では目にすることがなく、けっして潜ることもない海のことも私たちは知っている。以下の描写も私自身によるものだけではない。

かつてこの岸に着いた人々がどのような眼差しをアドリア海に向けていたのか私にはわからない。他の海について、大洋について彼らは何を知っていたのだろうか。あらゆる歴史的主張はこの話とは関係がない。紀元前六世紀、ミレトスのヘカタイオスはアドリア海の東岸と西岸に滞在した。「地理学の父」ヘカタイオスは、ハドリアという都市について言及しており、この都市の名がギリシア人やローマ人にとっては海でもあり、湾でもあったこの場所の名になったと思われる。ギリシア語では〈アドリア海〉(Adriatike thalassa)、〈アドリア湾〉(Adriatikos Kolpos)、あるいは〈イオニア湾〉(Ionios kolpos)、ラテン語では〈ハドリア海〉(Hadriaticum Mare)、あるいは〈ハドリア湾〉(Sinus Hadriaticus) と呼ばれ、この二重の呼び名はその後のこの海の運命にともなってゆく。

ハドリア、アドリア、アトリアといった名前は初期の地図、たとえばプトレマイオスの第六図に書かれていた。この都市は現在のヴェネツィアの南、ラヴェンナの北にあった。エラストテネスもストラボンも、この町の名は記しているが、海全体にその名を与えるほどこの町が重要な意味をもった理由については語っていない。アドリア海は秘密を残したままだ。古代都市ハドリアは「もうひとつのローマ」と呼ばれた都市アキレウスと同様、今はもうない。どちらも古代学者の注意を引かなかった。アキレウスは歴史から忘れ去られ、ハドリアは自然の力によって歴史の片隅に追いやられた。実際、ブレンタ川とアディージェ川の河口、レヴァンテとマイストラのポー川の河口、トーレ、ゴーロ、グノッチャのピラ川の河口……など、数ある川のなかには長年海に注いでいるうちに海岸線の形を変えてしまうものもある。川が運んでくる泥は沿岸の都市を飲みこみつづけている。運命はそのような都市のどこにも優しいとは限らない。アドリア海東岸では、海はパグ島にあるイリュリアの港チッサ（キッサ）を飲みこみ、ヴィス島ではかつて繁栄した港イサ（イッサ）とリサンの一部、コトル湾口ではギリシアの町リソンが海底に没した。外国から侵入した異民族はギリシアの都市エピダウロスを荒らした。無関心がサロナの廃墟を地下に葬った。アドリア海沿岸では塩の道と麦の道、油の道とワインの道が交わっていた。香辛料と絹が東や南からもたらされ、西や北からは琥珀と錫がやってきた。こうした海は羨望をかき立てたにちがいない。

ヘロドトスも当時〈アドリアス〉と呼ばれていた海について記している。彼によれば、この海を発見したのはフォカイア「マルセイユ」の人々だという。この海は昔は今よりも広かった。新約聖書によれば、東はシチリアまで広がり、南はチュニジア沿岸を洗い、使徒言行録（第二十七章二十七節）で、聖地エルサレムから永遠の都ローマに赴くさいに、遭難した聖パウロが流れ着いたとされるマルタ島にまで達していた。当時、イオニア海はアドリア海の一部、その湾のひとつでしかなかった。ハドリアという都市、あるいはアドリア海自体の名がハドリアヌス帝にちなんで付けられたものかどうかはわからない。ただ、ハドリアヌス帝はアンコーナを主要な港とし、モンテ・コネロ近くのその有名な埠頭は、地中海に非常に古くからある埠頭、アレクサンドリアやピレウスの埠頭とその繁栄を競ったのだった。

アドリア海は〈上の海〉とも呼ばれた。ティレニア海は、かつてのイオニア海と同様に、〈下の海〉と言われた。こうした呼び名は地理的理由によるだけではない。おそらくアドリア海はこの時代から一種の優越と栄光の姿を保持していたのかもしれない。もちろんそのような姿は沿岸に暮らす人々と無縁のものではない。聖書やハドリアヌス帝の名声によって確固たるものとなった広くて雄大な海のイメージは、歴史と運命がこの海に割りあてたもっと慎ましくて狭い海の姿とのちに衝突することになる。

アドリア海にはじめて近づいた人々がどのような考えを抱いたかはわからない。しかしギリシア人とローマ人、そしてその先駆者と後継者たちがこの海を讃美していたことはたしかだ。偽スキュラクスの名で知られ、その人となりについてはいまだ謎に包まれている船乗りで地理学者でもあった人物はアドリア海の海岸の細部について貴重な報告を残している。彼はなぜ、カリアのスキュラクス（Scylax Cariandensis）の有名な航海と同じ道をたどってアドリア海を渡ろうとしたのだろうか。ポンポニウス・メラはその『地誌』（第二巻、五十五）でこの海の眺めに夢中になったと言っている。しかし、他の人物と同様、彼もこの海の美しさを語るには才気が足りない。大プリニウスは、アドリア海東岸ではトリエステ（テルゲステ）からオトラントまで、西岸ではザダル（イアダル）からウルチニ（オルチニウム）まで、数多くの町の名を記している。彼は「あまり深くない海の潮の流れも緩いところに、狭い湾のなかにまで入りこんで千を越える島々があるイリュリア海の沿岸部」（『博物誌』第三巻、百五十一）

に魅せられている。これらの島々のいくつかは祝福された名を受けついでいる。たとえばコルナトあるいは〈インコロナテ〉諸島（民間語源では冠 corona や心 cuore と結びつけている）、エラフィテス諸島やセルフ諸島、語源的には蜜（「メリテ・ネソス」蜜の島）を連想させるムリェト島などがそれだ。オデュッセウスがスポラデス諸島やキュクラデス諸島よりもこれらの島々をめぐったのではないか、あるいは『テンペスト』や『ヴェニスの商人』の作者シェイクスピアがイリュリア海沿岸に長く滞在したのではないかといった仮説は、神々がこの地域の住人とその末裔たちに与えた想像力の豊かさを物語っている。

アドリア海西岸は東岸より平坦で、島の数は少なくなる。トレミティ諸島は何度もその名を変えた。昔はディオメーデース諸島と呼ばれ、今ではそれぞれの島にサン・ニコラ、サン・ドミノ、カプライアという名がついている。もっと沖には、ほとんど名なしも同然の島、ピアノサ島がある。島々の名前は家族の名前とまったく同じようにくり返される。その名は心地よいものばかりではない。名前は島の住民自身よりもその島にやってきた人間によってつけられることのほうが多い。島の人々は自分たちをとり巻く場所に、いくらかの愛情と幸福をこめて名前をつける。トレミティ諸島の場合がまさしくそれで、ここには〈海牛の洞窟〉〈小燕の洞窟〉〈スミレの洞窟〉〈ウツボの洞窟〉〈ワニの洞窟〉などイメージ豊かな名前がついた洞窟がある。

アドリア海の中央、ガルガーノ半島とペリェシャッツ半島（イタリア名サビオンチェルロ）から等距離のところにギリシア語で海（ペラゴス）を表す名前、スラヴ語読みではパラグルジャ、ロマンス語読みではペラゴサという名前をもつ小さな島々がある。（音声的にはアドリア海両岸で明らかに違っている。）この諸島の住民はディオメーデースの名が刻まれた板を発見し、自分たちの島がトレミティ諸島以上にこのオデュッセウスの仲間の名で呼ばれてしかるべきだと考えている。そう決めているのはこの島だけではなく、もっとも近い海岸やその他にもそう考えているところがある。オデュッセウスの一行がたしかにアドリア海を航海したという仮説に異議を唱える必要はない。その仮説は誰の害にもならないからだ。漁師と船乗りは、カモメだけを頼りにこの岩場までやってくる。マルタ島の南、オトラント海峡の東にあるペラギウス諸島も同語源の島である。地中海の島々はそれぞれが近親の関係にある。

六百以上にのぼる多くの小島がアドリア海に浮かんでいるが、人は住んでおらず、名前さえないものもある。誰がどのような基準で無数の大きな岩礁を記録にとどめたのか、それでなくとも誰がこれを数えあげたのか私にはわからない。いくつかの百科事典によれば、海に突き出している岩礁は四百二十六あるそうだ。こうしている間にも地殻運動がさらに小島を一つ、二つ出現させているかもしれない。特別な地図には生まれたばかりの暗礁が記されていて、その数は八十以上にのぼるという。（そのなかには、いったいどこにあるのか正確な位置が私にはとうとうわからなかったものもある。）こうした暗礁に衝突して、昔のガレー船は舳先や船体が砕けたのだ。

洞窟もアドリア海には無数にある。その多くは青や緑や暗い色をしており、たいていの場合はそれが青の洞窟、緑の洞窟、暗い洞窟といった洞窟の名前の由来になっている。風があり波が高いときは、こうした洞窟に近づかないほうがよいと考えられている。北風は山脈に守られた東岸よりも西岸により強く吹きつける。海のうねりはバーリ近くでは五メートルに達するが、バル（アンティヴァリ）の近くではその二分の一になる。ホラティウスにとっては、アドリア海全体が「荒れていて」「怒りっぽい」（『諷刺詩集』第三巻、九）海だった。東岸にも強い風が吹く場所がある。トリエステ湾のなかがそうだし（アルプスから吹きつける北風はグラドやヴェネツィアにいたるまで衰えをみせない）、ヴェレビット山の麓とセグネの町では突風がもっとも烈しくなる（「セグネの北風《ボーラ》」）。ザダル運河のトゥスティツァ近くや、ブラチ運河ではオミシュから遠くない通称「ヴリル（ヴリュリエ）」と呼ばれる場所の近く、その他の場所でもそうだ。南風（ユーゴ）はロゴズニツァ台地やアイグ岬のまわりが危険だ。ダンテは北東から吹きつける冷たい風のことを覚えていて、『煉獄篇』（第三十歌、八十七）で、この風を〈ヴェンティ・スキアヴィ（venti schiavi）〉と呼んでいる。この風はスラヴの風なのだろうか、それとも奴隷の風だろうか？――地中海はこの問いに答えてはくれない。

　アドリア海とイオニア海の境界がどこに引かれていたのかはわからない。私が出会った漁師たちは、西はアペニン半島の端、サンタ・マリア・ディ・レウカ岬から遠くないところ、東はヴォロナ（ヴロレ）の近くを結ぶ位置に長くうねる海流があり、そこで二つの海が出会い、また離れていくのだと言う。私は夜間に航海をしたのでこの境界を見たことはない。コルフ島のほうから南下してもイオニア海は別の海のようには見えない。同様に、ジェノヴァ湾のほうに向かって進んでも、ティレニア海とリグーリア海の境いめ、すなわちひとつの海が始まり、もうひとつの海が終わる場所をけっして見つけられない。地中海に含まれるいくつもの海はその海岸や沿岸に住む人々以上に連帯感が強いのだ。

海上の境界線は時として地上の境界線と同じく議論の的となる。これを確定するのは海ではなく海岸だからだ。アドリア海西岸の端、ブリンディシ（ブリンディシウム）から遠くないところには、大きな柱が立っていて、古代ローマの街道――〈アッピア道〉の終点を示している。ここで、人は船に乗り、オトラント海峡を渡ってアルバニアのリングエッタまで行き、そこでふたたび、ギリシアと黒海にいたる〈イグナツィア道〉をたどった。陸路と海路が一緒に地中海を作り、アドリア海も作ったのだ。

東岸と西岸の間の断層は約七百キロの長さで、もっとも狭いところで幅は長さの十分の一になっている。これはバルカン半島の輪郭よりもアペニン半島の輪郭――あの有名な「長靴」――を連想させる。陸は海に形を与え、海は陸に形を与える。バルカン半島は部分的には半島だが、大陸の一部でもある。ダルマティア地方がその東の境界線を画しているが、アドリア海の東海岸はすべてがダルマティアに属するわけではない。ダルマティアの名はイリュリアのデルミウムに由来するが、この町はドゥヴノという小さな村の名に残るだけになってしまった。北にはスロヴェニアの沿岸地方とトリエステ湾が、南にはモンテネグロを背にしてコトル湾口が広がっている。歴史の上では大ダルマティアと小ダルマティア、高ダルマティアと低ダルマティア、〈白ダルマティア〉と〈赤ダルマティア〉があった。（この場合、色はかつて方角を表していた。白は西、赤は東である。）ダルマティアはある時はクロアティア王国の支配下に、あるときは外国勢力、すなわちヴェネツィアの獅子やハプスブルグ家の双頭の鷲の支配下に置かれた。最初は後背地のささやかな一部であったダルマティアはのちにはイストリアのラサ川からアルバニアのマト川まで広がった。その領土は、一時期中央アドリア海のいくつかの都市に限られるまで小さくなったが、その後周囲全体に広がった。プトレマイオスの地図では、ときとして、イリュリアやリブルニアやボスニアの大部分がダルマティアに含まれた。ラグーザの共和国がダルマティアに併合されたのは、フランス支配下のイリュリア諸州となってその自治権を失ったあとのことである。クヴァルネル（カルナロ）湾とその島々とともに一度もダルマティアに属したことがない。それゆえ島に暮らす人々は自分たちが真のダルマティア人だとは思っていない。民族の境界線は昔引かれていたわけではなく、国境は時代の流れにつれて変化した。東アドリア海とその後背地が同一の支配者をもち、同一の法に従った時代はごくわずかである。概して、沿岸部がある国に属せば、後背地は別の国に属していた。住民たちが海に近づくにつれて、海岸全体がダルマティアのものだと思いこんでいる人の数が多くなる。ダルマティアをよりよく知る人は、国境線をクロアティアのネレトヴァ川河口とズルマニア川河口の間に広がる空間、そこの〈海賊船〉が地中海全体を征服しようとした古代都市セグネの城壁の近くに置く。

アドリア海から別の海に出る出口は、西から東に開けた一ヵ所しかない。この方向はキリスト教の伝播とは逆になっている。これは、この地域で教会が分裂し異端が出現したことも関係があるだろう。この繋がりも私たちにとっては謎のままだ。ビザンティン帝国の影響はラヴェンナとヴェネツィアに広がった。「ヴェネツィアとは、もうひとつのビザンティンも同然である」、これはベッサリオンという名の有名な枢機卿の言葉である。ビザンティン帝国はまた、デュレエスとコトルからイストリアとフリウルにいたる地域にも影響を与えた。沿岸近くでは、住民の一部がイスラームを信奉していた。アドリア海は平和の海ではない。過去がこの海を分割し、海に名前をつけているのだ。

目は海が見せる光景、時として蜃気楼となる光景を長いあいだ見守ってきた。私はこの地方の修道院で、聖書をできるかぎり明解にしようという聖ヒエロニムスの著作とアドリア海東岸の海の透明さとの関係を見てとった文献学者たちに出会った。この澄みきった海から偉大な聖書翻訳家が生まれ、彼はこの海でソフロニウス・エウセビウス・ヒエロニムスという名前を受けたのだ。このような仮説は、この沿岸では異端とはみなされない。ゴート族あるいは西ゴート族によって徹底的に破壊された、聖ヒエロニムスの生地ストリドンが、ダルマティアのどこにあるのか今も確定できないでいる。そこにもまた、私たちの海の秘密のひとつがあろう。

さまざまな姿がアドリア海そのものに沿って繋がっていて、たがいに補いあったり、対立しあったりしている。そのなかでももっとも複雑なものは、おそらく沿岸部と後背地の民族の姿、大陸から海へやってきて、みずからの意志であるいは強制されて沿岸地域にとどまり、またそこから離れていった民族の分布と特殊性であろう。ゲオルギウス・シスゴリウスというラテン名と、もうひとつジュライ・シシュゴリチというクロアティア人としての名をもつシベニクの聖堂参事会員は、ルネサンスの時代を生き、聖マルコの共和国の栄光を讃えると同時に、スラヴの諺も収集していた。彼は、古代の資料をもとにこの地域のもっとも古い住民台帳を作った。彼の記述から、少しだけ例を挙げてみよう。「カリマコスによればアンケレイア（エンケレアエ）人、ヒマニア人、プセシア（ペウセチアエ）人、そして、プリニウスによればセレト人、シラピル人、イアシ（イアシ）人、アンディセト（サンディセテス）人、コロフィア（コロファニ）人、ブルシア（ブレウチ）人、さらにはノリク（ノリチ）人、アンティンタネ人、アルデイア（アルディエイ）人、パラリア人、ジャポデ人、トリバル（トリバリ）人、ダイシア（ダイシイ）人、イストリア（ヒストリ）人、リブルニア（リブルニ）人、ダルマティア人（ダルマタエ）、クレティア（クレテス）人」などで、これを翻訳したラテン語学者によれば最後の名はクロアティア人にあたるらしい。この部分的なリストに、その地に以前から定住していた原住民のイリュリア人とトラキア人、ゴート人、特にギリシアの先住民ペラスゴイ人、ペセネギア人、ゲギア人、マニア人、モルラキアあるいは黒ヴァラキア（マウリーヴォルカエ）人を加える必要がある。これらの名前はこの地域の住民が長いあいだもっていた名前であり、地中海で、さまざまに変化しつつ、ときには蔑称となりながらも今日まで残されてきたものなのだ。

アペニン半島の史料編纂官たちの数多くの多弁な仕事によれば、多くの部族がローマ帝国の誕生以前も崩壊後も、同じようにアドリア海西岸で暮らしていたという。たとえば、エトルリア人、サビニ人、メサッピア人、ピセネ人、オピキア人、エノトリア人、エキア人、ヴォラキア人（おそらくヴァラキア人に近い民族）、イタル人、さらにはローマ人自身も含めて多くの部族は、ヴェネト地方やリグーリア地方その他の沿岸地域で、東や南から来たフェニキア人やアラブ人、北や西から降りてきたノルマン人やロンバルディア人、対岸からやって来て散在しているアルバニア人やクロアティア人らとともに暮らしていた。アブルッツオとマルケ、ヴェネトとエミリア・ロマーニア、プーリアとモリーゼとその近隣の地方で見られた海と後背地の関係からは、さまざまな起源をもつ民族がそこに暮らし、人々のふるまいもさまざまに異なっていることがわかる。こうした多様性は、国家や政府を作るさいには、特にバルカン半島では障害となるだろう。アドリア海沿岸の大部分を占めているイタリア人やクロアティア人の隣には、ピラン湾やコトル湾といったひとつの湾しかもたぬスロヴェニア人やモンテネグロ人、沿岸から後退させられる前には海岸線の一部をたびたび得ていたボスニア人、さらには、太古の昔から沿岸と「鷲の国」のあいだで暮らすアルバニア人がいることも忘れてはならない。東アドリア海の残りの地域はギリシア人のものとなり、彼らの先祖たちはこの地域で多くの〈ポリス〉を作り、市民に政治を教えたのだった。

言語分布もやはり民族同様複雑である。トリエステ湾からターラント湾にかけてはよく似ているが微妙に異なった多くの方言が存在し、共通語を使わせるのも容易ではなかったが、対岸ではもっとたいへんだった。現在では消滅してしまったが、古ダルマティア語と呼ばれたロマンス語の方言を話す最後の人物、テュオネ・ウダイナ・ビュルビュルが百年少し前に死んだ場所はクヴァルネル湾であった（このことはここにどうしても引用しておきたかった）。また、ダルマティアの海岸や島々で話されるクロアティア語には多くのローマカトリック文化が残された。ギリシア語やラテン語の多くの名前、原イリュリア語や前イリュリア語の地名、作られたあるいは借用された誤った語法、その起源も変遷の過程もわからない、海や陸に関する変化に富んだ用語などがそれだ。しかもそれはしばしば地中海のいくつもの地域に定着し、それぞれその地の言葉だと思われている。

このような民族的、言語的特徴に加えて歴史的で神話的なイメージが混じりあっている。アペニン半島の歴史はある意味で演劇的だ。各地方はそれぞれが舞台をもち、半島全体が楽屋裏として使われる。バルカン半島では各自が自民族の系譜に関する歴史に執着していて、きり離されたままでうまくひとつにまとまらない断片の集まりとなっている。そのすぐ近くで、古代の悲劇と喜劇が生まれた。陸と海でどんな戦いがあり何が勝利したのかをここで列挙するつもりはない。それによって昔の記憶を呼びさまし、アドリア海に暮らしアドリア海を愛している諸民族のあいだで新たな紛争をひき起こしかねないからだ。アドリア海東岸とその後背地に関して歴史家は、ビザンティン皇帝であり年代記作者だったコンスタンティノス七世ポルフュロゲネトスがクロアティアの艦隊について書いた一節をしばしば引用する。「九十の大きなサゲーナ船とそれよりは小さい四十の軽船」がクロアティア王クレシミールが十一世紀に〈われらがダルマティアの海〉と呼んだ海に飲みこまれたというものだ。東西どちらの沿岸でも、歴史が記憶にとどめなかった時代は多い。そうした時代は本当に実在したのだろうか。それを決めるのは作家ではない。地中海のどこでも、地域の歴史がしばしば全体の歴史に代わる。

アドリア海はプトレマイオスの『地理学』の発見とともにはじめて地図に出現した。民族や政治のために地図学が利用されることから考えて、おそらくそれは幸運なめぐりあわせであろう。ヘロドトスが語っているフェニキア人の地図、「すべての海とすべての川」が記され、そこにはアドリア海も描かれていたにちがいない銅板は現存しない。アドリア海西岸の二、三のもっとも重要な河川についてはすでに述べた。ピアヴェ川やブレンタ川やイソンツィオ川といった川はそれほど水量は多くないが、岸辺で起きた出来事で知られている。ほかにも、サヴィオ、ラモネ、ペスカーラ、レノ、オファント、ビフェルノといった川幅が狭くても響きのよい名前をもっているものもある。東岸ではネレトヴァ川がもっとも澄んでいてもっとも青い川だ。ズルマニア川、ツェティナ川、クルカ川も忘れてはならない。ドラゴニア川は今はスロヴェニアとクロアティアとの国境線になっており、スカダル湖に流れこむモラチャ川はモンテネグロとアルバニアの国境でボイアナ川となるだろう。地中海に注ぐこうした川の流域内で国境の話をするのはさし控える。

ヴェネツィアが繁栄していた時代、「上の海」はヴェネツィア湾と呼ばれた。それは、当時ヴェネツィアが好きではない人々も含めて世界中が与えた名前だった。トルコ人の年代記作者エヴリ・ケレビ（ボスニア人の呼び方ではエヴリヤ・チェレピヤ）でさえ、その『旅行記』で、古い呼び名のペルシャ湾（Korfez Dervasi）よりもヴェネツィア湾（Venedik Korfezi）のほうを用いている。ギリシア人はここを普段はイオニア湾と見なしており、これはさまざまな対立の原因となる。南のディオクレア人はディオクレア海という言葉を作った。ヴェネツィアの大型船を漕がされていた囚人たちは、たいていは後背地のイリュリアから連行され、スキアヴォニ（イストリアではシュチャヴニ）と呼ばれていた者たちだが、彼らにとって、この海は「呪われた海」だった。アドリア海沿岸周辺との関係でここに引用するには適切でないが、ほかにもいろいろ名前がつけられていた。

ヴェネツィアの仕事場《ボッテーガ》は諸国の地図製作者の工房として使われた。そこには、ヴェネツィアとアドリア海に魅せられた作家と版画家、地図の絵を描く画家と編集者、蒐集家と商人が集まった。ジァコモ・ガスタルディはヴェネツィアで仕事をするためにピエモンテ州からやってきた。ムラーノでは、聖ミカエル修道院で、カマルドリ会修道士マウロは世界の輪郭を明らかにするという長年あたためていたその大いなる野心を実現した。（以下の人物は、すでに拙著『地中海』で取りあげたものだが、省くわけにはいかなかったので再録する。）ジョヴァンニ・アンドレア・ヴァヴァソーリ、通称グァダーニョは一五三九年アドリア海の最初の地図を出版した。この地図はアドリア海の姿を広め、民主主義的な考えにより近いものとした。修道士マルコ・ヴィンチェンツォ・コロネッリ（フランシスコ会）はヴェネツィア共和国の公式の地図学者で、（くり返しになるが）〈アルゴナウタイ〉という名の世界初の地図協会を設立した。太陽王とマルリ館のために作られたその世界全図と地球儀には、多くの海や星が描かれており、〈ヴェネツィア湾〉が地中海の中央、栄光の座を占めている。

ヘンリクス・マルテルス・ゲルマニクスとマテーウス・メーリアンは中央ヨーロッパからヴェネツィアにやってきた。メリアンはヴェネツィアのもっとも美しいパノラマのひとつを一枚の地図に描いた。この作品は、その精密さと技法によって、巨匠の版画にも匹敵するものとなっている。ピラミッドの看板（ピラミッドの端で）を掲げた修道士カモーチォの仕事場《ボッテーガ》では、ゼノンと呼ばれたギリシア人のドメニコ・ゼノイや、実生活に合わせて名前をイタリアふうにマルティーノ・ロータ、ナターレ・ボニファッチョと称したダルマティア人のマルティン・コルニッチとボジョ・ボニファチッチら外国人が、地元の芸術家とともに働いていた。ヴェネツィア財務局の古文書には、ゼノンが描いたエロチックな絵に対して金貨による罰金刑が科せられたことが記載されている。（報告書の語り手たちは事の一部始終を楽しそうに書いている。）クロアティア人とスロヴェニア人にはペタル・コピチと呼ばれたピエートロ・コッポはヴェネツィアを離れてイストリアで暮らした。彼は、あとにもさきにも誰もけっして描いたことのない方法でイストリア半島を描いた。地中海沿岸に広がっていたある種の信仰によればイストリアを横断していたとされ、そこから名前がついたドナウ川の支流、イストロス川を省いたのだ。

ヴェネツィアの豪華さ、その絵画と建築の豊かさ、ヴェネツィアとその周辺で暮らした芸術家たちの能力はアドリア海そのもののイメージを特徴づけていた。プトレマイオスが絵地図と呼んだ分野――海から見たり、船のマストや教会の鐘楼から見た風景や地域の描写――はアドリア海の描写を補うことになった。たとえば『ヴェネツィアからコンスタンティノポリスへの道』（G・ロザッチョ）、『世界でもっとも有名な都市と城塞の図』（G・バッリーノ）、『修道院長コロネッリが描いた海、湾、島、浜辺、港、都市、その他の場所』などがそれだ。とりわけこれらの作品は、別のやりかたではけっして見ることのできなかったものを作家が見る手助けとなった。（これについてはイタロ・カルヴィーノの指摘をもう一度引用しておこう。「陸路で近づく者と海から上陸する者それぞれに、都市は異なった姿を見せる。たとえ両者の間に関係があったとしても、都市とそれを描く言葉とを混同してはならない」。この指摘は、これを称賛する人々が言うとおり、よそにもまして地中海の都市に関するものだ。）

それぞれの島は自身の古い記録をもっている。「島嶼誌《イゾラーリ》」は島がどのような姿だったのか、あるいはどうなりえたのかを示している。クルク島とクレス島、大小のローシニ島、修道院のあるラブ島と製塩場のあるパグ島は双子の姉妹のようにたがいによく似ている。南部ではブラチ島とハヴァル島、ペリエシャッツ半島のすぐ近くにあって、半島からたった今きり離されたばかりのようなコルチュラ島もそうだ。あるいはコルナト諸島の主たる島と見なされるムルテル島、あるいはシルバ島とオリブ島、遠くのラストヴォ島、ロング島、その他の島々は、理解するのも説明するのも容易ではない地理的法則に従って作られている。こうした島に関するいくつかの著作で私の記憶にあるものを挙げてみると、たとえば、『名高い島々』（カモーチォ）、『世界でもっとも有名な島々』（T・ポルカッチ）、『多島海の島々の書』（C・ブオンデルモンテ）、そして、バルトロメーオ・ダリ・ソネッティとM・V・コロネッリ自身が描いた、あるいは集めた多くの絵図などだ。これらの著作がもととなって、島に関する、文字と絵の両方を用いた特殊なジャンルが生まれた。船乗りたちが新世界で新しい海を発見していった時代に、こうした作者たちは、地中海の美しさとアドリア海に浮かぶ島々の美しさを呼びもどしていたのだ。そこではまだ幸福をつかめそうに見えたのだった。

アドリア海を航海したものはみな、航海記を執筆したいという耐えがたい誘惑にかられる。年代記作者について言えば、イタリア人のほうがスラヴ人よりも人数も多く、才能にも恵まれていた。クロアティア人はペタル・ヘクトロヴィチの『漁と漁師の言葉』を記憶している。イタリア人神父アルベルト・フォルティスはダルマティアとそこで出会った「モルラキアの人々」、姿は哀れだが雄弁な漁師たちの魅惑的な描写を残している。セグネのジョヴァンニ・ロヴリッチは論戦を挑むような口調でフォルティスに反論している。北からやってきた、ドイツ人、ロシア人、オーストリア人、ハンガリー人、チェコ人などの作家たちも、アドリア海のイメージを補った。ヴェネツィアとその建造物に関してゲーテが残した描写は忘れがたいものだ。「これらの人々（ヴェネツィア人）がこの島嶼へ移ってきたのは、偶然ではない。そして彼らと合流するよう人々を促したものは勝手気ままな精神ではない。必要にかられて、もっとも恵まれないこの土地で身の安全を求める方法を身につけ、この土地を彼らにとってもっとも好都合なものにしたのだ。北方の世界いったいがまだ無知の闇のなかにあったとき、この地ではすでに知性が輝やいていた。家々は互いに身を寄せあうように密集して立ちはじめ、石が砂地にとって代わり、沼地を埋めた。横に広がれない樹木が上に伸びようとするように建物は階を重ねた……ヴェネツィア人はこうして新たな種の人間となった。ヴェネツィアは他の都市とは比較しえないだろう」。ゲーテは一七八六年九月二十九日にこう書いている。このころ、黄昏はすでにヴェネツィアに広がり、アドリア海全体が少しずつ闇に包まれていた。

この航海日誌を完全で真実味のあるものにするには、途中ヴェネツィアに足をとめる必要がある。北からは陸路で旧ユーゴスラヴィアや中央ヨーロッパから、南からは海路でイストリアやクヴァルネル、クレス、ローシニといった島々からというように、私はさまざまなルートで何度もヴェネツィアに赴いた。ヴェネツィアが見せる姿は、季節、時間帯、天気――晴、雨、風――などによって、毎回、似てもいるし、異なってもいた。一度、二度、さらに何度となくこの地に着いて、私は東方の賢者（いつ、どこで会ったかもう忘れてしまったが）が語った言葉、「先人が通った場所を描いてはいけない。すでに誰かがおまえよりも上手にその場所を描いているだろうから」という忠告の意味を理解した。ヴェネツィアは、ローマは別として、他のどんな都市よりも頻繁に、ペンで、絵筆で、彫刻刀で、さらにはカメラで描かれているのだ。ヴェネツィアは決まり文句となった。「決まり文句に用心しろ。それを避けよ」。この町の物語に、歴史が知らないどんなことを書き足せるのだろうか。

したがって、ヴェネツィアでカルパッチョやベッリーニや「隠者」（これ以上の呼び名はあるまい）と言われたジョルジョーネが描いた作品、ティツィアーノがその長い生涯に制作した作品、パオロ・ヴェロネーゼが大画布に描いた作品などをここで例に挙げたり、注釈を加えたりするのは適当ではない。このような聖務日課書で、ティントレットの光と影、ティエポロのとらえどころのない錯覚、カナレットの〈風景画〉、グワルディの〈ヴェネツィア特有の風景〉について何を言いそえることができよう。有名な建物やモニュメントの姿は何度となくリトグラフになり、写真に収められた。サン・マルコ寺院やサン・マルコ広場、サンタ・マリア・デル・サルーテ教会、カ・ドーロ、溜息橋、さらには御座船、レガッタ、カーニヴァル、これらをまた描こうとする者には、自分がどれほど危険に身をさらしているかわかっていない。これが成功するのは、ひとつの時代をつうじて、あるいは一世紀全体で見てもごく稀なことなのだ。そして私たちの世紀は流れ、私たちの時代は力尽きた。

私は最近、晩秋の宵、私の旧世界から戻る途中ヴェネツィアにたち寄った。大運河沿いの建物は明かりがついているところは少なく、大部分は陰気な薄暗がりのなかに沈んでいた。そこにはまだ誰か住んでいるのだろうか。そこの住人や相続人はなぜ建物を捨ててしまったのだろうか。このように考えているうちに恐くなった。この未来に対する不安感はたぶん、ヴェネツィアの人々とヴェネツィアを愛する人々が感じているものであろう。海の上、高くも低くもないあたりには霧がたれこめ、建物の角をとっている。降りてくる闇と深くなる霧のあいだで、もののかたちはシルエットになる。月並みな光景が消えていく。

（私はよい時にヴェネツィアに来た。）

別のときには、風のない日に私は名所の先へまわったり、角度を変えて別の見方ができる位置を探しもした。ドルソドゥロのサン・トロヴァーソ艇庫とサン・パンタレオーネ広場を歩きまわり、（徒歩や運河を使って）カナレッジオ地区（この地区全体が早い寒気に驚いているようだった）のムティ通りやマドンナ・デル・オルト通りまで行った。ジュウデッカのルンゴ橋通りの埠頭の近くには、ゴンドラは一艘もなく、ただの小舟と小貨物船だけだった。城塞のなかのフォンテゴ通りでは荒れはてた家の煉瓦が赤茶けていた。ツァテレ道はジュウデッカから見たときにはいつもと違った様子に見えた。税関岬から見下ろしたジュウデッカそのものも様子が違っていた。

（私は自分が想像していたイメージの世界ではなく、現実のヴェネツィアに立っていた。）

運河の水面を波だたせるものがなくなると、海はかき消されていた色彩の魅力をとり戻す。本当の色彩は空と太陽の反射のなかにしか、きらめく水面に映った町のシルエットのなかにしか戻ってこない。（これを実際に見る前に昔の画家の絵で見たことがあった――どこの絵がいちばん真に迫っていたかは覚えていない。）草がところどころ壁や階段を薄く覆い、藻は上のほうでは苔のようになり、海水に浸かった下のほうでは雑草になっている。そのうちのあるものは暗緑色（この色は古い教会の聖人像のマントに見たことがある）になっている。湿気があらゆるもの――壁、石、木、鉄、魂――にしみこむ。私は水をいっぱい吸いこんだ梁を見つめる。水それ自体がこれ以上の水の浸透を拒んでいる。そこに手を置けば木材に触れているのか、水に触れているのかわからないだろう。板が腐ってゆく。運河沿いの道にはめこまれた丸太が、小さな埠頭の船を繋ぐ係柱が腐ってゆく。石も腐ってゆく。湿気そのものも石、木材、煉瓦のなかで朽ちてゆく。

その歳のことはなんとも言いようがない。

鉄は錆に蝕まれる。あちこちで、浅いところ、深いところに、黒、赤、金、赤錆色、さまざまな色の錆が出る。（こうした色調のいくつかはティントレットの絵に見ることができる。）錆と緑青の関係は、古い鉄の扉、鉄柵、手すり、錠前、鍵などを丹念に観察する者がもっともよく解きあかしてくれるだろう。実際、私たちには、こうした金属のあるものは老朽化し、緑青を吹いてくるのに、ほかのものは中や外が錆びてくるその理由がわからない。

錆はヴェネツィアでは豪華だ。緑青は金箔のようだ。

多くの人々が橋について語り、ある者はこれを絵で描き、ある者は文字で描いた。足音が、朝と晩で、あるいは雨の日と風の日で異なって響くことは知られている。しかし、この音に耳を傾けるたびに私たちは新たな驚きを感じる。伝説によれば、ヴィヴァルディ、アルビノーニ、ベネデット・マルチェロ、ガルッピらはそれぞれ独自のやりかたで、この音に秘められた音楽を発見したのだという。橋の名前は――数はたいへん少ないが方言であだ名がつけられたものもある――みなによく知られている。ヴェネツィアでは岸辺もまた橋なのだ。スキアヴォーニ岸壁は、ウチェカの森やヴレビ山やディナラ山のどこかで切りだされ、カラク船で運ばれた基礎杭の上に設置された。ここを通ると、いつも同じことを考える。おそらくスラヴ人なら誰もそう思うだろう。（私たちの歴史はここで混じりあっている。ヴェネツィアがそこから消えることはなかろう。ヴェネツィアは旧世界の首都なのだから。）

ヴェネツィアで庭を見つけた人は少ない。なぜなら、おそらくこの狭い空間にその場所が作れるとは思えないからだ。しかも、いくつかの庭は個人所有のものでなかに入ることができず、羨望の眼差しを注がれるばかりだ。そうした庭は大きな館の近くにあり、その屋敷の名前がついている。私は修道士コロネッリの版画にあったサンツォ館とその見事な庭をはじめて見た。黄昏どきにサン・クリストフォロ橋からダリオ館を見てから、バルバロ小広場を通って屋敷に入った。ジュスティニアーニ・ラカナティ館の庭はボンリーニ通りやトレヴィサン橋からかいま見ることができた。コンタリーニ・

ボヴォロ館ではロッジア（列柱廊）が庭に変わっていた。マリン小路のそばのグラデニゴ館の中庭やマドネッタ小路わきのアブリツィ館の中庭にも入ることができた。これらの場所はどこも周縁であると同時に中心であり、歴史の陰であると同時に光の当たる場所でもある。誰が、どこからこうした庭の木や草花を、そしてそれらの種をもちこんだのだろう。私は庭を造ろうという意志や欲望の跡を探した。それなくしてはこのような庭はひとつも存在しなかっただろう。

（ヴェネツィアの庭では、過ぎ去った時代の情熱が花咲き、あるいは色褪せた。ヴェネツィアで、私の世界であるこの旧世界の重みに耐えるのは比較的易しい。）

私は、亜熱帯から移植されて、この地に適応したいくつかの花や灌木の名前を調べてみた。さまざまな種類のブドウの木がブドウ棚を覆い、蔓植物が壁を囲んでいる。あるものは黄色く、あるものは火のように赤い色をしている。（ガイドはこの色を「ヴェロネーゼの赤」と表現していた。）あちこちに、イトスギ、ヤシ、レバノンスギ、アーモンドがあり、ジャスミンやギョリュウはかぼそい茎を伸ばし、彫刻や泉の隣にはオレンジやレモンの木、列柱や昔から濁っている井戸のそばには月桂樹やアスパラガスやツツジがある。ほかにもアザレア、ハラン、アイリス、ギリシアのバラ、アメリカのフジ、日本のアオキ、その名をどう発音したらいいのかわからない中国産の丈の低い灌木、イギリスのキズタ、ティーローズもある。ティーローズは恋するロシアの王子たちが、この町で、なけなしの金貨をはたいて買った花だ。

こうした草花はこの地中海全体の国際性をよく示しているのではないだろうか。

真夏の強いにわか雨のあと、私は運河から、町の裏側も見てまわった。雨水が勢いよく吹きだし、パレストリーナ、カヴァリーノ、ドーロ、ピアニガ、カザッツォ、ストラなど人通りもまばらになった道を叩いていた。。下水溝は詰まっていて、小路は厚い泥に覆われていた。そのあふれた水の跡は何日も残り、都市のはらわたが放つ悪臭が消えなかった。

これもまたヴェネツィアなのだ。

（ヴェネツィアは死の宣告を受けつつ、余命を生きのびている。）

私はヴァポレット［水上バス］で、ヴェネツィアの潟に浮かぶ島々をめぐった。トルチェッロ、ブラーノを訪ね、ムラーノではみなと同じくガラス吹き職人の技にほれぼれとした。かつて行政府が置かれていたマッツォルボとマラマッコにもまわった。レアルティーネ諸島とキオッジャも見た。『キオッジャの溶接工、艇庫、船』と題された二巻の用語集も手に入れた。この本を見ると多くのことがわかる。たとえば弱小な都市が強大なヴェネツィアに何を納めていたのか、また船の建造（ガラファ）はどのように、そしてどれだけの費用をかけて行われたのか、造船業者の同業組合の規約としていつ「マリエゴーレ」は定められたのか（最初の「マリエゴーレ」は一二一一年の春に公示されている。）「ルネサンスの錨」（「救済の錨」「慈悲の錨」など）登場以前にあった錨の型はどのようなものなのか、有名な「ナヴァラ舵」以前にはどんな舵を使っていたのか、クリアガ（curiaga）、カナゴラ（canagola）、キッサ（chissa）、ガラ（gala）あるいはガラ・ヴェルタ（gala verta）、カタラファ（catarafa）とカルタボン（cartabon）、ポラキナ（polacchina）、コルテロ（cortelo）、ヴェルナ（verna）、ベカネラ・ア・ドゥエ（becanela a due）あるいはベカネラ・ア・トレ（becanela a tre）、アルツァナ（alzana）、ベルラッソ（berlasso）あるいはインベラッソ（imberlasso）いったさまざまな道具とその名称がどこから来たのもわかる。これらの語のほとんどは、ジュゼッペ・ボエリオの、古いが好感のもてるヴェネツィア方言語彙集（『ヴェネト地方の方言』、ヴェネツィア、一八二九年）には載っていない。これらをここで訳しても意味はない。いずれにせよ、本当に古い家柄の出のヴェネツィア人がいたとして、そのヴェネツィア人も含め、今ではイタリア人の誰一人としてこれらの語を解する者はいない。ダルマティア方言がパンノニアのクロアティア人にも理解できず、いわんやセルビア人やボスニア人、さらにはモンテネグロ人には意味不明であるのと同じだ。地中海の他の沿岸地域とその後背地でも事情は同じであるように思われる。

古地図は、私がもっとも情熱を傾けたもののひとつで、海洋用語は私の最初の助言者だった。クロアティア人ラドヴァン・ヴィドヴィチがスプリトで書いた『海事用語辞典』から多くを学んだ。ここに示された「古い語源」のなかにはアドリア海と地中海で話されていた混成語の〈サビール語〉がそっくり現れている。スラヴ語の brod（船）の項には、「banzo, barca (barka), bastasia, bastassizza (bastasica), batel, bergantinus (brigantin), biremis（fusta と同義）, barcon, barcosa, barcusius (bragotch), carabus (korablja), caraca, carachia, casselata, chelandia, cocha, codura, direvo, dromo, frigada, fusta, galea (galija), galera, galion (galijun), grippus (grip), gumbara, kravela（ギリシア語の karabos に由来する korablja と同じ）, katrga (katurga), ladja, lembus, lignum (drievo, legno), linter, londra, marziliana, navicula, navigium, navis, ormanica, plav, saeta, sagittea, sagiteda, saita（サイカ（sajka）の語源はおそらくこれであろう）, saena, sebeka (sambek), tartana, treciones (galeae), triremis, zolla, zopula」といった一連の呼び名が並んでい

て、まるで一編の詩を読むようだ。地中海に暮らす人々はこうした用語集を、自分たちの思い出もつまった一種の回想録のように読む。たとえば、ヴェネツィアで昔から出版しつづけられている『地中海の言葉の柱』の場合がそうだ。アドリア海では、こうした用語集が新たに出版されるたびに賛否両論の声がこれを迎える。

ヴェネツィアの輝きのせいで他の沿岸都市の美しさはわけもなくかすんでしまった。多くの点でヴェネツィアと肩を並べ、時には凌ぎさえしたラヴェンナ、リミニ、アンコーナ、バーリ、バルベッタがそれで、ウルビノ、サン・マリノ、レッチェ——この三都市は海に面さず、後背地でもないが、ブリンディシ、そして有名なカノッサもそうだった。アペニン半島側で生まれ、世界の手本となった建築、美術作品の数を数えあげれば容易に何冊もの本ができる。この点ではアドリア海東岸の都市は目だたないが、自然は西岸より豊かな姿を見せる。イタリアの匠たちはその伝統と知識でスラヴ人のなかでももっとも才気溢れる者たちを助けた。なかでもラドヴァンとダルマティア人のジュライ、二人の修道士はトローギルとスプリトの大聖堂で、対岸から来た芸術家たちの傍らで信仰心と美を両立させた。ラグーザの文芸は、ヴェネツィアや他のイタリアの都市でダルサと呼ばれたマリン・ドラジッチがカルロ・ゴルドーニ以前に喜劇を書いていることを誇りにしていた。起源の問題はルネサンスの時代のドゥブロヴニクや他のアドリア海沿岸の都市では特に重要なことではなかった。

海洋地図の愛好家で以前〈ヒドラ号〉の舵とりをしてくれたテサロニキの友人とともにトリエステから南へ帆走したことがある。まず、イストリアの沿岸を通ったが、そこはロマンス系の民族とスラヴ系の民族——スロヴェニア人、クロアティア人、イタリア人その他——が行きかうところであり、各自が自分の言葉で町や場所に名前をつけているところだ。スロヴェニア人やフリウリの詩人たちが歌った〈カルスト〉あるいは〈カルソ〉のあるコパル、コペルあるいはカポディストリア、それにピランあるいはピラノ、パレンツォあるいはポレチ、トリエステの港からその先端が見えるサルヴォレあるいはサヴドリア、ロヴィニあるいはロヴィニョ、アドリア海沿岸最大の円形闘技場のあるポラあるいはプラなどがそれだ。

私たちのヨットは、順風にのり、リエカ（フィウメ）に向かって進んだ。途中、ザダル（ザラ）、シベニク（セベニコ）、トローギル（トラウ）、スプリト（スパラト）に寄り、この町の中央にあるディオクレティアヌス帝の宮殿の近くとマルコ・マルリッチがクロアティア文学の誕生を告げるクロアティア語の詩を詠んだ場所の近くを通った。ハヴァル（レシナ）の古い劇場、コルチュラ（クルツォラ）島とその町、黄昏がその町にも降りてくる前にヴェネツィアに挑もうとしたドゥブロヴニク（ラグーザ）の塔と城塞（この町のことだけでも一冊の本が書ける）、モンテネグロの足もとにあるコトルの城壁、スヴェティ・ステファン（サン・ステファノ）の「聖なる小島」などを見てまわった。そこから遠くないところ、ダルマティア側にはスカダル、シュコデルあるいはスクタリという三つの名と三千年あまりの歴史をもつ都市がある。セルビアの叙事詩によれば、この町の建設は永遠に続くという。さらには、周囲のスラヴ人からドラチと呼ばれ、ギリシア語ではディラキオン、ラテン語ではドラキウム、アルバニア語ではドレエスあるいはドレエシ、ヴェネツィア方言とイタリア語ではドラッツォという町がある。それはまるでそれぞれの民族と各時代がその跡をこの町の名にとどめようとしたかのようだ。カトゥルスはこの町を〈ハドリア海の小屋〉と呼んでいる（三十六の十五）。つぎに私たちは、長大な砂浜と小さな海水湖沿いにヴロレ（ヴェネツィア人にとってはヴァロナ）へ向かった。

かつてローマの都市オリクムと港があった場所から遠くないところ、トラギアスというギリシア語名をもつアルバニア人の村の近くで、奇妙な現象が時代を超えてくり返されている。すなわち、海水を異様な噴火口に押しもどす流れに助けられ、また太陽と風の相乗作用にさらされて、塩が自然に生じ、海面に花を咲かせているのだ。古代の年代記作家たちはこの「塩の揺りかご」をアドリア海と世界の奇跡のひとつと見ている。

ネレトヴァ川に面するモスタルのような、イチジク、アーモンド、ザクロが一緒に生え、海鳥が舞う海岸近くのいくつかの都市は、今度の戦争で大きな被害をこうむった。ここではまだそのことについてあまり語るつもりはない。歴史はこれを忘れないように気をつけることだろう。本章では十分に言及できなかった人々も多いが、アドリア海の両側のそうした人々には私を許していただきたい。私は今、わが国はそうした人々に対してほとんどふさわしくなくなっていると考える。

私たちは海の思い出とともに海に近づく。それは松や松脂やラベンダーの香り、ギンバイカやローズマリーやドライフラワーの香り、こうした香りをもたらし持ち去る風の思い出だ。子供時代の砂遊びの思い出、掌に砂と丸い小石をいっぱいすくったこと、すべては私たちの物語の最初や最後にすでに語られている。今も真実のあるいは変質したたくさんのイメージが目に焼きついている。写真家は絵地図が残した道をたどっている。セピア色や灰色になった古い写真は、黄色くなったアルバムの頁にくっついたり丸まったりしているが、それが私たちの最初の世界地図だった。それらもまた海の歴史を表しているのだ。埠頭のある港、船の到着と出発、別れや出迎えのしぐさ、帆船と蒸気船、大型客船、海岸を散歩する人々、集合写真、家族や会社の集まり、儀式と祭、そして小湾、細長い入り江、裸で海水浴をする女性などだ。（移民のカバンには愛する写真をすべて持ってくるだけのスペースはない。）アドリア海の西岸で、陽は山並みの後ろに沈むが、東岸では海に落ちる。地中海の両岸では黄昏も異なっているのだ。

西岸は、東岸より距離は短いが東岸より豊かだ。しかし東岸のほうが海は澄んでいる。アドリア海は「地中海の縮図」、地中海のあらゆる過去が凝縮されていると言われる。アドリア海には民族と宗教、愛と憎しみがたどった道が残っている。バルカン半島側の海岸は後背地からやってきた軍隊によってふたたび揺るがされた。アペニン半島側もその周辺の国々からはあまり目を向けてもらえない。どちらの側でも郷愁が増す一方で、希望は少しずつ消滅している。

今や、アドリア海のイメージそのものが分裂した。時として、海もそれを囲む国々とともに沈んでゆくように見える。アドリア海のイメージを変えるために私たちには何ができるのだろうか。

（この問いで私は旅を中断し、この章を終えることにする。）

サラエヴォ——千一夜後

サラエヴォが包囲されて千日になることを心に刻まねばならない集会に名前をつけるのは難しい。それを記念日とは言えない。ここで耳にした「悲劇を記憶にとどめる」とか「追悼」といった言葉はまったくふさわしくない。今度の戦争では言葉では言いあらわせない多くのことが起きた。ある種の名は意図的に避けられた。サラエヴォは世界最大の強制収容所なのだ。

アウシュヴィッツの解放五十周年はサラエヴォの千日目にあたる。二十八万人の住民が包囲された町に残された。一万人以上が殺され、そのうちの少なくとも千五百人は子供だった。何万人もの人々が行く先のあてもなく国をあとにした。（言葉の代わりに数で表現しておく。）

サラエヴォとの連帯を表明するために多くの地方の百五十名以上の市長が招待されたが、実際にやってきたのはそのうちの十名にも満たなかった。他は助役を代わりによこしたり、メッセージを送ってきただけだった。この戦争の勃発以来、ヨーロッパの連帯は危機的な状況にある。ＥＵはこのもうひとつのヨーロッパのことをほとんど気にかけていない。

この「追悼集会」（しかたなくこう呼ぶことにする）には、知識人も何人か参加した。その良心に従い集会に参加した者は、周囲の人々の無関心に失望していた。また、特別の理由はなく、ただ、一種の猛獣狩りに加わっているかのような者もいた。(彼らはライオンを撃つわけではなかったが、ヘルメットと防弾チョッキを着ていたようだ。)両者を見わけるのは難しくない。サラエヴォは誰をも快く迎えいれる。ここの人々は自分たちが見捨てられたと感じている。

この戦争が始まってから、ここに来るのは二度目になる。ここに来るのを私は二度妨げられた。というのもガリ国連事務総長の無能と見栄について書き、彼の協力者たちに関して思うことを言ったからだ。耐えがたいほどうるさいロシアの古ぼけたイリューシン輸送機に私を乗せてくれた国連保護軍のフランス兵はサラエヴォでなんの役にもたっていなかった。彼らの役目は「平和を維持すること」だったが、そもそもそこには平和など存在しなかった。彼らを見て私は一九六八年プラハにやってきたソビエト兵のことを連想した。ソビエト兵は自分たちがなぜそこにいるのかほとんど理解していなかった。人々は彼らはファシストと戦うために派遣されたのだと言っていた。半世紀以上前、スペイン内戦の時、国際義勇軍を構成していたのはみずから志願した者たちだった。今日、国連から派遣されるのは職業軍人、それも一種の傭兵である。それでもやはり軍の派遣は必要だ。彼らがいなければ事態はもっと悪くなっていただろう。

「占領地域」を通って、私たちは装甲車でサラエヴォ市内に入った。学生だった私はサラエヴォで何年か暮らした。町のどんな片隅でも覚えている。その町が分断され、境界線で区切られているとは想像もできない。すでに日は落ちて、途中で目にする建物の輪郭しかわからなくなった。車窓から見た景色は二次元的だった。サラエヴォでは出来事が平板化され、ときとして手足をもがれている。友人数名が、私たちが車を降りる予定の場所、狙撃から身を守る避難所に集まった。彼らは『解放』紙で私たちの到着を知ったのだ。この新聞はしばしば一枚だけになりながらもなんとか発行を続けているものだ。私は一人、二人、三人と握手を交わしたが誰も見わけがつかなかった。痩せて、歯が抜け、脚に怪我をした灰色の髪の女性が、足を引きずりながら私に近づいてきた。「私がわからない?」そうだ、ようやくその声で彼女が誰だかわかった。アミラは同級生で、クラス全員、彼女のことが好きだった。彼女はクラスでいちばん美しかったのだ。私は顔を見られないように、壁――柱だったかもしれない――の後ろに隠れた。友に私の涙は必要ない。彼らはすでにうんざりするほど涙を流しているのだ。私は泣いた。この人々に何をしたのだ。そしてなぜ。

私は、爆撃で被害を受けたにもかかわらずまだ営業している唯一のホテルへは行かないと言った。サラエヴォの日常生活をともにしたかったのだ。近隣の建物の上では狙撃手が待ちかまえているが、タクシーはまだ何台か町を流していた。なにが彼らにそうさせているのか私は自分にも人にも説明できない。運転手はクロアティアのトミスラヴ王の名を冠した通りまで私を乗せていった。ボスニア＝ヘルツェゴヴィナでも、セルビア人とクロアティア人が占領した地域では、通りの名前はもはやイスラーム系の名前ではなくなっていたのだ。町を車でまわってもらうのは危険なことだを知りつつ、私はいくらかとたずねた。「いくらでもいいですよ」。その言葉に私は感激した。生活は貧しかったが、金銭欲に支配されていないところもあったのだ。

私はサラエヴォの人々と同じように、ガラスのない窓のそばで寝た。水銀柱は零度以下に落ちこみ、マイナス七度を指していた。(適当な言葉が見つからないのでまた数だ……)私は目を閉じられなかった。明けがた、私は外に出て、破壊された家並みを見た。中央公園の木はすべて、切られず残っていたが、そこは墓地になっていた。パリからもってきた薬を渡すために、いくつかの家族を訪ねた。(はじめの頃、彼らが求めているのはビタミン剤だったが、今は抗うつ剤を欲しがっている。）水不足と凍結で配管は詰まっていた。用を足すには外はあまりにも寒かったので、排泄物の悪臭が家のなかに広がっていた。こうしたやりかたでもサラエヴォの人々は辱められているのだ。

私はマルカレ市場とヴァゼ・ミスキナ通りのほうに向かった。そこは、パンと塩を待っていた数十人が迫撃砲で殺されたところだ。その痕はまだ残っていた。キリスト教徒は蠟燭を灯し、イスラームは緑の枠で縁どられた通知状を置いていた。町にもう花はなかった。

時折、電気がつうじ、通りや窓に明かりがともる。赤い色の褪せた市電が突然動きだす。私は切符も買わずにそれに乗る。「公共機関」は無料になったのだ。「戦時共産主義」なのだろうか。昔から私は共産主義が貧困を生むのをすでに見てきているが、今、貧困自体も共産主義を生むのだということがわかった。この共産主義はひょっとしたら私たちが知っている共産主義よりもよいものかもしれない。たしかに代価は高くなった。停留所を二つ、三つ行ったところで送電はまた止まった。「欲望という名の市電」（人々はこの市電をそう呼んでいた）から、欲望だけが残った。

土砂降りの雨が降った。冷たい雨だった。しかし雨水は、便所には恵みの雨だった。道路の排水溝は詰まっていて、水は流れていかない。チトー通り（この通りはまだ以前の名前のままだ）では、水はくるぶしまであった。人々はありあわせのものを容器にして水を汲んだ。その水がなにかの役にたつだろう。それほど水は不足していた。この町は背骨が折れていたが、それでも屈服しなかった。「その織物は破れやすいが、復元できる」と旧友のエミール［原注：エミールはアミラと同様、ムスリム系ボスニア人にしばしばある名前］は私に言った。私には信じがたかったが、あえて信じることにした。ここの人々がこれほど苦しんでいる姿を見ると、私は彼らを信頼せずにはいられないのだ。

商店は「営業時間」には店を開けていたが、お客もなければ、お金もなかった。少し前までそのレジスタンス運動で知られた地域では、ドイツ・マルクが唯一の外貨だった。給与も年金も実際には存在しなかった。政府は防衛費を組むのがやっとで、このような状況下ですでに相当な額に達していたのだ。ひとりの若い売り子に私は、なぜ一日じゅう意味もなくそこにいて寒さに震えているのかと尋ねた。「それが務めだからよ。ほかにどうすればいいの……」本屋では数人が買うでもなく本の頁をめくっていた。「私たちが経験したことはどんな小説にも書かれないだろう。私たちひとりひとりがそれぞれの小説をもっているんだ」。

サラエヴォのモスクはどれも大きな被害を受けたり、破壊されたりしていた。最大のモスク——「ベイのモスク」——では、もう礼拝は行われていなかった。カトリックの大聖堂と正教の主教会は無傷のままだった。「カトリック、正教、イスラーム、ユダヤ、四つの異なった祈りの場所をたがいに百メートルほどしか離れていない中心地に抱えた都市は、世界じゅう探してもサラエヴォ以外のどこにも存在しない」と、この戦争が始まるはるか前に、カハミと言う名の地中海系《セファラド》ユダヤ人の祭司は言った。ムスリム系ボスニア人は自分たちが守っている地域の寺院には危害を加えなかった。ボスニア＝ヘルツェゴヴィナの大部分のモスクは廃墟と化している。バニヤ・ルカの壮麗なフェルハディヤ・モスク、フォチャのアラディア・モスク、ポチルテリの学院、ストラクの僧院などを私は再訪した。第二次世界大戦中の占領軍はもっと寛容だった。私はすべてが神の意志とは思わない。しかし、なぜ神はこの可哀想な人々を罰されるのだろうか。

国立図書館では数百万冊の書籍や写本が焼失した。二年前からすでに私は世界をまわって、三十もの都市でサラエヴォとその図書館のことを話してきた。かつて私はそこで研究をしたし、ものを書きはじめたのもそこだった。今では、建物の正面だけが巨大な引き戸のように残っている。内部はすべて焼け、完全に崩れ落ちている。専門家の話では、ハプスブルグ帝国時代に建てられたこの見事な建物を復元するのはもはや不可能らしい。瓦礫の山の上で昔のフレスコ画のかけらを二つ拾った。私は柱の残骸にもたれたまま、何時間もその場にとどまった。

図書館の入口近くに、次のような言葉が刻まれたプレートが残っていた。「ここは一九〇六年五月三日サラエヴォの労働者とオーストリア警察とが衝突し流血の事態となった場所である。新たに結成された青年組合がこの機会にゼネストを組み、ボスニア＝ヘルツェゴヴィナ全土の労働者たちがこれを続けた……このプレートは、犠牲者の思い出として一九五三年五月三日サラエヴォの組合評議会が設置したものである」。このような「思い出」の何が残るのだろう。新ボスニアの地にはめこまれるのは、いつなのだろうか、この戦争が終わった翌日だろうか。サラエヴォの人々が生き残るためにはたしかに何かが残らなければならないのだ。

その場所から遠くないところには、ガヴリロ・プリンツィプが一九一四年にオーストリア皇太子に向かって引き金を引いた場所があり、プリンツィプの名前がつけられた小さな博物館がある。窓は割れていたが、「ユーゴスラヴィア人民の自由と独立のために戦った若き戦士たちへの永遠の感謝のしるしとして」という壁の文字は残っていた。プリンツィプの胸像のわきには「我々は我々の民族を愛した」、「世界でもっともわかりやすい言語は自由という言語だ」という彼の言葉が記されている。私はこの若き反逆者の足形、その象徴的な足形を、入口の近く、砲弾で穴が開き、たえまなく降りつづける雨の泥水に浸かった廊下で探したが見つからなかった。後の世代はこれらすべてのものから何を残し、何を捨ててゆくのだろうか。これから考えなければならない問題がそこにある。「プリンツィプの橋」は最近名前を変えた。今はまた、かつてのオスマン＝トルコ、オーストリア＝ハンガリー両帝国時代と同じく「ラテン橋」と呼ばれている。この橋の下をミリャッカ川の濁った水が流れている。あちこちで機銃掃射の音が聞こえる。人々は身をかがめ、急いで通りすぎる。

サラエヴォでの暮らしは生き残りをかけた生活に変貌した。文化は住民が生きのびる助けとなった。詩もそうだ。劇場は危険のない日に開かれた。若い役者たちは最近、ベトナム戦争から着想を得た作品『ヘアー』を、自分たちが苦しめられている戦争に焼きなおしてレパートリーに加えた。彼らは『ゴドーを待ちながら』も上演した。ゴドーは包囲された人々に会いに来なかった。しかしそれはゴドーにとっても絶好のチャンスだったのだ。適切とは言いがたいが、ゴドーはガリ事務総長、あるいはミッテランに置きかえられていた。何本もの映画が、包囲されているなか、ボスニア人と外国人の映画監督の手で上映された。迫撃砲下、ベートーヴェンの英雄交響曲が市のオーケストラによって演奏された。画家と写真家たちは作品を、レジスタンス運動中のようになかば秘密裏に、狙撃手から隠れて仮設ギャラリーに展示した。抵抗する文化が虐待された都市で自己を再確認したのだ。ヨーロッパ共同体の文相たちはサラエヴォを〈ヨーロッパ文化の首都〉と呼ぶのを承知しなかった。しかしヨーロッパの多くの都市は、サラエヴォをそう呼んだ。言いかえるなら、それは私たちみなにとって「苦痛の首都」なのだ。

私は、ギャラリー〈芸術協会〉で「延命道具の展覧会」の開会式に列席した。非常に巧妙な「道具」の隣には陰うつな組合わせの一連の絵があり、全体に、「アンガージュマンの芸術」にしばしば見られるレトリックの痕跡はまったくなかった。この三年間に撮られた写真のコレクションは規模が大きくなり、しだいに深刻さが増している。私は戦争そのものの写真より、戦時下の生活を撮った写真のほうが好きだ。生活は遅かれ早かれ、戦争に勝たねばならない。

似たような状況で「人間性を買いもどしている」特異な人々のひとりに出会った。それは、一九九四年の秋にセヴィリアの「世界医師」連合の大会で知りあった外国人医師で、私には彼の国籍がどこなのか、はっきりとはわからない。（そんなことはここでは重要ではない。）彼は私たちに調査結果をうち明けた。人々は疲れきっている。人道的援助は必要不可欠な食糧の半分も確保できない。サラエヴォ防衛軍が掘ったトンネルを通ってもたらされる物資は高価で大多数の人々には手が出ない。町は飢えに苦しんでいる。体は弱り、あらゆる種類の病気の危険にさらされている。多数の子供たちが心に大きなショックを受けている、と彼は言う。つけ加えれば、毎朝、何人かの年配の人々が食べ物や水をもう探しに行けなくなっているという話も私は耳にした。この老人たちはそのまま死んでしまうのだ。隣人が彼らを見つけ、埋葬する。こうした人々は犠牲者の数に入っていない。いったいどれだけの人がそうなっているのだろう。ゴラジュデ、スレブレニツァ、ビハチではどうなのか、私たちにはわからなかった。モスタルの左岸地域はサラエヴォよりもひどく破壊された。私は兵隊ごっこをしている子供たちを目にしたが、ピストルで、ただし木製のカラシニコフで、たがいに相手を狙っていた。大人の真似をして戦争をしているのだ。冬は学校が開けない。春と秋は、狙撃手がいるので多くの親たちは子供を学校に行かせない。思えば当初、みなは私に、とにかく「この場にとどまらねばならないと言っていた。それが今やみな、「脱出する」ことを願っている。終わりが見えないのだ。じつのところ、何の終わりなのだろう。戦争の？　それともサラエヴォの？

小劇場では、若い役者たちがジロドゥーの『トロイ戦争は起こらない』を演じていた。戦時下ではひとつひとつのやりとりが、平和なときとは違って響く。爆弾が降るなかでも文化行事にはいつも多くの観客が集まった。若い娘たちはハイセンスな装いで、髪も見事に整え、控えめな化粧をしている。青年たちはヨーロッパのどこでも同じようなジーンズ姿だ。大劇場ではサラエヴォ弦楽四重奏団が、町が包囲されてから百四十七回目のコンサートを開いた。演目はシューベルトの『死と乙女』。市立管弦楽団はこちらでは同じシューベルトの未完成交響曲、ドヴォルザークのスラブ舞曲を演奏した。この三年間稽古を続けてきた「パルチッチ」少年合唱団は聴衆を魅了した。多くの人が涙を流した。その顔は私の子供時代に見た顔だった。すなわち、私たちもまた同じように、サラエヴォやモスタルの、「以前の」、「昔の」、あの学校に、あの遊びのなかにいたのだった。(ボスニアでは、災禍へ抵抗することでまとまった人々の意識が私を圧倒した。照明の暗い地下にある劇場のバーで、こみ上げる感情に身を任せた。こんな感情の吐露は、よそであれば、恥ずかしく思ったことだろう。)

十時に明かりが消え、外出は禁止された。寒い夜は格別長かった。この町の人々は夜を明かす術を心得ていた。私も彼らの相手をして過ごしたのだった。

＊

サラエヴォ市長とその協力者たちは「サラエヴォの町――世界の未来のために」というテーマで考える会合に私たちを招いてくれた。ここでは少し前に「サークル九十九」が結成されたが、ボスニア＝ヘルツェゴヴィナに暮らすあらゆる民族から集まったそのメンバーは、宗教とは無関係に民主的で人権を尊重する「市民国家」のために戦っている。最初の会合はホテル・ホリデー・インのほとんど暖房の利かない大広間で行われた。二回目は、「サークル九十九」が隠れ家としている冷たい地下室だった。私はいろいろな場所で話したが、そのときの話をここでまとめておこう。

包囲後、今世紀最長の千日が経ち、サラエヴォについて語る集会は数多く開かれています。外国からこの町にやってきた者にはなんであれ、サラエヴォのみなさんに説明する権利はありません。この地で起きたことすべては、みなさん以上に誰が知っていましょう。みなさんにどんな忠告ができましょう。ここは口をつぐみ、まずみなさんの声に耳を傾けねばなりません。これほど長いあいだ、周囲からきり離されてきたみなさんには話し相手が必要です。それだけが、私たちにこの地で話をする権利を与えてくれるでしょう。私は予後の診断をするつもりはありません。それは偽医者の十八番です。

私はみなさんとともに今なにが起こりつつあるのか考えてみようと思います。私たちの言葉はしばしば裏切りと侮辱の罠にはまることがあります。自分の民族に向けたあらゆる批判が裏切りととられ、他の民族に向けた批判は侮辱と見なされるのです。これは、私たちの言論の自由を抑圧しようとするあらゆる民族主義者にとってうってつけです。そのことを、私は今回の戦争が起こる前に話してきましたし、戦火激しいときにも折にふれて語ってきました。まさしくこの地で、その言葉はところを得て、語ることができます。すなわち、サラエヴォについて語ること、私たち自身についてサラエヴォで語ることができるのです。それも私たちのためにだけでなく。戦争当初から、ヴコヴァルでの戦闘以後から、私は、もっとも苦しんでいるボスニア゠ヘルツェゴヴィナの側に立ちました。当時は、自分の態度を表明する、あるいは、正直な気持ちを明らかにする必要がありました。原則よりも帰属意識を上に置き、人道よりも民族を優先する人々を私はあまり評価しない。責任の大部分は彼らにあるのです。私たちのなかにもこうした人々は大勢います。

旧ユーゴスラヴィアは、それがどんな国であれ、私たちに偶然降りかかった運命、利己的な情熱と怨恨が私たちをそちらへと駆りたてた運命よりももっとよい運命にふさわしい国でした。「社会主義の鎖」が、東ヨーロッパと呼ばれる国々を結びつけていた環とは別の堅固さをもつもっと丈夫な環のところで切れてしまった経緯を説明するのは容易ではありませんが、いずれにせよ、一九四八年以降、私たちは政治的な意味での「東ヨーロッパ」に属しているとは思っていませんでした。

旧体制下で私たちがもっとも熱心に議論した問題のひとつは、民族と民族文化の権利についてでした。昔も今も、この権利を否定することは馬鹿げています。しかしながら、多くの誤りを目撃して、私たちは最初の考えを見なおさぬわけにはいかなくなりました。民族文化の構成要素のうちには容易に民族のイデオロギーに変貌してしまうものがあります。このイデオロギーは、民族文化を享受するという、侵すことのできない権利の裏に隠れています。そして、悪循環がいつまでも続くのです。代価はあまりにも高くつきます。すでに目にしたように、有害な主張と計画が民族のイデオロギーのなかに現れました。たとえば、セルビア・アカデミーの有名な〈覚書〉はそのもっとも顕著な例です。記憶に新しいところでは、民族の主導者たちは、自分たちの民族は戦争に勝って得たものを平和時に失っていて遺憾に思うと言っていました。私たちの道徳にも知性にもこれと対決するだけの十分な力がありませんでした。この自称勝利者たちの尊大と「傲慢」（ニーチェ）、「民族の名のもとに」語る偽金づくりの旧弊で原始的なレトリックに対して軽蔑で対抗するための力が足りなかったのです。このあやまちは歴史のせいだけではなく、それ以上に歴史の解釈に、不公平でかたよった解釈をする者に責任があります。「過去の勝利」を讃える者は、最後には過去それ自体によってうち負かされます。それでも、彼らが人々に危害を加えることにはかわりはありません。私たちの負の経験は（それは私たちだけの経験ではありません）ほかの民族にも役だつのでしょうか。少なくとも、なにかの役にはたつでしょう。その時、サラエヴォのみなさんの苦労は無駄ではなくなるのです。

民族主義のイデオロギーに変化する有害な要素を民族文化からとり除くには、あるいは、とり除けなくても、せめて、その影響を抑えるにはどうすればよいのでしょうか。この点についてあえて語ることのできる人は多くありません。知識人の責任という問題、「聖職者の背信」という問題がふたたび浮上してくるのはまさにこの点です。価値観を守る真の勝利者はしばしば戦いには敗れるものです。皆さんはボスニアで、そしてサラエヴォで、すでに道徳的に勝利を収めました。この勝利を覆すのは難しいでしょう。この勝利を土台として、私たちをとり囲んでいるこの廃墟をとり払い、新たな建設を進めることができるのです。これほど多くを失った者にとって、それは容易ではないでしょう。しかし、私はみなさんのそばで、みなさんとともにあえてそれを望みます。

今回も、第二次世界大戦の時と同様に、もっとも苦しめられたのはムスリム系ボスニア人です。しかしながら、将来彼らがになう責任は決定的に重要なものになるでしょう。なぜなら、彼らはこの地でもっとも人数が多い民族だからです。彼らは、アイデンティティを確立し、俗人と信者の間にある対立を乗り越えねばならないでしょう。このムスリム系ボスニア人のアイデンティティはセルビア人とクロアティア人双方から反対され、揶揄されました。これは昨日に始まったことではありません。国内に宗教がひとつしかない国であってもそうなのですから、いわんやボスニアのように国内に三、四の宗教が並存する宗教国家が心落ちつかせる姿を見せているところは世界中どこにもありません。国内に宗教がひとつしかない国ではなおさらです。イスラーム世界だけでなく、スラヴ世界の大部分、すなわち地中海圏の中央および東ヨーロッパの大部分で宗教色のない経験をすることはありません。私は、隣接する三つのレベルでこの世俗性について考えてみることを提案しました。第一は、世俗であると同時に信者でもありうることは承知のうえで、宗教と対峙した世俗性について、第二は、宗教によって作られた民族と対峙した世俗性について、第三は、宗教的狂信をともなって実践されるイデオロギー（かつてはスターリンが用い、今日では民族主義者が使っている、地と血の神話にもとづいたイデオロギー）に対峙した世俗性について、この三つです。

私たちが考えているように唯一で不可分の地域、ボスニア＝ヘルツェゴヴィナに住むクロアティア人とセルビア人は、ある種の根深い悪習を変えていかねばならないでしょう。民族国家の隣には、市民国家が、出身にかかわらず等しく権利を認められた市民が構成する社会的・政治的共同体がありまず。ボスニア＝ヘルツェゴヴィナのクロアティア系、セルビア系住民は、自分たちが暮らし、働いているボスニア＝ヘルツェゴヴィナ共和国に市民として属しながら、各々の民族の出身地であるセルビア、クロアティアと関係をもつことができます。そうするためには、「民族文化」から生じたイデオロギーが彼らに残した旧弊で神話的な多くの偏見を彼らは捨て去らねばなりません。いったい彼らのうちのどれだけにそうする心の準備ができているのでしょう。偽善といつもの曖昧さから解放されたこの選択そのものが、この地のもっとも優れたみなさんが熱望する共同生活を左右するのです。私たちには過去のイデオロギーが私たちを連れていく行き先がわかりました。そのイデオロギーが推奨していた等質性は全体主義にいたり、イデオロギーが要求した民族の純粋性は「民族浄化」につながったのです。

旧ユーゴスラヴィアでは、東ヨーロッパと同様、真の民主主義よりも〈民主独裁体制〉が数多く見られます。ボスニア＝ヘルツェゴヴィナ全体に望まれるものは真の民主主義であり、それなくしては国家としてのボスニア＝ヘルツェゴヴィナはなりたたないでしょう。

＊

「サークル九十九」（私はサラエヴォ到着以前にこのメンバーとなっていた）での会見の後、予定外で、作家数名と会った。このときの話を要約するのは公的発言よりも難しい。私が会った人々の大部分は憔悴していた。そのような状態があまりに長く続いているのだ。アブドゥラ・シドランはサラエヴォが包囲されているなかでその傑作詩集のひとつ『サラエヴォの柩』を書きあげた。以前、私たちは、「ユーゴスラヴィア民主主義構想」（ＵＪＤＩ）という一種のオルターナティブ運動で協力しあったことがある。この運動はユーゴスラヴィア全土を対象としたもので、「救えるものを救おう」と提唱したが、成功しなかった。シドランは、コーランの詩句を読みあげる賢者のようにゆっくりと話した。「私たちの精神状態は、それまで存在を信じていたものすべてを諦めている。完全に諦めているのだ。世界は存在しないし、民主主義も存在しない。ひとつのヨーロッパという思想も存在しない。この国の外で用いられている論法の基礎となるものはなにもここには存在しないのだ。私たちはサラエヴォで、この言葉そのものももはや意味を失ったと感じている……収容所の心理が、そのあらゆる兆候とともにここを支配している……私たちはほとんど言葉を必要としない。暗黙のうちに理解しあっている……私たちの苦しみがその原因を忘れさせてくれるようにと願っている人は多い」。

シドランの家で、詩人のマルコ・ヴェショヴィチにも会った。彼は正教のモンテネグロ人でシドランと同じ考えだった。彼は包囲されているあいだずっとサラエヴォで暮らした。サラエヴォの作家はよそへ行った仲間たちの消息をほとんど知らなかった。そうした仲間の何人かは、心のなかではボスニアに今も忠実だ。ゼヴァド・カラハサンはその『移住日記』をジュネーヴで最近高く評価されたばかりだ。セルビア人の詩人ステヴァン・トンティチはドイツにいて、私はベルリンから発せられる彼の声を聞いた。彼は包囲されたサラエヴォにかなり長くとどまり、すべてを見て、優れた作品を書いた。私なりに彼の詩のひとつを要約すれば「扉は開かれるだろう、ただひとつの出口が」という一節にまとめることができよう。ヘルツェゴヴィナのクロアティア人、ミレ・ストイチはまず、ザグレブに逃れ、その後、家族とともにウィーンに移り住んだ。フランクフルト空港で、私は最近、ボスニア人亡命者たちの手記を買ったが、彼も執筆者のひとりだった。そこにはつぎのようなことが書かれていた。サラエヴォを離れる前、子供たちを避難させようと急いでいたとき、彼の妻はついうっかり、子供たちのカバンに鉢植えのサボテンを入れてしまった。彼らはそれを町から町へと持ち歩いている。「このサボテンの鉢植えには、唯一残された、まだ血が一滴も流される前のボスニアの土がつまっている」。

「ボスニア詩人サークル」は世界に四散した。そのメンバーをひとりひとり挙げることは困難だ。「誰が私たちを陽気な国民としてふたたび結集させるのだろうか」と、かつて私はもうひとつのヨーロッパの反体制派のために書いた。子供たちが戻ってこなければ、ボスニアが立ちなおるのは難しいだろう。そして、彼らにとっても、一帯が廃墟となっている土地に戻ってくるのは容易ではなかろう。

私は話の相手の顔を見つめた。すべてに対して、少なくとも表面上は無関心になっている者もいれば、わずかな物音にも過敏に反応する者もいた。コップが割れる音、地面に落ちた鍵、ばたんと閉まる戸、そのたびに彼らは飛びあがった。私はアミラと、両親を失ったアミラの甥ともに一晩を過ごした。永久に癒えることのない傷を負ったアミラには、かつての美しさのなにが残されたのだろうか。彼女の家は寒かった。彼女の母親は最近亡くなっていた。サラエヴォでは、人は思い残すことはないかのようにひっそりと死ぬ。

町中で、友人はいつも私の袖を引っ張った。「こっちを通りなさい。そっちは駄目だ」。彼らは、いつかこうしたことがすべて終わったとき、もとの歩き方に戻れるのだろうか。人々のあいだで交わされる言葉は少なく、言葉なしに理解しあっている。外からきた私たちには、要点だけを語ろうと努めている。私は彼らの語ることに耳を傾け、その言葉を記憶にとどめ、そのとおりだと思う。第二次大戦後、誠意あるクロアティア人はパヴェリッチとウスタシャの犯罪を恥じたにちがいないが、まったく同様に、誠意あるセルビア人はカラジッチのチェトニクとミロシェヴィチの政治を恥ずかしく思うだろう。現在の「新ユーゴスラヴィア」の設立は卑劣な行為だ。「ヘルツェグ・ボスナ」と、クロアティア大統領にそそのかされて犯したその悪行は「クロアティア＝ボスニア連邦」に対する不信感を生んだ。ボスニア人について言えば、彼らは自分たちだけではなにもできないのだ。「ここで、私たちは今も確信しています。私たちはおたがいに相手がいなければもっと貧しかったこと、相手から離れて別々には才能も知性も創造性も今ほどもてなかったということを。単一民族で暮らすことは、水族館の魚になるのと同じだと思います。ほかの民族には選択の余地があります。しかしボスニア人だけは選択の自由がないのです」。これは、ムスリム系のある世俗の優れた知識人の言葉だ。

イスラームの信仰に戻るボスニア人は多い。彼らはあらゆる苦しみを耐えぬいた後、原理主義にいたらざるをえなかったのだろうか。カトリックの大聖堂も信者でいっぱいで、以前よりも数が増えた。

かつて、ここのイスラームはイスラーム世界でおそらくもっとも開かれたイスラームだった。私たちの世界はそうした人々を捨てたのだ。彼らを攻撃したあの民族主義、最初はクロアティアの、つぎにはセルビアの、国は違うが同じ民族主義が発する巧妙なプロパガンダは、原理主義者がボスニアを征服しつつあるという非難を生みだした。ボスニア政府の政策ミスがこれを助長した。戦争中にあやまちを犯さない政治などあろうか。ことに、すでに千日以上にわたってこの地の人々が経験したような戦争の最中には！（私はこのノートをサラエヴォ包囲千一日目の夜に書いた。）

アリヤ・イゼトベゴヴィチ議長は、私の滞在中ずっと不在だった。理由はわからない。ハヴェル、サハロフ、ソルジェニーツィンの解放のために、「一九七七年憲章」の署名者と「連帯」のメンバーのために、さらにはフラニョ・トゥジマンのために、私が『公開書簡』を書いたとき、私は拘留中だったイゼトベゴヴィチをも擁護し、彼の刑を十三年から六年に減刑させることに成功したのだ。その後、私たちは友情厚く会見したのだった。ゼニツァで、コーランの章が書かれた緑の旗を掲げて軍隊が彼の前を行進したという。多くのボスニア人は彼を非難している。ムスリムさえそうだ。私は以前に彼を擁護したことを思い、いたたまれない気持ちだ。私の見たところ彼は誠実な人間のようだが、度量の広い政治家ではない。彼は信仰心はあるが、原理主義者ではない。

帰り道、私たちを空港に送っていく装甲車の側面に機銃掃射が当たった。私はときどきここが戦場だということを忘れていた。サラエヴォの人々が経験していた悲劇が戦争以上のものだったからだ。私はふたたび国連保護軍のロシア製イリューシンに乗った。体の芯まで寒かった。心は悲しみで満ちていた。私は読者に何の解決策も示すことはできない。何日ものあいだ、私は一行も書けなかった。

モスタル——彼らは橋を落とした

彼らが私の生まれ故郷のあの古橋を破壊しようとは思いもよらなかった。ユーゴスラヴィアの外に移り住み、外国の都市を転々とした年月のあいだ、私はこの橋のことをたえず思い出していた。モスタルとその周辺では七つの橋がすでに壊されていたが、いちばん古いこの橋は無事だったのだ。この橋が町の名のもとになった。（モスタルは原語では「橋の番人」を意味する。）この橋は、何が起ころうとも、共通の価値と歴史の保証人して、ボスニア＝ヘルツェゴヴィナと旧ユーゴスラヴィアで兄弟殺しの戦争や野蛮な破壊活動に直面しつつ、なお同様の存在となりうるものを救うために、抵抗しつづけるだろうと確信していた。多くの人と同じく、私も、またしても無邪気に信じていたのだ。

これは求めすぎだったのだろうか。

モスタルの古橋の美しさ、その建築の大胆さ、整然と積まれた石の白さについて、ここでながながと述べるのは場ちがいだろう。それはオスマン帝国下、西暦一五六六年、イスラーム歴九四四年に、スレイマン一世時代の建設主幹ハイルディンによって架けられた。この橋は私の子供時代と青年時代の思い出ときってもきり離せない関係にある。

私たちはその橋を、父親や友人を呼ぶように、たんに「爺さん」と呼んでいた。「爺さん」の上で待ち合わせをし、「爺さんの下で」泳ぎ、私たちのなかでもいちばんむこう見ずな奴は「爺さんの上から」、「世界でいちばん青い川」ネレトヴァ川に飛びこんだものだった。本当に、この川はどんな川よりも澄んで見えた。両岸には高くて平らな岩場（まだそこにあってくれればいいのだが）が並び、モスタルの住民は「洞窟」と呼んでいた。野生のイチジクと野ばらが這う「緑岩」、危険な渦（「ふた」と呼ばれた）が隠れる「くぼみ岩」、小さな支流がネレトヴァ川に注ぐあたりの「大鷹岩」「小鷹岩」、アドリア海の小港の埠頭に似た「かしら岩」、「爺さんの上から飛びこむ前に」少年たちが練習をする「ドラジーク（トルコ語で踊り場や盆を表す）岩」などがあった。カモメは近くの海から来て、岩や橋の上で翼を休めていた。

ここはまだ地中海なのだ。

ここに私たちは昔から、おたがいの民族の違いとは無関係に、仲むつまじく暮らしていたのだ。私たちは東や西の隣接する地方からやってくる人々のことがあまり好きではなかった。彼らにとっては、こうした違い、なかでも宗教の違いが、私たちの相互理解よりも重要なことだったからだ。私たちはときどき腹を立てて、彼らのことを「無作法者」「田舎者」と呼んだ。それはあたかも、のちに彼らにされることを私たちがすでに知っていたかのようだった。

東と西がモスタルで手を結んでいた。その生活様式でも建築でも東洋と西洋はモスタルでひとつになっていた。私の友人たちの名前は、それぞれカトリックや正教やイスラームの宗教にちなんだ名前だった。私たちはおたがいにその名前より長所で相手を見きわめていた。第二次世界大戦中のある夜、ドイツ軍、ウスタシャ、チェトニク、イタリア軍など無法な軍隊に占領され、荒らされたこの町に、傷つき、疲れはてたパルチザンの部隊がこっそりやってきた。誰ひとり、密告する者はいなかった。パルチザンはふたたび森に入っていった。そのことは私たちの誇りだった。おたがいがさまざまな点で異なっていても理解しあえることの証として、これ以上のことがあるだろうか。

歴史がこのような価値を認めてきたのだ。

蛮行の歴史において、都市と歴史的建造物の破壊者はもっとも恥ずべき位置を占める。モスタルの古橋はモスタルの町にとって記念碑以上のものだった。その存在は現実以上に象徴的意味があった。もっともたちの悪い侵略者でも、この地方ではしばしば起きる地震でさえも、この橋に害を加えることはなかった。「セルビア人」がモスタルを砕きはじめ、「クロアティア人」がこれを続けた。(括弧つきにしているのは、この破壊者たちを、私たちと恥辱や涙をともにし、この行為になんの責任もないセルビア人やクロアティア人と区別するためである。)

橋が落ちたときは、多くの場合、どちら側かに切れ端のような部分が残るものだ。しかし、「爺さん」はすべてが崩壊し、橋と一緒に岩壁やヘルツェゴヴィナの大地の一部も崩落した。旧ユーゴスラヴィア全土のなかでも最大の被害と最多の死者を出した紛争を誰が最初にはじめたのかということは、今の場合、問題ではない。ある者の罪を責めても、それでほかの者を正当化することはできないだろう。ヴゴヴァルの虐殺者もサラエヴォの拷問人もモスタルの破壊者も、自分が行ったことの責任をとらねばなるまい。もはや疑念の余地はない。古橋を落としたのは、「ヘルツェグ・ボスナ」と呼ばれ、みずからもそう名乗る集団の兵士たちだ。世界がようやくクロアティアのことを理解し、傷ついた国家と認識しはじめたそのときに、彼らは橋を破壊するというとり返しのつかないあやまちを犯したのだ。オマルスカ、トロノポリエ、オジャク、マニヤチャの収容所でセルビア人が犯した罪の告発でその名前を知られた、信頼に値する外国人の複数の証言によると、クロアティア領内にも、ドレテリ、ガベラ、リュブシュキや聖母マリアが現れたと言われるメジュゴリエの近くにも、同様の収容所があること、また、モスタルのすぐ近くには無気味な「ヘリコプター基地」があることが明らかになった。自分の民族を尊重することは、その民族の名で、あるいはその民族の旗印のもとで犯した罪を隠さずに認める覚悟をすることでもある。おそらくそれこそが、民族的感情のもっとも高度な段階であり、民族にとってもっとも高貴でもっとも辛い試練であろう。

それは危険のなかでももっとも重大なものでもある。

ミロシェヴィチの妄想を盲目的に信仰するカラジッチやムラディチの「セルビア人」部隊の行った戦争犯罪の隣で、モスタルやヘルツェゴヴィナで行われた「クロアティア人」の虐殺行為も、ボスニア中央で「ムスリム」が行った復讐のいくつかの事例も、黙って見すごすわけにはいかない。「ヘルツェグ・ボスナ」の司令官マテ・ボバン、このクロアティア人にあるまじき男は、モスタルの古橋の崩壊は不慮の事故だと見せかけようとしているが無駄であろう。彼は最近、自分が「大統領のヴィジョンの実現」に向けて活動していると自負する、卑劣に媚びへつらった公開書簡をクロアティア大統領フラニョ・トゥジマンに送った。大統領がこの言葉と距離を置いているとは聞かない。私たちの歴史の遺産、人類の価値の遺産であるこの橋を破壊した者たちを、大統領は、役にたつという理由で処罰しなかったのだ。

大統領は辞意を表明するのが賢明であろう。

このような状況で、大統領たちが私たちの意見に従うと信じるほど、私はお人好しではない。そうなったとしても、ミロシェヴィチはその前にみずから生命を断つべきだった。この戦争がはじまる前の一九九〇年秋に発表した公開書簡で、私たちは彼にその旨を暗に勧めている。

この章はモスタルの古橋が破壊された直後に、クロアティアの反対派の新聞に書いたものだ。当時、モスタルの左岸は、ボスニア＝ヘルツェゴヴィナを攻める「ヘルツェグ・ボスナ」の陣地から発射される迫撃砲に激しく攻撃されていた。町のムスリム居住地区で人々は飢えに苦しみつつ、廃墟となった家の地下室で暮らしていた。外部と連絡をとる唯一の手段は、地方局の「自由ラジオ」だけで、これが生き残った人々を励ます努力を続けていた。このラジオ局がくり返して先の私の言葉を伝えてくれた。

それは、文学が遊びや奢侈以上のものとなりうることを感じた、私の生涯において稀有の経験であった。

プレドラグ・マトヴェイェーヴィチ——稀有のヨーロッパ市民

ロベール・ブレション

プレドラグ・マトヴェイェーヴィチがヨーロッパの文壇に登場したのは最近のことだが、その独創性はすぐにみなの認めるところとなった。[*1] しかし彼は新人ではない。その教歴、著作、積極的な活動は以前からフランスで反響を呼んでいた。彼はフランスと特に関係が深い。一九六七年にソルボンヌで博士論文の審査を受け、この論文をもとにフランス語で著作を発表する。[*2] ザグレブ大学のフランス文学教授として彼が最初に自国でセルボ・クロアティア語で発表した著作は、フランス現代作家に関するものだ。

四、五年前までは、まだ容易に彼の身分を語ることができた。クロアティア国籍のユーゴスラヴィア市民で、出身はヘルツェゴヴィナのモスタル、フランス文化に造詣が深くイタリアにも慣れ親しんだロシア人の父をもつ。つまり彼は、深い根をもつ国際人なのである。しかし、今日、もはやかつてのユーゴスラヴィア連邦は存在しない。セルビア人はクロアティア人と戦い、ボスニア＝ヘルツェゴヴィナの大部分を占領した。クロアティア人はモスタルを破壊した。マトヴェイェーヴィチは心底「ボスニア人」であり、「クロアティア人」であり、「ユーゴスラヴィア人」であったが、それまでは完全に調和していたこれらすべてが、戦争勃発後はもはや並びたたなくなった。かつて同国人だったセルビアの民族主義者からは敵国のクロアティア人として嫌われ、今も彼の友人が多いセルビアとボスニアの民主主義者に寛容な態度をとるがゆえに、同胞だったクロアティアの民族主義者からも拒絶された。

情勢のせいで彼のアイデンティティは不確かなものになったが、彼の作品も多様であるがゆえに分類できそうにない。青年期の思慮深い文学研究と熟年期の攻撃的でしばしば激烈な調子をとる伝記的著作（『書簡』の二つの版に収録）、そして、『地中海』のような空想と記憶の書のあいだにどんな関係があるのだろうか。予備知識をもたずに彼の三種の著作を読んだ者は著者は三人別々で、それぞれ碩学、アンガージュマンの証言者、詩人だと考えてしまいかねない。これらの著作を結び、同質の作品とする糸は、各著作がたえず問いかけている問題、すなわち、限りある生の時空と人間ひとりひとりとの関係にあるのだろう。

エウリピデスの同名の悲劇において、イオーンは後になって自分の母だとわかる異国の女性に「おまえは誰だ。どこから来た。国はどこだ。名前は何というのだ」と尋ねる。それから二十三世紀後、ベルジャーエフは「大地はロシア精神の一分野だ」と言う。受けついだ文化という点ではギリシア人に似て抽象的に、その血筋と染みこんだ気質から言えばスラブ人のように肉体的に、マトヴェイェーヴィチは個人と民族の運命のなかに時と場所の重みを強く感じている。政治区分が崩壊し、イデオロギーと精神が明確な姿を失うなかで「アイデンティティの病」がヨーロッパの一部を蝕みつつあるとき、兄弟同然であるはずの人類は、もはやたがいに相手が誰であったかを忘れ、誰が隣人で誰が同胞なのかわからなくなっている。しかし、「もうひとつの」ヨーロッパの見識ある市民の宿命ともいえる自己に対するこの疑念こそが、西、中央、東、それぞれのヨーロッパで、ひとしく我々をヨーロッパ人と定めているものではなかろうか。「小ヨーロッパ」（イベリア半島）出身のもうひとりの国際的知識人はこう書いている。「我々、ヨーロッパ人は歴史の主体として、また、文化の担い手として、〈アイデンティティをもたない〉唯一の人間だ。文字どおり、〈我々は自分が誰だかわからない。〉西欧文化の本質は自分を名づけようという意志に端的に示されている」[*3]。

*

初期のマトヴェイェーヴィチ、一九六〇年から一九七〇年にかけての彼の活動は根本的に、批評的知性の結実したもので、執筆や文化活動、物事を見わけ、分類し、展望を開く活動、ようするに事象の整理にとり組んでいる。彼はまた、理論家でもあり、分析によって法則を引きだそうと試みる。芸術と人生、インスピレーションとチャンスの関係の合理性を把握しようとするのである。方法論に則りつつ、独断に陥ることなく考察を進める。知見の広さゆえに、彼は研究対象とした文章や問題に、さまざまな思潮からとり入れた理論を集中して適用することができる。戦後の社会を包んでいたマルクス主義の影響を受けた彼は、アドルノ、ルカーチを参照するが、クローチェ、バシュラール、スーリオ、クルティウス、ベルグソン、もちろんサルトルも援用する。特に、当時フランスではまだ知られていなかったプロップ、シクロフスキらロシア「フォルマリスト」の理論は、彼の批評理論、その特徴である感情移入しつつも距離を置くあの眼差しを練りあげるのにもっとも役だった。

「機会の詩」という言葉がゲーテのおかげで地位を確立したことはよく知られている。ゲーテにとって、出来事からインスピレーションを受けない詩作はありえない。「私の詩はすべて機会の詩だ。それは現実から着想を得ており、現実こそがその基礎となる。私は何ものにももとづかない詩には関心がない[*4]」。しかし、機会はゲーテの場合、詩人の詩的生活と結びついていた。ラムネーの述べるところでは、そのような機会は詩人を作るのではなく、詩人を顕在化するのだ。また、ラマルティーヌふうに言うならば、詩人が好みの機会を選びとっているのではなく、機会が〈それに合った〉詩人を選んでいるのだ。

フランス革命以後、多民族の集まるヨーロッパでは「ゲーテの全世界的な夢――〈世界文学〉の理念――は民族主義の個別のしかもしばしば地方主義的な要求の前に消滅した」。当初、言葉には軽蔑的な意味はまったくなく、それが意味するものは自由の一形態だったが、その後一種の圧力となった。ヨーロッパのいくつかの国では「文化的機能主義」が始まり、個人からあらゆる主導権が奪われた。「国民精神に関するヘルダーリーンの考えは、しだいにイデオロギー的な意味を持ち、民族の精神（あるいは〈魂〉）の観念に変貌した[*5]」。「このような状況で、作家にはもはや、〈籠のなかに閉じこもる〉か〈言葉によって政治参加する〉か〈批判的態度をとる〉か、三つの態度のいずれかを選択する以外に道がほとんどなくなってしまった」。しかし、彼には、この正面からの「批判」が彼をあらゆる危険にさらすことはわかっている。この意味で、知識人の政治参加《アンガージュマン》は、甘んじてみずから〈真実の人質[*6]〉となることなのだ」。

『もうひとつのヨーロッパからの書簡』は反体制の書である。反体制派はたんなる野党とは違う。彼は権力を掌握している党とは別の党の名において意見を表明しているわけではない。イデオロギー、民族主義者の熱情、あるいは国家の言い分に反対し、人権を掲げ、これを普遍的で卓越した価値と考える。彼は不滅のクレオンの前に立つ永遠のアンティゴネーだ。彼は、権力を握る階級あるいは徒党の番犬に対して真実の番人となる。反体制派の完璧な模範となった人物はカルロ・シュタイナーである。[*7]『もうひとつのヨーロッパからの書簡』はシュタイナーの自伝『シベリアの七千日』の讃美ではじまり、ザグレブの墓地で述べたシュタイナーへの弔辞で終わっている。シュタイナーは「現代の英雄」である。彼はみずからも属していたイデオロギーの名のもとに行われた犯罪を告発するが、それでも自分の抵抗を導く価値を否定はしない。一方、マトヴェイェーヴィチは、簡単に寝返ってしまった人々、嘘を別の嘘で置きかえた人々を警戒する。たとえば、かつては狂信的なスターリン主義の指導者だったのに、西ヨーロッパでは反体制派の鑑となったジラスのような人物がそれだ。ジラスはシュタイナーのように真摯な証言で「自分自身と他者の前で自分には後ろめたいところはすこしもないと言明する」ことはなかった。

『もうひとつのヨーロッパからの書簡』の最初の重要な部分は旧ユーゴスラヴィアで発表された一連の「公開書簡」（一九八五年）である。それはクロアティアでは「発行許可」を得られなかったもので、国家や政府の長、政党の責任者、大臣、高位聖職者などこの世界の指導者たちに向けて書かれていた。それらは、一九七一年から一九九二年にかけて、すなわち、独裁体制下だけでなく、ユーゴスラヴィアも含めてかつて共産主義政府があった国々の多くで生まれている「民主独裁」（マトヴェイェーヴィチの造語）体制下も含めて、東ヨーロッパ諸国とその他いくつかの国で弾圧されていた知識人を擁護するために書かれた。公開書簡というジャンルは十九世紀にゲルツェンやゴーゴリのようなロシア人作家によって有名になった。マトヴェイェーヴィチの独創性は百通あまりのこうした手紙をギリシアの修道院の伝統にならって〈書簡〉と名づけたところにある。この言語の対象に聖なる典礼の性格を与えようと別の著作に〈聖務日課書〉と名づけたのと同じだ。[*8]出版にあたって、彼は「王たち」に宛てた公開書簡、そのうちのいくつかは（チャウセスク、ヤルゼルスキ、ジフコフに宛てたもの）「平手打ち」ともいえるものだが、そうした書簡のあいだに、弾圧されている友人たちやかつて弾圧されていた先人たちに宛てて、さらには自分の父親に宛てて書かれた手紙を挟んだ。それらはこの呪詛の本に思いもよらぬ優しい表情を与えている。さらにこの本には、二重に記載する方法によって反省的次元が加わっている。つまり、それぞれの手紙には、本として仕立てるさいに書かれた〈追伸〉が後ろに（ときには前に）付加されているのだ。この注釈とも言えるものは、バロック芸術の「入れ子になった」鏡や、主人公の悲劇的運命を物語るギリシア悲劇の合唱隊《コロス》の嘆きの声を思わせる。

この本は現代の年代記である。未来の歴史学者はここに資料や出来事の報告や人物の肖像などを見いだすであろう。また、この本は小説としても読める。そこではさまざまな運命が交錯し、形づくられ、壊れているからだ。しかし、この本はそれが物語る現実を超える。政治が問題とされていても、著者の狙いはやはり精神的なものだ。舞台は現代のヨーロッパでも、すべては価値の領域におかれている。人間がなにになりうるのか、なににふさわしいのかを知ることが問題なのだ。マトヴェイェーヴィチは人道に対する信頼が薄らいでいるが、まだ失望はしていないと苦しげに告白している。師であるクロアティア人のクルレジャ同様、彼も「南スラヴ民族がたがいに理解しあい、一緒に暮らすことは可能だ」と信じていた。また、ユーゴスラヴィアのもうひとりの大作家、ボスニア人のアンドリッチと同じく、それがもはやほとんど考えられなくなったことも承知している。[*9] アンドリッチは、将来自分の国に襲いかかる呪いをそれよりもはるか前に予感していた唯一の人物だった。「あなたがたは生まれ故郷の大地を熱烈に愛している。しかし、いくつかの排他的なやりかたで、容赦ない敵意を生むほど熱烈に愛している」。敵意は結局、熱意よりも強いのだろうか。それを誰が知ろう。未来は開かれている。あらゆることがいつでも起こりうるのだ。ありそうもないことであっても。

マトヴェイェーヴィチは第二次大戦前のジュリアン・バンダの言葉を引用する。「ヨーロッパは真剣になるのか、ならないのか」。しかし、ヨーロッパとはどこなのだろうか。今日、ヨーロッパ人とは誰のことなのだろうか。カール・クラウスの友人で、「真のヨーロッパとは中央ヨーロッパのことだった」[*10]と考えるオーストリア人カール・マンハイムの言葉を信じざるをえないのだろうか。マトヴェイェーヴィチが暮らした都市ザグレブはたしかに「東ヨーロッパ」にはなかった。プラハやブダペストやリュブリャーナもそうだ。いずれにせよ、ロシアに抑圧された国々と民主主義の伝統が保たれた国々とが隣りあっているこの地域を「中央ヨーロッパ」という同じ名で呼ぶことはできない。真の亀裂は別のところにある。「マーストリヒトのヨーロッパがサラエヴォのヨーロッパに対決している」。一方はみずからを構築しようしているが、他方はみずから崩壊しつつある。東ヨーロッパとバルカン半島のそれまで手を取りあっていた国々でふたたび起きている、自殺に等しい自己分裂は、なくなって五年がたち、その不在がすでに我々に眩暈を起こさせている、もはや見えなくなったあの壁に書かれていた忘れがたい言葉「残れ、黙れ、従え」として我々にも現れる可能性がある。

あると信ずることをするのか、作りたいと望むものになるのか、それが問題だ。マトヴェイェーヴィチは、血、種族、領土の神話を抱える「存在のアイデンティティ」と、共通の計画によってこの幻想を乗り越える「行為のアイデンティティ」を区別している。文明と野蛮の差がそこにある。それぞれの民族が自分に向ける批判的な眼差しがなければ、民族主義の衝撃は自己喪失と暴力と恐怖を生みつづけるだろう。

『アジールと亡命の間で』[*11]（彼の「ロシア書簡」で、原書はクロアティア語とロシア語で書かれ、直後にフランス語版も出版）は『もうひとつのヨーロッパからの書簡』の一部から、中心となる話題――ロシア反体制派の年代記――に関係のないことすべてと、作品の統一と独創性を生む書簡体文学のジャンルに特に属していない要素すべてをそぎ落として再録する。出来事の年代がさらに目だつようになって、語りの収斂が、ときとしてたんにエッセイとしか見なされなかった著作のもつ小説的規模をきわ立たせている。父親に宛てた一九七二年の手紙から、反体制派の時代の真の英雄カルロ・シュタイナーに向けた一九九二年のオマージュまで、プレドラグ・マトヴェイェーヴィチは戦うことと期待すること、生きることと死ぬことを学んだのだ。彼自身、〈教養小説〉を書きたかったと述べている。一九八五年の最初の公開書簡以後、さらには一九九三年の『書簡』の発表以後でさえ、ヨーロッパの状況は変わったと言わねばならない。「東ヨーロッパ」という概念は歴史の火で溶けてしまった。以後、部分的には我々の運命にも通じるマトヴェイェーヴィチの運命の前に立ちはだかるのは、彼の先祖の国ロシア、古くて新しいロシア、近くて遠い、厄介で怪しげな隣国である。

＊

『「旧」世界』と題された本書で、マトヴェイェーヴィチは、彼がそれまで確信していたもの、伝統、さらには故郷からも追い出され、彼の属していた世界のすべてが解体したこの四半世紀の歴史に別の眼差しを向ける。その世界で人間を不幸にしてきたもの――自由と信頼と希望の欠如――は消えたが、それと一緒にそれまで徳と見なしえたもの、すなわち、平和、共生、統一もまた消滅した。行き詰まってしまったのはもはや未来だけではなく、現在それ自体も頓挫してしまった。どこか異国に暮らしているかのようだ。この地の人々は今や現在のありのままの自分をとらえることができず、ナポレオン帝政崩壊後一八一五年の王政復古の「予備役の軍人」のように、かつての姿で自分を定義している。

この作品には、現在を消されたもうひとつのヨーロッパの社会が経験している奇妙な出来事が綴られている。旧東ヨーロッパ、旧ソ連では、かつて紋切型となっていた言葉の呪縛から逃れることができたのだろうか。かつての自主管理制度から離れた旧ユーゴスラヴィアでは、かつての国籍にまだ効力があるのだろうか。さまざまな問題をめぐって作者の瞑想は何度も連禱のようにくり返し問いかける。彼はこの本を一種の〈告白録〉として著した。そのなかで彼は、聖アウグスティヌスからジャン・ジャック・ルソーにいたる、これまでにみずからのあやまちや信仰を公にしてきた人々すべての燃えるような主観に照らしつつ、少し前までは人生に意味をもたせていたものに対して今ではもはや懐古的な眼差しを向けるしかないこれら「遺産をもたぬ相続人」の苦悩を語る。

私は先にプレドラグ・マトヴェイェーヴィチの方法に関して、もっとも親しいものにも判断を下すためには距離を置く彼の資質について述べた。「旧」世界では、このように客観的にものを見つめようとする効果はほかのどこよりも明確に現れる。『もうひとつのヨーロッパからの書簡』のクライマックスとも言える部分は、出来事に心を痛め、一種悲劇的な様相を呈するほどに酷い状況につき動かされて、その場で一気呵成に書かれたものだった。一方、本書は、忘却という消しゴムがその歴史をすでに消してしまったように見える世界、絶望し無関心になっても解決しない憎悪の世界について書き綴ったものだ。東ヨーロッパはもはや存在しない。それは東にもないし、ヨーロッパにもない。中央ヨーロッパももはや中央にはない。マトヴェイェーヴィチ自身ももはや真の反体制派ではなくなった。その体制についてはそれがかつて存在したことさえよくわからなくなっている。彼は「除籍者」となってしまった。どこにも居所のない人間になってしまったのだ。

彼の批判的眼差しがとる距離は、新たな言語の採用によって本書でさらに拡大した。これまでも、彼は文学研究、論文、そして広い意味での論評はたいていフランス語で書いてきた。彼のフランス語は節度を保ち、秩序だった表現で、良識があり、少々没個性的な文体である。しかし体制を攻撃する『書簡』のような、愛情と怒りが一体となったいる純然たる創作では、母国語のクロアティア語を、またときとして、父親の言葉であったロシア語を用いてきた。そのクロアティア語やロシア語は閃光を放ち、非常に個性的なものである。ところが私には不可能と思われていた言語と文体の転換をなし遂げて、彼は本書を直接フランス語で、しかもクロアティア語やロシア語で書くときと同じ文体で書きあげた。本書の文体はもはや、外国語で書く作家の文体でも、外国語に翻訳された作品の文体でもない。文体は作者と一体化している。マトヴェイェーヴィチはイギリスの作家ヨーゼフ・コンラッドとなったポーランド人ヨゼフ・コルツェニオウスキーやアメリカの小説家となったウラジミール・ナボコフと同じ経験をしたのだ。彼が今日、死者について生者に語りかけるのはフランス語のなかからなのだ。この現象は奇跡とも言える。私はそこに、文学を創造する精神の、バベルの呪いに対する真の勝利を見る。

「ヨーロッパには地理と歴史が挑みあう空間がある。バルカン半島の場合がそれだ。地中海はバルカン半島で骨が折れている。亀裂はユーゴスラヴィアを通りこの国を分断した。東西の帝国が接する境界線、キリスト教の教会が分裂した地域、ローマ・カトリックと東方正教、キリスト教とイスラームの分割線がここにある。ヨーロッパに属する第三世界の最初の国、あるいは第三世界に属する最初のヨーロッパの国……」

『もうひとつのヨーロッパからの書簡』のこの一節は『地中海、ある海の詩的考察』の序文にも使える。つけ加えるなら、この「亀裂」は彼自身にも走っている。彼は、「南の信仰」とも言える海への愛着に従って行動する陸の人間、あるいは、大陸を背にしたアドリア海沿岸の人間であり、カルストとパンノニアを越えて祖先の国へ想像力をひき戻す。生まれ故郷モスタルで感じた、全体の中心にも境界にもいるような感覚がおそらく「個人的理由」となって、彼を地中海の地詩学的研究の企てへと駆りたてたのだ。図書館や古文書館で多数の書籍、地図、版画を調べたその資料の読解から、また、陸と海をめぐる旅や、居酒屋や港での見知らぬ人々との語らいから彼は研究を展開させる。この旅を好む碩学は話題とするすべての事柄を感覚をつうじて理解し、あるいは想像する。博識な語りくちをつうじてたえず強い主観が現れ、根本ではやはり地中海の人間だったシャトーブリアンの『パリからエルサレムへの旅』にいくらか似た調子をとる。「畏怖の念をともなった感嘆の気持とともに私はクレタ島の洞窟を見た……私は地中海の多くの川を河床に沿ってめぐってみた。川に浸かり、川岸の植物が発散するにおいを嗅いだ……私は、旅の装備と仲間に囲まれて地中海を航海した……」

この本が与える、あるいは、反映している幸福感は、まず作者自身が感じたものであろうが、海にあるものへの愛とそれを表現する言葉への愛とのほとんど奇跡のような出会いから生まれる。眩暈を呼ぶ知識と人を酔わせるエクリチュールがたがいに相手の姿を映し、それぞれの力を与えあう。書くこと、それは現実を前にして感きわまった状態を言語によって創造あるいは再創造することである。そもそも、『地中海、ある海の詩的考察』の目的は、地中海について、すなわち、樹木、河川、動物、家、船、道具、色彩、匂い、風向、綱の作り方、水夫や陸者や島民の風習、度量衡の種類、スキューバーダイビングの技術、葬儀、アルバニア人の起源、ベドウィンの形而上学、地方の民衆に伝わる伝統、市場、祭、物語、悪態、歌などすべてを、簡潔に語ることだ。本を限りない目録にしてしまう、ボルヘスに似た博識の欲求に語彙記述の歓びが答え、専門用語の積み重ねはほとんどラブレーに近いバロック的詩情を感じさせる。

思想を表現するためにだけ言葉が用いられる演説や論文やルポルタージュで一般に見うけられることとは逆に、『地中海、ある海の詩的考察』では事物が言葉に絡まっている。このような言語の優位は、この本の第一部、いわゆる「聖務日課書」と、第二部「地図」のあとに、第三部「用語集」が加えられていることからもよくわかる。この部分は語彙集というよりも一種の「注釈」と考えるべきものだが、「用語集」という題名そのものが「辞典」を指向しており、そこではさまざまな「題材」が書物の空間に平らに配置されている。これは文学の創作としては無の状態である。彼が着想を得たのは、多岐にわたるフランスの著述家オーギュスタン・ジャルで、その『航海用語集』(一八四八年)を彼は大いに称賛している。「聖務日課書」と「用語集」を、マトヴェイェーヴィチと同時代の作家がセルビア語(クロアティア語と同じ言語)で書いた二つの「小説」、すなわちダニロ・キシュの『死者の百科事典』とミロラド・パヴィチの『ハザール事典』に関連づけてみるのも興味深い。すでに時折「ポスト・モダン」と呼ばれている新しい書き方はおそらくユーゴスラヴィアで、この不幸な国が決定的に引き裂かれる直前に生まれたのであろう。

フランスで『地中海、ある海の詩的考察』と『もうひとつのヨーロッパからの書簡』が発表された後、批評家のなかには、こうした作品はいったいどのジャンルに属するのだろうと首をひねった者もいれば、そんな分類は無意味だと判断した者もいた。「ジャンル」として体系化された文学・芸術形式の生命が文化を決定していると考えられる。青年期の批評的研究から『もうひとつのヨーロッパからの書簡』の告白と『地中海、ある海の詩的考察』の旅行記まで、三十年間にマトヴェイェーヴィチが行ってきたことは、エッセイの再発見ではないだろうか。このエッセイという言葉は使われすぎて、今では散文であれば何にでも用いられている。しかしながら、エッセイは本来、哲学、虚構、詩、私的な日記によって範囲が定められたものであり、マトヴェイェーヴィチがそのモデルを示したエッセイは今後の有力な文学形式のひとつとなる可能性を秘めていると思われる。

このエッセイの美しさの特徴のひとつは、問いかけるような、あるいは問題を提起するようなその調子にある。ここでは答よりも問いかけのほうが多く、有無を言わさぬ断定も、最終的な結論もない。『地中海、ある海の詩的考察』の作者はたいへんな博識だが、たえず自分の無知を告白する。「なぜこれほど多くの沿岸住民が海に背を向けて生活しているのか。地中海の北の境界線は、地中海沿岸諸国のユダヤ人が達した北限をも示しているのであろうか。ヴェネツィア人はヴィスラ川中流地域にいた一部族の末裔なのだろうか……」おそらく、こうした判断の留保とある種の虚構の終焉との間にはなんらかの関係があるのだろう。最近まで小説で発揮されていたエネルギーが今日ではエッセイに注がれているように思われる。この開かれた形式は、「有害なユートピア」とその光の部分をなしていた希望が消滅した結果、確信すべきものがなくなった現代ヨーロッパの知識人にたしかにふさわしい。マトヴェイェーヴィチは七〇年代、政治参加《アンガージュマン》を表明した思想家たちが全体主義と民族主義に反対し「人間の顔をした社会主義」とは何かを語ろうとヨーロッパじゅうから集まった「コルチュラ派」に属していた。*12 彼が「盲目的に信仰」していたわれらの国、ただひとつのヨーロッパがみずからの国境のなかに閉じこもってしまった今、「遺産のない相続人」、社会主義のない社会主義者、民主主義のない民主主義者、ユーゴスラヴィアのないユーゴスラヴィア人、ヨーロッパのないヨーロッパ人となった彼にできることは、執筆活動をつうじて思想の自由を実践していくことである。地中海の海と陸をめぐる地理詩学の放浪もヨーロッパの同胞に向けた「新たな反体制派」のメッセージをこめて「海へ流した瓶〔届くあてのない便り〕」も、すべて、良心に傷を負いながらも人間に対してけっして失うことのない信頼を物語っているように思われる。

彼のもうひとつの著作『アジールと亡命の間で』に挟まれたエピソードによると、彼はソビエト旅行中に、オデッサで、ある老人に出会った。その男はかつて「東側の国」で強制収容所に送られたことがあり、独特の風貌が『死の家の記録』の元徒刑囚や『カラマーゾフの兄弟』[*13]の老僧ゾシマを連想させる孤独な賢者だった。その老人は、「向こう」から戻ってこなかったマトヴェイェーヴィチの親類のひとりを知っていた。収容所から帰還して彼は失望した。「向こうで学んだことは、こちらでは何の救いにもならない」。彼に感謝の意を示すために、マトヴェイェーヴィチは贈り物をしようとしたが、相手は断って、こう言った。「あなたは作家だそうだね。パンをテーマに何か少し書いてくださらんか」。数日後、マトヴェイェーヴィチは老人にこう書き送った。

私はパンをよく知るのに十分なほど世界をめぐってはいない
パンは世界だ、と巡礼は言った
私たちには彼らを迎え入れるのにパンと塩しか残らないだろう……

パンと水――重い水は海のほうには流れない
さすらい人はこう語った……

私たちはたがいに罪を犯した――
予言によれば、パンは稀少になるだろう
麦の穂は畑でも倒れた
私たちは兵隊に食べさせねばならなかった……

私たちはほとんど聞こえぬような声で歌を歌う
大地の皮とパンの皮
広大な平野、ロシア
君に送るこの手紙の最後に私はそれを書き入れた

彼のうちで目覚めた詩人が年老いたロシア人との約束をまだ十分には果たしていないかのように、パンは彼のつぎの作品のテーマとなるだろう。日常生活の空間と自由の時間の後で、パンという、より象徴的で、より具体的な現実を詠もうとしている。作家を刺激しうるもっとも控えめな対象に戻ってきたのは彼の幻滅の結果なのだろうか。これまでに起きたすべてを考えると、いったいどんな条件でまだ書くことができるというのだろうか。強制収容所のなかでももっとも残酷な場所コリマで生き残ったシャラモフはこう語る。「私は文学を信じない。文学が人間をよりよい存在にできるとは思わない」。ギターを弾きながら、ヴィソツキはレニングラードの「骨の山」を歌っていた。「ここには個人の運命はない。すべての運命はひとつに結びついている」。どんな文学にも、個人の顔が見えない恐怖政治を多少なりとも経験した者にとってはおそらく耐えがたくなった主観的な部分がある。だからこそプレドラグ・マトヴェイェーヴィチは人間自身に関してというよりもむしろ、人間の命の糧となっているパンについて書くのだ。しかし私たちの多くは、どちらのヨーロッパでも、五十年前のフランスの言い方にならえば、軽蔑の時代にあって「詩人の名誉」を救ったひととして彼を記憶にとどめることになるだろう。

＊1　『地中海、ある海の詩的考察』は、イタリアでマラパルテ賞（一九九五年）とボッカチオ賞（一九九二年）、スイスでシャルル・ヴェイヨン財団ヨーロッパ・エッセイ賞（ジュネーヴ）、フランスでは最優秀外国書賞（パリ、一九九三年）、さらにはヨーロッパ賞（ミラノ）を獲得した。クロアティア語で書かれた原書は一九八七年にザグレブで出版。
＊2　『出来事の詩学のために』（『アンガージュマンと出来事』を併録、ジャン＝ミシャル・パルミエ序文）10／18叢書（一九七九年）。ファイアール社から再版予定。博士論文自体は、『機会詩、アンガージュマンの形態の研究』という題で一九七一年にニゼ社から出版。
＊3　エドゥアルド・ルレンソ『稀有のヨーロッパ』、メテリエ社、一九九一年
＊4　『エッカーマンとの対話』、一八二三年九月十八日
＊5　これらの語呂合わせはそれぞれギレリッチとカナダ人アンドレ・メージャーによるもの。
＊6　この表現は『アジールと亡命の間で』のなかで特にアンドレイ・サハロフを示している。
＊7　カルロ・シュタイナー（一九〇二年―一九九二年）。オーストリア系ユダヤ人、青年時代は共産主義活動家であったが、ザグレブに亡命、のちにモスクワに居住。共産党大粛清時代の一九三六年に逮捕され、強制収容所で二十年間を過ごした。生

還してユーゴスラヴィアに戻った後、ソルジェニーツィン以前にソ連強制収容所の規模と恐怖を暴露した。彼はユーゴスラヴィアの二人の主たる反体制派作家、ダニロ・キシュとプレドラグ・マトヴェイエーヴィチ本人に政治面で影響を与えた。

＊8　共産主義政権時代のマトヴェイエーヴィチの発言を集めたテキストは『公開書簡、道徳の実践』という題でサミズダート［地下出版］の形をとってベオグラードで発行される。シクロフスキとの二度の出会いも、書簡体というジャンルを彼が選んだ大きな理由となっている。

＊9　ミロスラフ・クルレジャ（一八九三年―一九八一年）、詩人、小説家、随筆家、辞書編纂者。イヴォ・アンドリッチ（一八九二年―一九七五年）、小説家、外交官、一九六一年ノーベル文学賞受賞。

＊10　フランソワ・フェジト『消えた帝国へのレクイエム』より引用。

＊11　ストック社刊、パリ、一九九五年。

＊12　「コルチュラ派」と呼ばれたサークルに集まった者のなかには、エルンスト・ブロッホ、ヘルベルト・マルクーゼ、ユルゲン・ハーバーマス、ピエール・ナヴィル、リュシアン・ゴールドマン、コスタス・アクセロス、ダニエル・ゲランらがいた。コルチュラ島はアドリア海のダルマチア沿岸、スプリトとドゥブロヴニクのあいだに浮かぶ島。

＊13　マトヴェイエーヴィチの父親の家族はオデッサの出身である。マトヴェイエーヴィチ自身にも、ロシア文化は息づいており、『もうひとつのヨーロッパからの書簡』の原本はロシア語で書かれている。

訳者あとがき

本書は Predrag Matvejevitch, *Le monde《ex》-confessions*, Editions Fayard, Paris 1996 の全訳である。

著者プレドラグ・マトヴェイェーヴィチは、旧ユーゴスラヴィアのモスタルで生まれる。第二次大戦中には幼くしてパルチザンに参加する。戦後はザグレブに学び、フランスに出てパリ大学ソルボンヌ校でロマンス語文献学ならびにフランス文学を専攻、『機会詩』（Poêsie de circonstance）で博士号を取得。その後、フランス、イタリア、ロシアなどのヨーロッパ各地やアメリカの大学で教壇に立ち、ザグレブ大学教授、パリ第三大学客員教授等を歴任するかたわら、国際ペンクラブ副会長も務めた。現在はローマ大学文・哲学部スラヴ文学教授の職にあり、コレージュ・ド・フランスでも講座を担当、近年は géopoêtique（地詩学）という地域研究と詩的感性を融合させた観点から批評活動を展開している。

その主な著書は以下のとおりである。

『ヌーヴォー・ロマンの考察』(ザグレブ、一九六二―六三年)
『サルトル』(ザグレブ、一九六五年)
『ミロスラフ・クルレジャとの対話』(ザグレブ、一九六九年)
『機会詩』(パリ大学博士論文、パリ、一九七一年)
『出来事の詩学のために』(同増補改訂版、フランス語で執筆、パリ、一九七九年)
『新しい文化創造のために』(ノヴィ・サド、一九七五年)ユートピア的エッセイ、一九七五年度ヴラディミール・ナゾル賞、INA賞受賞
『文学とその社会的機能――社会主義リアリズムの害に対して』(一九七六年)
『これらの風車』(ザグレブ、一九七七年)文学および政治論集
『今日ユーゴスラヴィアたること』(ザグレブ、一九八二年)地方主義を糾弾する論文
『公開書簡』(地下出版《サミズダート》、ベオグラード、一九八五年)
同増補改訂版『もうひとつのヨーロッパからの書簡』(イタリア語版、ミラノ、一九九二年、フランス語版、パリ、一九九三年)
『地中海――ある海の詩的考察』(ザグレブ、一九八七年、イタリア語版、一九八八、一九九一年、フランス語版、一九九二年、日本語版、沓掛良彦・土屋良二訳、平凡社、一九九七年)
『反体制運動について』(フランス語で執筆、スイス、一九九三年)
『アジールと亡命の間で――ロシア書簡集』(一九九三年、フランス語版、一九九五年)
『旧東欧世界――祖国を失った一市民の告白』(フランス語で執筆、パリ、一九九六年、イタリア語版、ドイツ語版あり)

マトヴェイェーヴィチの活動はこれらの著作からもわかるとおり、フランス文学、文化史そして東欧の社会・政治問題と多岐にわたっており、ロベール・ブレションが指摘するように、同一人物とは思えぬほどの独自の個性をそれぞれの分野で発揮している。作品の言語も、フランス文学関係には主にフランス語、それ以外はマトヴェイェーヴィチの母語であるクロアティア語あるいはロシア語というように、扱う主題の心理的な距離に応じて意識的に使いわけられている。これらの著作のなかにはヨーロッパ各国語に翻訳されているものも多く、とりわけ『地中海――ある海の詩的考察』はイタリア語、フランス語のほか、スペイン語、ドイツ語、オランダ語にも翻訳され、イタリアではマラパルテ賞（九一年度）、ボッカチオ賞（九二年度）、フランスでは最優秀外国語書賞（九三年度）、スイスではシャルル・ヴィヨン財団ヨーロッパ・エッセイ賞（九三年度）を受賞している。クロアティア語というあまりなじみのない言語で書かれているため、マトヴェイェーヴィチの著作は、これまで日本では紹介される機会が少なく、邦訳は『地中海――ある海の詩的考察』に続いて本書が二作目となる。また本書はマトヴェイェーヴィチが祖国についてはじめてフランス語で語った作品でもある。

旧ユーゴスラヴィアは多民族の共存の可能性を探る大きな実験室であった。マトヴェイェーヴィチ自身も、オデッサ出身のロシア人の父とボスニア＝ヘルツェゴビナ出身のクロアティア人の母をもち、父からはロシア語とフランス語を習い、母からはカトリックの信仰を受けついで、精神形成のうえで早くからアイデンティティの問題を原罪のごとく意識して育った。パリで文学と政治参加《アンガージュマン》について学び、母国ではイヴォ・アンドリッチやミロスラフ・クルレジャを通じて文学者としての思索を深めるなかで、自己と他者をめぐるマトヴェイェーヴィチのこの問題意識は、周縁にある者、抑圧された者、虐げられた者に向けられ、「人間の権利を守るための活動」として形をなしてゆく。言論の自由への弾圧が強まる祖国で、積極的に体制批判の論陣に加わったのも、このような作家として自覚にもとづくものであった。国家の統一とは排除の論理ではなく、共生の理念から生まれるものと彼は考えている。

ところが、ベルリンの壁の崩壊に続く旧東欧共産主義社会の解体と祖国旧ユーゴスラヴィアの内戦とはマトヴェイェーヴィチに知識人としての責任を厳しく問いなおすこととなる。共産主義専制政治の崩壊と人々を幻惑しつづけたユートピアの消滅ののちに現れたものは、見せかけの自由主義と民族主義の凶行であった。国家の将来像を描けないどころか、殺戮によって現在の生活までも否定される人々に対して、マトヴェイェーヴィチは何をなすことができるのかと自問する。それまで信じてきた価値を物理的にも精神的にも否定された旧ユーゴスラヴィアの絶望的な喪失感のなかで本書は書かれた。

本書の原題 Le monde《ex》の ex とは枠の外を意味する接頭辞であり、題名を直訳すれば「外の世界」ということになる。かつての共産主義社会はもはや現存せず過去のこととして想起されるだけになり、時間の枠からはずれた。しかし、そこに暮らした人々はイデオロギーとともに消滅したわけではない。それまでの価値範疇が適応されない外の世界へ放逐され、新たな未来も見えぬまま生きつづけているのだ。身を寄せる場のない放浪者の不安、歴史からも世界からも見放された二重の疎外感がかつてユーゴスラヴィアと呼ばれた地域を覆っている。共産主義からポスト共産主義へとイデオロギーは変化したが指導者の方法は本質的にどこが変わったというのか？　旧ユーゴスラヴィアはもはやもと通りにはならないが、民族主義の暴力にもかかわらず市民が民族の境を越えてともに暮らす手だてはないのか？「人道」という見地から権力者に対する痛烈な批判を展開し、かつての祖国に暮らす民衆への支持を表明するところに、本書を懐古的エッセイに終わらせないマトヴェイェーヴィチの熱い思いが感じられる。

本書の副題である「告白（confessions）」はまさしくこの思いのあらわれといえよう。マトヴェイェーヴィチの著作は宗教的な意味をもつ語が題名に掲げられていることが多い。『地中海——ある海の詩的考察』は原題では日々の祈りや務めを記した「聖務日課書（brévière）」であり、『もうひとつのヨーロッパからの書簡』の「書簡（épistolaire）」も元来は信仰と関係のある語彙である。「告白（confessions）」もまた、神の前でのみずからの行いの告白を想起させる。マトヴェイェーヴィチは、理想を求めてユーゴスラヴィア建国と直接かかわったイヴォ・アンドリッチの世代と、すでにある共産主義社会のなかで、好むと好まざるとにかかわらず国家が描くイメージを押しつけられて育ったドゥブラヴカ・ウグレシィチの世代のあいだに位置する。第二次大戦後、試行錯誤をくり返しながら国家としての体裁を整えてゆくユーゴスラヴィアで、アンドリッチに共鳴し、諸民族の共存を願いつつみずからの道を選択してきたマトヴェイェーヴィチは、共産主義体制と距離をとり、筆の力で権力の横暴に抵抗しつづけてきたが、歴史の流れの急変を止めることはできなかった。本書はそうした政治と言論の歩みの記録であり、祖国旧ユーゴスラヴィアの歩みと、その一員であったみずからの歩みとが重ねあわされている。『バルカン・ブルース』でウグレシィチはこの社会を突き放した態度で批判するが、マトヴェイェーヴィチにとってそれは自己批判にも等しい。彼と同時代の作家ダニロ・キシュが『死者の百科事典』の最後に書きこんだ癌の絵が彼自身の病巣の姿でもあったように、マトヴェイェーヴィチがその根源に迫ろうとする祖国の病は彼自身を蝕む病でもある。

しかしながら、本書はたんなる悔悟の書ではない。過去をさらけ出した後で神の導きを求めるアウグスティヌスのように、この「告白録」にもある種の賛美の念がこめられているからだ。旧ユーゴ崩壊以前に反体制派知識人として国家権力と厳しく対立していた時期に、みずからの生活の場を見つめ、地中海人として生きることを表明したのが『地中海――ある海の詩的考察』であったが、この『「旧」東欧世界』でもマトヴェイェーヴィチは、彼にとって「慰めの、あるいは幸福の空間」であるアドリア海に戻ってゆく。地中海の縮図ともいうべきこの海ではさまざまな民族と宗教が交差し、相反する感情が、愛と憎しみが入りまじる。それ自体もやはり歴史のなかに埋没しつつある地中海でなおも綿々と続く人々の営みは、希望が消滅し郷愁ばかりがつのる「遺産のない相続人」となったマトヴェイェーヴィチにわずかではあるが人間への信頼をとり戻させることであろう。

今回のボスニアの内戦で凄惨を極めたのは民族浄化のための大量殺戮だが、人間の生命を奪うだけでなく、民族の記憶さえも消し去ろうとしたその徹底した破壊工作はそれまでにはなかったものだ。モスタルの橋の爆破はその象徴的出来事であり、それゆえに最終章のマトヴェイェーヴィチの悲痛な叫びは読む者の心をうつ。マトヴェイェーヴィチは人間の良心に願いを託そうと思えばこそ、文学が何かを動かしうると彼自身が感じたというこの章を本書の最後においたのであろう。現在バルカン半島はコソヴォでの調停によって小康状態を保っているかのように見えるが、民族間の憎悪による火種は依然としてくすぶりつづけている。歴史の上から民族の記憶を抹消される、あるいは書きかえられる旧ユーゴスラヴィアの不幸を思うとき、言葉の果たす役割の重みをあらためて考えずにはいられない。

本書の翻訳にあたっては、東京外国語大学の沓掛良彦教授ならびに岩崎稔助教授をはじめとして多くの方々にお世話になった。この場を借りて厚く御礼申し上げる。特に沓掛先生には拙訳に目を通して頂き多くの貴重なご教示を賜ることができた。なお、国際政治に関する知識の不足ゆえにさまざまな誤解や誤訳があるかと思われるが、それらはすべて訳者の責任であり、諸先生方のご批判とご指導を待つばかりである。最後になったが、遅々として進まぬ仕事を辛抱強く待ちつづけ、適切な助言と格別の配慮をもって本書を刊行に導いた未來社編集部の浜田優氏に心より感謝申し上げる。

土屋良二

二〇〇〇年七月

訳者紹介

土屋良二（つちや・りょうじ）

1959年生。東京外国語大学外国語学部フランス語学科卒，同大学院外国語学研究科修士課程修了。現津田塾大学，白百合女子大学ほか講師。フランス文学専攻。訳書にP・グリマル『ローマの愛』（共訳，白水社），P・マトヴェイェーヴィチ『地中海――ある海の詩的考察』（共訳，平凡社）。

旧東欧世界 祖国を失った一市民の告白

2000年8月18日　初版第一刷発行

本体2500円＋税――――定価

プレドラグ・マトヴェイェーヴィチ――――著者

土屋良二――――訳者

伊勢功治――――装幀者

西谷能英――――発行者

株式会社 未來社――――発行所

東京都文京区小石川3－7－2
振替00170-3-87385
電話(03)3814-5521～4
URL:http://www.miraisha.co.jp/
Email:info@miraisha.co.jp

萩原印刷――――印刷・製本

ISBN 4-624-11179-6　C0022